ASIAN SECURITY 2019-2020 Research Institute for Peace and Security

激化する米中覇権競争
迷路に入った「朝鮮半島」

年報[アジアの安全保障2019-2020]
西原正 監修
平和・安全保障研究所 編

JN191571

朝雲新聞社

PHOTO TOPICS

STOVL機の発着艦を可能にする改修に向けた調査費が盛り込まれた海自のヘリ搭載護衛艦「いずも」(海自提供)

日米首脳会談。共同記者会見で、対北方針をめぐって日米の「完全な一致」をアピールする安倍首相(左)とトランプ米大統領(2018年6月7日、米ワシントンのホワイトハウス)＝官邸HPから

強制収容問題／社会管理の厳格化

経済 ·· 114
米中貿易戦争と中国経済への影響／「改革・解放」40周年と「自力更生」／「軍民融合」による新興産業の発展

外交 ·· 117
外交レトリックの変化／米中関係／外交部門の再編と日中関係の位置づけの変化／北東アジア情勢／日中関係／ASEAN諸国との関係

軍事 ·· 123
米中新冷戦の構造化／覇権に結び付く5G支配／習近平国家主席の権力掌握の努力と人民解放軍／中国から発せられる二つのシグナル／国産空母の建造状況／その他の艦艇の状況／軍備増強を加速する中国

香港・マカオ ·· 130
台湾 ·· 132
台湾海峡における緊張の高まり／米台関係の強化／台湾統一地方選挙と総統選挙への展開

コラム「中国外交部の女性報道官」···································· 135

第4章　ロシア ··· 136
内政：プーチン体制長期化に閉塞感 ·································· 137
W杯の陰で年金改革／統一地方選で与党不振／成長率を意図的に上乗せ／プーチン「手動政治」の限界

経済 ·· 141
国内の経済動向／対外経済関係／当面の見通し

対外政策 ·· 144
「近い外国（旧ソ連諸国）」との関係／対欧米関係／中近東との関係／対東アジア政策

極東政策 ·· 149
対中政策／対朝鮮半島：プーチン、金正恩初会談／対日政策

軍事 ·· 153
人員充足／装備近代化／戦略核戦力およびミサイル防衛突破戦力／通常戦力／2019年の見通し／軍事支出

コラム「ロシアの女性外交官」······································· 159

第5章　朝鮮半島 ··· 160
韓国（大韓民国）·· 161
内政 ·· 161
外交 ·· 162
米韓関係／日韓関係／中韓関係

—6—

目　次

Photo Topics

第1部 展望と焦点

展望　　厳しくなる東アジアの安全保障環境：北朝鮮の核と中国の西太平洋覇権意欲（西原正）…………………………………… 10

焦点1　アジアの安全保障：関与を深めるヨーロッパ（小窪千早）…… 17

焦点2　インドの「インド太平洋」観：躊躇・受容・再定義（伊藤融）… 27

焦点3　多次元統合防衛力時代の宇宙利用を考える（青木節子）…… 38

焦点4　FMS調達の増加と日本の防衛産業（久保田ゆかり）………… 49

第2部 アジアの安全保障環境（2018年4月～2019年3月）

第1章　日　本 ………………………………………………………………66

　　　　外交関係 ……………………………………………………… 67
　　　　　　摩擦と協調の日米関係／第7回日中韓サミット／「正常化」する日中関係／「戦後最悪」の日韓関係／平和条約交渉を加速させる日露／日朝交渉の模索／日印2プラス2／日豪2プラス2と首脳会談／日・ニュージーランド外相会談／日・ASEAN友好協力45周年／連携を深める日本と欧州／中東への関与／自由貿易の促進／IWCからの脱退

　　　　安全保障問題 …………………………………………………… 78
　　　　　　防衛計画の大綱と中期防衛力整備計画／イラク日報問題／大規模災害／普天間問題

　　　　国際社会における取り組み ………………………………… 85
　　　　　　軍縮・不拡散／質の高いインフラ／持続可能な開発目標（SDGs）

　　　　コラム「日本外交と女性」 ………………………………… 87

第2章　米　国 ………………………………………………………………88

　　　　外交・安全保障 ……………………………………………… 89
　　　　　　米中競争の激化／一体化が進む経済政策と国防政策／米台関係／米国のインド太平洋戦略と海洋安全保障／米朝関係／国家防衛戦略の実効性と国防予算の見通し／INF問題の地域を越えた影響／ミサイル防衛見直し

　　　　コラム「米国が後れを取る『軍事外交』での女性進出」」……… 110

第3章　中　国 …………………………………………………………… 111

　　　　内政 ……………………………………………………………… 112
　　　　　　低調だった2019年の全人代／習近平の盤石な政権基盤／ウイグル族の

—5—

軍事 ……………………………………………………………………… 167
　韓国軍／在韓米軍・米韓連合軍

北朝鮮（朝鮮民主主義人民共和国） ………………………………… 172

内政 ……………………………………………………………………… 172
　金正恩の国務委員長再推戴／制裁長期化を見据え「自力更生」強調

外交 ……………………………………………………………………… 174
　対米関係:史上初の米朝首脳会談が実現／「非核化」に集中する米国と「米
　朝関係改善」「平和体制」の並行を求める北朝鮮／合意発表が見送られた
　第2回米朝首脳会談／対中、対露関係:米朝交渉を見据えて活発化した訪
　問外交／対日関係:日本の姿勢変化を見極めようとする北朝鮮

南北朝鮮関係 …………………………………………………………… 183
　米朝交渉停滞で足踏みする南北経済協力／南北「軍事分野合意書」の採択

コラム「女性活用は北朝鮮が先行」………………………………… 187

第6章　東南アジア ………………………………………………… 188

国境を越えたテロとその対策 ………………………………………… 189
　インドネシアにおける連続テロ／フィリピンの治安情勢とミンダナオの
　新自治区の発足／テロ対策のための地域間協力／ロヒンギャ問題

民主的ガバナンスをめぐる諸課題 …………………………………… 193
　マレーシアにおける政権交代とASEANへの影響／タイの政治リスク／
　インドネシア大統領選挙

東南アジアをめぐる国際関係 ………………………………………… 196
　南シナ海問題／米国のハイレベル外交の減少と「航行の自由」作戦の
　継続／北朝鮮をめぐる東南アジア諸国の姿勢／日本の対東南アジア安
　全保障協力／ハイレベルの安全保障対話／日本から東南アジア諸国へ
　の装備品協力／合同演習、防衛交流、能力構築支援／「一帯一路」構
　想と「自由で開かれたインド太平洋」構想と東南アジアからの反応

ASEANを中心とした地域協力枠組み ……………………………… 208
　ASEAN／ASEAN地域フォーラム（ARF）／東アジア首脳会議（EAS）
　／アジア太平洋経済協力会議（APEC）、環太平洋経済連携協定（TPP）、
　東アジア地域包括的経済連携（RCEP）

コラム「東南アジアに見る女性の外交官」………………………… 210

第7章　南アジア …………………………………………………… 211

インド …………………………………………………………………… 212
　印パの軍事衝突:越境空爆は1971年第三次印パ戦争以来／州選挙での
　与党連敗から印パ衝突で盛り返して総選挙へ／カシミール地方の治安情
　勢は悪化／移民400万人の国籍はく奪で揺れる北東部アッサム州／日印
　関係:来日モディ首相は安倍首相の別荘へ／米印関係／ロシアとの関係
　／中国との関係／南アジア・東南アジア諸国との関係:BIMSTECでコ
　ネクティビティ推進／軍事情勢

パキスタン ……………………………………………………… 222

下院総選挙および州議会選挙の実施／イムラーン・カーン新政権の発足／大統領選挙でもPTI候補が当選／選挙妨害を目的とした自爆テロが発生／カーン新政権による外交／軍事情勢

アフガニスタン ………………………………………………… 228

依然として厳しい治安状況／アフガニスタンのイスラム国 (IS) を警戒する米国／深刻化する干ばつ／米国、タリバンの和平交渉／ロヤジルガの招集／中村哲医師にアフガニスタンの名誉市民の授与

他の南アジア諸国 ……………………………………………… 233

相次ぐ政治変動

コラム「インド政治・外交における女性の進出」…………………… 235

第8章　中央アジア………………………………………………… 236

イスラム国 (IS) の脅威は増大する？／上海協力機構 (SCO) の軍事演習にインドとパキスタンが参加／中央アジアと「アフガニスタンの脅威」／タジキスタンに軍事基地を設ける中国／同胞を憂える中央アジア／米中の貿易戦争に期待を寄せる中央アジア／ナザルバエフ・カザフスタン大統領の辞任／カザフスタンで継続されるシリア和平会議

コラム「独裁者の娘たちの外交と『イスラム国 (IS)』」…………… 243

第9章　南西太平洋 ………………………………………………… 244

オーストラリア………………………………………………… 245

モリソン新政権が誕生するも支持率は低迷／労働党の外交スタンス／オーストラリアの2019-20年度国防予算／オーストラリアの兵力、軍事演習・訓練への参加／北朝鮮の「瀬取り」に対する警戒監視活動に航空機、艦艇を派遣／悪化した豪中関係はリセットされるか／南太平洋リセット／ダーウィンで日豪首脳会談開催、海上安全保障で連携強化／日豪円滑化協定交渉が停滞／豪米同盟の将来と新たな安保構想

ニュージーランド …………………………………………… 259

白人至上主義者による無差別テロ事件が発生／対中関係が不安定化／太平洋リセット

南太平洋 ………………………………………………………… 261

南太平洋をめぐる国際政治が活発化／パプアニューギニアのオニール首相不信任の動き／ニューカレドニアで独立を問う国民投票実施

コラム「太平洋における女性を通じたネットワーク外交の試み」…264

略語表 ……………………………………………………………… 266

年表 (2018年4月〜2019年3月) ……………………………… 270

執筆者一覧 ………………………………………………………… 282

編集後記 …………………………………………………………… 283

第1部

展望と焦点

展望

厳しくなる東アジアの安全保障環境：
北朝鮮の核と中国の西太平洋覇権意欲

西原正

一般財団法人　平和・安全保障研究所理事長

　2018年4月からのほぼ1年間の東アジアの安全保障環境の特徴は、朝鮮半島情勢の好転と米中「冷戦」関係の顕在化によって一層複雑な国際関係が生み出されたことである。半島情勢は米朝の軍事衝突の可能性は遠のいたが、非核化協議はとん挫している。そのうえ、北朝鮮は中国やロシアの後ろ盾を求めて、国際関係を複雑にしている。中国の軍事、経済、技術などの対米優越傾向は米中間のパワーバランスに影響を与えており、日米同盟の役割が一層重要になってきた。しかし日本の対中接近は米国にとっての懸念要因になりそうである。

進まぬ米朝非核化協議

　朝鮮半島では、同年2月の平昌冬季オリンピックへの北朝鮮の参加を契機に、南北関係の緊張緩和が急速に進み、6月12日のシンガポールにおける第1回トランプ・金正恩首脳会談および2019年2月27日のハノイにおける第2回会談が行われた。第1回会談が始まるまでは、北朝鮮の非核化が進み、半島の南北融和とあわせて北朝鮮の経済開発が進むという楽観的予測が一時行われた。しかしシンガポールにおける実際の米朝首脳会談は非核化の合意はあったものの、北朝鮮からは具体的な非核化の工程は示されず、トランプ大統領が米韓合同軍事訓練の中止を一方的に発表しただけに終わった。

　第2回の首脳会談はその後8カ月以上を経て行われたが、その間に米韓、米朝、中韓、中朝、南北朝鮮などの相互の関係の冷却化が進み、第2回会談に対す

−10−

る期待を半減させることになった。予想通り、ハノイの首脳会談はトランプ氏と金正恩朝鮮労働党委員長とのぎこちない会談となり、非核化工程表を示さず制裁解除を要求する金正恩氏に対する不満から、トランプ氏は2月28日の会談を予定より早く切り上げてワシントンに帰ってしまった。金正恩氏もハノイ近郊の視察を短縮し、習近平国家主席に会うこともなく北京を通過して帰路についた。

トランプ大統領の対韓不信と金正恩の訪露

　米朝首脳会談の2度の失敗で、米朝ともに韓国の仲介役に疑義を持ち始めたようだ。金正恩氏は米韓に失望し、4月10日の党中央委員会総会で「制裁勢力に打撃を加えるよう」訴えながら、「経済的自立」の必要性を強調した。それにあわせて金正恩氏はロシアに接近して食糧などの生活物資の支援を求め始めた。4月11日のワシントンでの文在寅・トランプ会談は2分で終わったと言われた。2回の首脳会談を通しても、米朝は依然として「非核化」の定義で合意ができていない。米国は北朝鮮の非核化を意味し、北朝鮮は朝鮮半島の非核化を意味している。

　4月25日にウラジオストクで行われたプーチン大統領と金正恩氏との会談では、金正恩氏が「朝鮮半島は原点に戻りかねない危険な状態に至った」と述べた。また会談は6者協議の再開を議論したようである。現在の米露関係の厳しさを考えれば、今後は露朝関係が緊密になりそうである。これまで文在寅大統領が果たした仲介の役割はロシアあるいは中国が果たすようになるかもしれない。第3回目の米朝首脳会談が近い将来に行われる可能性は小さい。

　米韓関係の冷却化に加えて、日韓関係の悪化は日米韓の安全保障協力をいっそう困難にしている。また韓国経済の不振や文在寅氏の北寄り姿勢で韓国内の文政権の支持率が40％前後に下がっていることなどが、北東アジアの勢力バランスにおける米国の立場を不利にしている。その分、日米同盟の重要性が一層大きくなっている。

　朝鮮半島に関する6者協議は米露関係や米中関係が悪化している現状では、再開される可能性が低い。米露は中欧（ウクライナ）、中東（イスラエル、サウ

—11—

ジアラビア)、南米(ベネズエラ)などの情勢をめぐって対立関係にあり、米中が「新冷戦」と言われる状況にあるからである。中露は一層深く朝鮮半島問題に関わろうとして、半島の問題をより複雑にするであろう。

中国の「一帯一路」構想の光と影

　中国の巨大経済圏である「一帯一路」構想(BRI)は、統計だけで見ると、中国の国際的地位を大いに高める発展ぶりを見せている。2017年5月に北京で開催された「一帯一路」国際協力サミットフォーラムには29カ国の首脳、130カ国以上の政府代表団、そして70以上の国際機関が参加した。2019年4月の第2回フォーラムは37カ国の首脳など150以上の国や国際機関が参加した。2019年1月28日の国家発展改革委員会の報道官の発表によれば、過去5年間の中国と沿線国との総額6兆ドルの物品貿易、24万人への雇用機会提供、20億ドル以上の税収、欧州15カ国49都市への1万4,000便の国際定期貨物列車「中央班列」の運行などの達成ぶりを誇示した。また過去6年間に中国企業による参加国への直接投資は900億ドル(約10兆円)以上になったとの報道もある。

　実情の詳細は不明な点が多いが、もし巨大な中国中心の経済圏が生まれるならば、中国の国際政治への影響力はきわめて大きくなり、米欧主導の国際秩序が大きく変質しそうである。実際には、「一帯一路」構想は、開発途上国を借金漬けにするものだ、途上国の土地を収奪するものだ、援助や投資を通して中国の戦略的影響力の拡張をねらったものだ、などの批判が大きい。したがって「一帯一路」構想が順調に進むとは考えにくい。

　しかし中国の大規模な援助でできつつあるパキスタンのグワダル港やスリランカのハンバントタ港などは商業港からしだいに中国の軍港の役割を持つことが警戒されている。両港は反中姿勢の強いインドを牽制できる位置にあり、またインド洋に対する中国の制海権を確保するための重要な戦略的位置を占めることにもなる。さらにインドには中国が進めている「中国・パキスタン経済回廊(CPEC)」が自国領と主張するジャムカシミール州を通過することへの強い対中批判がある。

—12—

日米豪はインドとともに中国に対抗して、「自由で開かれたインド太平洋」構想を発展させている。日米豪印は4カ国連携を強めるべく、各種の海軍共同演習を実施している。インド、米国や米国の影響下の世界銀行は上記の第2回フォーラムには参加しなかった。日本は首相ではなく二階俊博自民党幹事長が首相特使として参加した。こうして日米は「一帯一路」構想には距離をおきながら、4カ国連携を強めて中国に対抗している。

貿易・先進技術で攻勢に立つ米国

　2017年1月のトランプ政権の発足以来、米国は中国の経済、先進技術、および領土的拡大主義に対抗する姿勢を見せてきたが、2018年にはその姿勢を一層強くした。米国は2018年夏に自動車など1,000品目以上の輸入品500億ドル（約5兆5,000億円）相当に25%の追加関税を、2,000億ドル相当の中国からの他の輸入品に対して10%の関税を課す方針を打ち出した。これに対して中国も報復関税を課すことを表明して、貿易戦争に入った。また対米外国投資委員会の権限を強化して中国からの投資を抑えようとしている。

　米国経済は貿易戦争の悪影響をほとんど受けず好調を維持したが、中国経済の成長率は公式発表で6.5%から6.4%に減少した。もっとも実際の経済成長率はもっと低いとする見方もある。中国の経済統計は政治的配慮に左右されることが多いため、実際の経済状況を隠していることが多いからである。他方、米国側の駆け込み輸入で対中輸入が急増し、米国の対中貿易赤字は拡大した。今後米中貿易関係がどのように推移するかが注目される。

　先進技術の優位性を維持するため、トランプ政権はこの面でも中国に強い圧力をかけた。米国政府は、中国の通信機器大手の華為技術（ファーウェイ）およびZTE（中興通訊）が中国共産党の情報機関と関係しているとの理由で、システム導入時の入札から除外することを決め、民間企業や大学にも同調を促した。2社の入札除外は日英など他国も賛同した。さらに2019年1月には、米国はカナダにいたファーウェイの副会長兼最高財務責任者、孟晩舟を米企業からの情報窃盗や制裁中のイラン企業との秘密取引のかどで米国に引き渡すよう要請した。

－13－

こうして米中関係は一層悪化していった。中国の大手通信企業は米国の攻勢によって譲歩を迫られている。それでも中国のいわゆる5G企業の先端技術は米国のそれを越えているので制御することが難しいという。

激化する西太平洋での米中対立

　安全保障・軍事分野でも米中の対立関係は深まった。特に南シナ海と台湾をめぐる緊張は軍事衝突を予期させるものであった。2018年9月30日、「航行の自由」作戦に従事した米駆逐艦「ディケーター」がスプラトリー諸島海域を通過しようとした時、同海域から離れるように警告を発した中国の駆逐艦の妨害を受けた。両艦の距離は40メートルに接近する危険なものであったという。その直後に行った10月4日の演説で、ペンス副大統領は「我々はこれで尻込みすることはない」と牽制した。2019年1月、インホッフェ米上院軍事委員会委員長は、「中国は第三次世界大戦を準備しているかのようだ」と議会証言で述べた。

　この中国の動きに対して米国の友好国は米国への支持を強化している。オーストラリアは、マレーシアの基地から軍用機を飛ばして米国を支援しており、さらに英国、フランスなどが「航行の自由」作戦に参加し始めた。日本は作戦には参加していないが、フィリピンやベトナムに中古軍用機や艦船を譲渡したり、整備するための要員養成をしたり、大型護衛艦（将来の空母）に水陸両用機動部隊を加えたりしている。

　台湾海峡においても、緊張が高まった。トランプ氏が大統領選での当選後まもなくして蔡英文総統に電話をしたり、当選後には米高官の台湾訪問を認めたり、武器供与を進めたりしたことが習近平国家主席を刺激したことも考えられる。また米国は定期的に駆逐艦を台湾海峡に派遣している。2018年の下半期に3回、19年に入って4回（最新は4月28日ミサイル駆逐艦2隻）という頻度の高い通過であった。その間、3月31日に中国の戦闘機2機が台湾海峡の中間線を越えた。台湾本島まではわずか190キロメートルのところまでを飛び、米台を牽制した。次いで4月15日には中国が台湾海峡において大規模な軍事訓練を実施した。同様に、2018年度に航空自衛隊が日本の領空に接近する中国機にスクランブル（緊

急発進）を行った回数は638回になり、過去2番目に多かった。

2049年目標と日中接近の影響

　中国が軍事行動をエスカレートさせている背景には、2049年が建国100周年にあたり、中国の指導者はそれまでに国家統一を成し遂げたいとの強い意志があるようだ。そのために中国は米台との対決は避けながらも軍事的緊張を作り、台湾を心理的に追い込んで中台統一の目的を達成する戦略をもっているように思える。習近平氏はすでに2013年にオバマ大統領（当時）に対して、太平洋の管轄を米中で二分することを提案していたし、2017年の党大会では、2049年頃に「トップレベルの総合国力と国際影響力」を有する「社会主義現代化強国」を築き、また一流の軍隊を建設すると述べていた。中国が米軍を西太平洋から追い出し、太平洋の西半分を中国の制海権下におくための手を打っているようだ。習近平氏は2019年1月には中央軍事委員会で、人民解放軍に戦闘の準備をするようにとの指示を出したと言われる。中国が南シナ海から台湾に焦点を移して軍事的圧力を増大する可能性がある。

　しかし米軍が西太平洋海域から撤退する可能性はゼロに近い。米国にとっては東南アジアを通って日本に繋がる長いシーレーンの安全を維持することは米国の世界的地位を維持するのには不可欠である。日米同盟は対中バランスを有利に保持するにはもちろん不可欠の存在である。

　とはいえ、日中は2018年から接近の動きを見せた。1978年に締結された日中平和友好条約の40周年にあたった2018年に李克強首相の訪日の機会を捉えて、自衛隊と人民解放軍が予期せぬ衝突を避ける「日中海空連絡メカニズム」を始めた。そして同年10月に安倍氏が日本の首相としては7年ぶりに中国を訪問し、習近平氏との首脳会談を行った。また2019年4月には自衛隊艦艇が初めて中国の国際観艦式に参加した。これには米国は参加しなかったので、日中接近の動きは米国の中国に対抗する姿勢の効力を弱めているとの懸念がワシントンでなされている。

防衛体制の強化に進む日本

2018年に日中海空連絡メカニズムが署名された一方で、日本は2019年度の予算で、在来のヘリ搭載大型護衛艦2隻を戦闘機搭載空母に改造する計画を打ち出した。これらの空母は今後ステルス戦闘機や水陸両用車などを搭載し空母としての威力を示し、主として米艦防護の任務を担うことになる。これらの護衛艦はすでにインド洋や南シナ海での多国間訓練に参加しており、また水陸機動団は南西諸島の奪還作戦にも参加することになる。九州南方の諸島は「防衛の空白地域」とも呼ばれており、2019年3月に鹿児島県奄美大島に奄美警備隊を、沖縄県宮古島に宮古警備隊をそれぞれ配備した。

さらに2018年12月に発表された新防衛大綱は、宇宙・サイバー・電磁波の電子戦の能力を高め、陸海空の自衛隊が一体で対処する統合運用を進める「多次元統合防衛力」を前面に打ち出した。

日本の防衛費は2012年末に第二次安倍政権が誕生して以来、毎年増加され、2019年度までの5年間は連続して最高額となった。これは中国軍事力に対抗するものであったが、2018年度の日本の防衛費はドル換算で473億ドルで、中国（1,682億ドル）の3割に過ぎなかった。中国の脅威に対抗するためには、米国との同盟は不可欠である。

今後日本経済の成長が低迷してポスト安倍政権の防衛努力が後退すれば、米国側の不満により日米同盟は困難に直面するかもしれない。逆に、経済成長が上向きでかつ憲法第9条の改正（自衛隊の明記など）ができれば、日本は自衛隊を増強しやすくなり、それだけ東アジアの安定と安全に寄与できるであろう。

焦点：1

アジアの安全保障：関与を深めるヨーロッパ

小窪千早
静岡県立大学講師

はじめに

　アジアとヨーロッパは地理的に離れていることもあり、アジアの安全保障に対してヨーロッパが果たしてきた役割は元来それほど大きなものではなかった。しかし、近年ヨーロッパはアジア（インド太平洋地域）の安全保障への関心を急速に高めつつある。とりわけ軍事的な遠方展開能力を持つヨーロッパの二大軍事大国である英国とフランスが、急速にアジアの安全保障への関与を強めている。日本は安倍政権のもとで2017年に「自由で開かれたインド太平洋地域（FOIP）」という構想を打ち出しているが、ヨーロッパ諸国は自由や民主主義、法の支配といった基本的価値観を日本と共有する国々である。こうしたヨーロッパ諸国がアジアの安全保障により積極的な役割を果たすことには大きな意義がある。本稿ではアジアの安全保障へのヨーロッパの影響について、欧州連合（EU）の近年の動きについて概観するとともに、特にアジア地域への関与を高めている英仏両国の最近の動きについて取り上げ、その展望を考察する。

EUが模索するアジアとの安全保障協力

　EUが共通の安全保障政策である共通安全保障防衛政策（CSDP、かつてのESDP）を発足させてから約20年が経つ。ESDP/CSDPが展開した作戦は欧州地域や中東・アフリカ地域での作戦が多く、極東で展開したものは2005年から2006年にかけて行ったアチェ停戦監視ミッション（AMM）に留まる。アジアの安全保障にとってEUの存在は、作戦上の役割よりは多国間枠組みでの発言といった分野での協力など、いわば協調的安全保障分野での関わりが中心であったと言える。

—17—

他方、近年の国際安全保障環境の中で、EUはヨーロッパ周辺地域だけでなく世界全体の安全保障への関心をより高めている。2014年6月、欧州理事会は「EU海洋安全保障戦略」を採択し、国連海洋法条約（UNCLOS）に基づく法の支配と多国間のアプローチを基調とする海洋安全保障のあり方を提唱した。また、同年に就任したEUのモゲリーニ外交安全保障上級代表は、2015年6月に提出した戦略的評価報告書にて、"A more connected, more contested, more complex world"という認識を示した。この認識は2016年6月にEUの外交安全保障政策の基本方針を示す「EUの外交安全保障のグローバル戦略」という文書に引き継がれた。

　そして、EUは近年、アジア地域の安全保障への関心を大きく高めており、2018年5月28日に開かれたEUの外務理事会において「アジアにおけるEUの安全保障協力の促進」と題する文書が採択された[1]。この文書では、ヨーロッパにとってアジアの安全保障の重要性が増していることに言及し、アジア欧州会合（ASEM）やASEAN地域フォーラム（ARF）などの地域的な枠組みを通じた安全保障対話を強化していくとともに、アジアにおける戦略的パートナーである中国、インド、日本、韓国との安全保障協力を強化していくと述べている。加えて、複合的な脅威を念頭に、EUのアジアにおける安全保障協力がより「オペレーショナル」なものになるべきと謳っている。この文書の採択後、モゲリーニ上級代表は「ヨーロッパとアジアがお互いを離れた友人と考える時は終わった」と述べ、アジアの安全保障へのより積極的な取り組みへの関心を示した。

　こうした動きは、裏返せばEUのアジアの安全保障への関与が従来「オペレーショナル」なものではなかったと言える。それでもEUがアジアの安全保障により積極的に関わることは、国際安全保障に関する国際世論の形成という側面で大きな意義を持つ。そして、近年の米欧関係の変容やEUにおける改革の動きなどに伴い、EU内の安全保障政策にも改革の動きが進んでおり、軍事能力の強化の方向に進みつつある。EU内に新たに設けられた欧州防衛基金（EDF）や、EU各国の軍事能力の向上を図る恒常的構造協力（PESCO）の枠組みは、中長期的にEUの総体的な軍事能力の強化をもたらすであろう。またマクロン仏大統領

の提案により、EU加盟国9カ国と英国による欧州介入イニシアチブ（EI2）という枠組みも作られている。こうした改革の動きはさしあたりヨーロッパとその周辺地域の安全保障を念頭に置いたものであり、アジアの安全保障に直接影響を及ぼすものではない。ただ、中長期的にはこうした形で能力と相互運用性を高めたEUないしEU諸国とのアジアにおける安全保障協力の可能性がより開けてくることも考えられる。そして軍事的側面だけでなく、テロ対策やサイバーなど安全保障の幅広い分野でEUがアジアの安全保障において協力しうる領域は多い。後述する日本とEUとの戦略的なパートナーシップ協定（SPA）でも、そのような協力が盛り込まれており、その点でEUとの協力の余地は潜在的に大きなものがある。

アジアに回帰する英国

　ヨーロッパのアジアの安全保障への影響としてとりわけ重要なのは、インド太平洋地域における英仏両国の関与が近年急速に高まっていることである[2]。英国はキャメロン第二次内閣の2015年に「国家安全保障戦略」という文書を出しており、その中でアジア地域における戦略について、日本やオーストラリア、ニュージーランドといった同じ考え方のパートナーとの協力を続けると述べている。また日本をアジアにおけるもっとも緊密な安全保障のパートナーと位置づけ、日本との防衛、政治、外交面での協力を強化していくとの方針を打ち出している。

　近年、英国はさらにアジアの安全保障への関与を強めており、2018年5月以降、国連安保理決議に基づく北朝鮮船舶の監視活動にも参加している。英海軍はフリゲート艦「サザーランド」、「アーガイル」、「モントローズ」および揚陸艦「アルビオン」を派遣し、瀬取りの監視を含む監視活動を展開している。また、2018年8月に揚陸艦「アルビオン」が日本を訪問する際には南シナ海で「航行の自由」作戦に参加し、同年12月にはフリゲート艦「アーガイル」が本州南方の太平洋上で初の日米英の共同訓練に参加している。そして英国国防省は2019年2月、空母「クィーン・エリザベス」を太平洋に派遣すると発表した。

　英国がアジアの安全保障への関与を強めている背景には、国際安全保障の動向を考慮している側面もあるが、やはり英国のEU離脱問題（ブレグジット）の影

響が大きい。ブレグジットの帰趨は依然不透明ではあるが、英国はEU離脱後の外交を念頭に置き、EU離脱に伴うヨーロッパでの影響力低下の代わりに、米国との協調、そして旧来の英連邦諸国との協調による世界的な影響力の確保を企図している。いわゆる「グローバル・ブリテン」と呼ばれる新しい戦略を展開しようとしているのだ。英国がTPPへの関心を示していることもその表れの一つであるが、安全保障の点では再びインド太平洋地域への関与を強化しようとしている。2019年1月、ウィルキンソン国防相は東南アジアに新たな海軍基地の設置を検討していることを明らかにした。シンガポールとブルネイが候補地に挙がっているとされているが、実現すれば1968年にスエズ以東から撤退して以来約半世紀ぶりに英国軍がアジア地域に戻ってくることになる。英国は1971年に、英国、オーストラリア、ニュージーランド、マレーシア、シンガポールの英連邦5カ国による5カ国防衛取極（FPDA）を締結している。このFPDAは長らく実質的な役割を果たしてこなかったが、近年少しずつ連携を強化しており、この地域の安全保障協力に大きな役割を果たしつつある。東南アジアには元々英国と深い繋がりを持つ英連邦諸国も多く、英国軍がこの地域に戻ってくることは、この地域の安全保障に大きな影響をもたらすであろう。

インド太平洋への関心を強めるフランス

　フランスも近年、アジアの安全保障に対する関与を深めている。フランスのそうした傾向はオランド前大統領の頃から見られている。2013年にオランド政権は国防白書を改定し、2013年版国防白書ではアジア太平洋地域の重要性についても指摘されている。国防白書は、アジア太平洋地域の安全保障がフランスにとっても重要であることを強調するとともに、インド洋の安全保障の重要性を指摘している。2016年には「フランスとアジア太平洋の安全保障」という文書を発表し、この地域における安全保障協力の推進を謳っている。

　フランスがアジアの安全保障に関心を寄せる背景には、フランスが国際政治おける大国としての影響力を確保したいと考えていることのほかに、フランスが太平洋およびインド洋に多くの海外領土を有していることが挙げられる。フラン

—20—

焦点1　アジアの安全保障：関与を深めるヨーロッパ

スは米国に次いで世界で2番目に広い排他的経済水域を持ち、その67％が太平洋地域に、26％がインド洋地域に位置する（数値は後述の「フランスとインド太平洋の安全保障」を参照）。インド洋から仏領ポリネシアに至る海洋において自由で安全な航行を確保することは、フランスの安全保障にとっても不可欠であり、それは南シナ海における自由な航行についても同じである。2016年6月にシンガポールで開催されたアジア安全保障会議（シャングリラ・ダイアローグ）において、フランスのルドリアン国防相（当時）が欧州各国による「航行の自由」作戦への参加を呼びかけたことは大きな反響を呼んだ。

　2017年に就任したマクロン大統領は、ルドリアン氏を外相に起用し、外交安全保障政策においては基本的にオランド前政権の方針を踏襲している。2017年に公表された「国家防衛・安全保障に関する戦略レビュー」においてもインド太平洋地域について言及されており、この地域の安定化が国際安全保障にとってきわめて重要であると指摘している[3]。さらに2018年6月のアジア安全保障会議においてフランス国防省は、前掲の「フランスとアジア太平洋の安全保障」を改定する形で「フランスとインド太平洋の安全保障」という文書を発表した[4]。この文書では、インド太平洋地域の重要性を改めて指摘し、フランスがこの地域の安全保障により積極的に関与し、プレゼンスをより高めることが盛り込まれている。そして同地域における関係諸国との連携を強化することが謳われている。特にフランスはインド太平洋地域におけるオーストラリアおよびインドとの協力関係を重視し、仏豪、仏印間で安全保障に関する共通のビジョンを発出するなど、積極的に行動している。また「航行の自由」作戦にも関心を示し、2018年のシャングリラ・ダイアローグでは、パルリ国防相がフランスによる「航行の自由」作戦への参加を表明した。そしてフランスも国連安保理決議に基づく北朝鮮船舶の監視活動に参加しており、2019年春以降、フリゲート艦「ヴァンデミエール」を派遣し監視活動にあたっている。また2019年には空母「シャルル・ド・ゴール」を中心とする空母機動軍がインド洋に展開している。このようにインド洋からポリネシアにかけて拠点を持つフランス軍がインド太平洋地域への関与を強めることは、英国のプレゼンスと同様、アジアの安全保障にとって大きな影響を及ぼすことになる。

−21−

拡大する日欧の安全保障協力

　ヨーロッパ、特に英仏両国がアジアの安全保障への関与を強めるにあたり、日本との安全保障協力が急速に進展している[5]。日本はフランスおよび英国との間に、すでに外務防衛閣僚協議（2プラス2）の枠組みを締結している。また情報保護協定をNATO、フランス、英国、イタリアとの間に締結しており、最近では物品役務相互提供協定（ACSA）を、英国と2017年に、フランスと2018年に締結している。こうしてヨーロッパ諸国との協力を深めていくことは日本の安全保障にとっても有益である。そして日本はEUとも安全保障面での協力を少しずつ行っており[6]、長年にわたる交渉を経て2018年7月、経済連携協定（EPA）とともに、戦略的パートナーシップ協定（SPA）を締結した。この協定は2019年2月に暫定的発効がなされたが、幅広い分野における双方の協力が謳われており、安全保障についても、危機管理、軍縮・不拡散、テロ対策、防災対策、犯罪対策、サイバー等、幅広い分野の協力が盛り込まれている。これらの具体的な協力のあり方は今後検討されるが、幅広い分野での協力が合意されたことは、日・EU関係の新たなステップを示すものと言える。そして日本はEUと、ソマリア沖の海賊対策などの機会を通じてこれまでにも幾多の軍事交流・軍事協力を行っている。EUとの協力の可能性が今後広がることが期待される。

　日英の安全保障協力も急速に進んでいる。前述のように2015年の文書において英国は日本をアジアにおける安全保障の最も緊密なパートナーと位置づけ、日英の安全保障対話が、2プラス2などの場を通じて着実に進展するとともに、共同訓練等の協力も進んでいる。2016年10月から11月にかけて、英国空軍と航空自衛隊による共同訓練「ガーディアン・ノース」が日本において展開された。日本国内で米軍以外の外国と行う共同訓練としては初めての例であった。2017年8月には、東京における日英首脳会談において、日英両国は「安全保障協力に関する日英共同宣言」を発表し、幅広い分野におけるさらなる安全保障協力を進めることを謳っている。2018年4月には、英海軍の「サザーランド」が日本に派遣されることに伴い、海上自衛隊との共同訓練が実施された。また陸上自衛隊と英国陸軍は、2018年9月から10月にかけて、静岡県の陸上自衛隊富士学校、山梨県

—22—

の北富士演習場、宮城県の王城寺原演習場で共同訓練を行った。これは陸上自衛隊が米軍以外の外国の軍隊と国内で行った最初の共同訓練にあたる。このように自衛隊と英国軍との共同訓練が急速に進められている。

　また日仏間においても協力の枠組みが進んでいる。フランスは日本がヨーロッパでは最初に2プラス2の枠組みを結んだところでもあり、安全保障における対話が進められ、また海上活動を中心に実際の共同訓練などの協力が進んでいる。2017年春にはフランスの「ジャンヌ・ダルク」のグアムにおけるミッションの一環として日米英仏による共同訓練が行われている。また、2018年には日本の哨戒機がフランスの海上哨戒訓練に参加するという共同訓練がなされている。2019年1月の日仏2プラス2では、日仏の海上共同訓練の定期実施で合意している。このような形で英仏両国との間で実務的な協力がここ数年で急速に進展していることは大きな変化と言えるであろう。

ヨーロッパの役割：多国間枠組みと軍事協力

　ヨーロッパがアジアの安全保障に果たしうる役割については、大きく分けて二つの側面が考えられる。第一は、国際安全保障に関する国際世論の形成という側面である。アジアの安全保障問題を討議する多国間対話の枠組みの中で、ヨーロッパが関係する枠組みがいくつかある。例えばEUも当初からメンバーとして加わっているASEAN地域フォーラム（ARF）や、ヨーロッパ30カ国とEU、アジア21カ国とASEANが一堂に会して両地域の協力関係について対話を行うアジア欧州会合（ASEM）がある。あるいはアジアの問題に限らないが英仏独伊とEUがメンバーである先進国首脳会議（G7）もある。こうした枠組みの中で、アジアの安全保障問題について地理的に離れたヨーロッパ諸国やEUが発言することは、国際世論の形成という点で大きな意味を持つし、自由や人権、民主主義や法の支配といった価値や理念を掲げるヨーロッパがアジアの安全保障に対し積極的に発言することは、この地域に共通の価値観を醸成していくことに良い影響をもたらすであろう。日本はその価値観や戦略をヨーロッパ諸国と共有していることから、ヨーロッパ諸国がアジアの安全保障への関与を強めていくことは、

この地域の安全保障に良い影響をもたらすものであり、日本としても歓迎すべきものといえる。

　ヨーロッパがアジアの安全保障に及ぼしうる影響の第2の側面はオペレーショナルなものである。この点については従来ヨーロッパからはそれほど大きな関与はなかったが、前述のように最近になって英仏両国を中心に、アジアの安全保障への関与が特に海洋安全保障の分野を中心に急速に高まっている。英仏両軍がインド太平洋地域で日本や米豪印などの諸国との二国間・多国間の共同訓練等を行う機会も急速に増えており、こうした傾向は今後拡大していく傾向にあるだろう。日本としても英仏を中心としたヨーロッパとの安全保障協力をさらに拡充していくことが地域の安全保障にとって重要である。

対中警戒の始まりとＱＵＡＤとの協力

　ヨーロッパのアジアの安全保障への関与を考える際に、考慮しておくべき要素がいくつかある。ひとつはヨーロッパと中国との関係である。南シナ海をめぐる問題やインド太平洋地域への戦略をめぐって、中国と日米をはじめとする国々との対立構図が明確になってきている状況の中で、ヨーロッパ諸国の中国に対する立場は必ずしも一枚岩ではない。中国の脅威を直接感じにくい位置にあるヨーロッパにとって、これまで中国は経済的なパートナーとしての存在感が大きい。ヨーロッパの多くの国がアジアインフラ投資銀行（AIIB）に参加しており、また「一帯一路」構想に参加しているヨーロッパの国も中東欧諸国を中心に多い。2019年3月にイタリアが「一帯一路」構想に参加したことは大きな驚きを与えた。こうしたヨーロッパ諸国の中国に対する立場は、最近では見直しの動きが見られるものの、ヨーロッパ各国内の対中政策は依然一枚岩ではない。中国は中東欧諸国を中心に経済的な投資を積極的に進めており、こうした動きはEU全体としての対中政策の決定に時として影響を与えうる。そのような動きをフランスなどの国々は警戒しており、2019年3月にパリで行われた中仏首脳会談の際の記者会見で、マクロン大統領は、「一帯一路」構想はヨーロッパが一体となって一貫性を持った戦略を以て臨むことが前提になると述べ、中国による個々の国の切り崩し

焦点1　アジアの安全保障：関与を深めるヨーロッパ

を牽制した。これまでおおむね好意的であったヨーロッパ諸国の対中政策は、中国の動向に警戒感を示す傾向が西欧諸国を中心に最近増えてきているが、ヨーロッパ全体で見ればやはりまだ一枚岩ではない。アジアの安全保障に対するヨーロッパの関与という観点からも、この点は引き続き注視が必要である。

　もうひとつ注意すべき点は、インド太平洋地域における英仏の活動と、日米およびその関係諸国の活動との間にうまく連携が取れるようにすることである。そのために、ヨーロッパの安全保障における米欧関係の問題がアジアの安全保障におけるヨーロッパの関与に影響を与えないようにすることが重要である。北大西洋条約機構（NATO）は、かつて遠方展開を中心としていたが、最近では対ロシアを中心に地域の安全保障のための機構へと回帰しており、その中でNATOにおける米欧関係は必ずしも良好ではない。ヨーロッパの安全保障に対する米国の関心は低下しており、防衛費の問題などで同盟をめぐる米欧関係は時に対立し、ヨーロッパではヨーロッパ独自の防衛力の構築の議論も出てきている。ヨーロッパにおける米欧同盟が必ずしも良好ではない状況の中で、価値を共有する国々がインド太平洋地域の安全保障においてうまく協力関係を構築していけるかが重要な課題である。すでに様々な形で協力が進んでいる、「セキュリティ・ダイヤモンド」あるいは「クアッド（QUAD）」と呼ばれる日米印豪の4カ国による安全保障の協力枠組みや他の東南アジア諸国との協力と、英仏両国の取り組みとの実質的な連携が構築されていくことが重要である。もっとも現状を見るに順調にそのような協力が進んでいる。例えば北朝鮮の監視活動を通じては、日米英仏豪加の6カ国による協力が進みつつあるし、英国は米国との関係に加え前述のFPDAの枠組み等を通じてオーストラリアやニュージーランドなどの英連邦諸国との協力を深めている。英国による英連邦諸国間の安全保障協力の推進は、この地域の多国間協力の推進に重要な役割を果たすであろう。フランスもまた、前述の「フランスとインド太平洋の安全保障」に掲げられた方針に沿い、米国はもとよりオーストラリアやインドとの間で安全保障に関する対話や協力を活発化させている。2019年5月にフランスの空母「シャルル・ド・ゴール」が参加する形で、日米豪仏によるイン

－25－

ド洋ベンガル湾での合同演習が行われたのもその表れと言える。このように、ヨーロッパ、とりわけ英仏両国がアジアの安全保障に深く関与し、日米や日米と価値観や戦略を共有するインド太平洋地域の諸国とともに多国間の安全保障協力の仕組みを構築していくことは、法の支配に基づいた自由で開かれた形でのアジアの安全保障を構築するうえで大きな意義を有する。さらなる協力の推進が日本にとっても望ましい。

(1) 英国の2015年の国家安全保障戦略については以下を参照。https://www.consilium.europa.eu/media/35456/st09265-re01-en18.pdf

(2) 英国並びにフランスの防衛・安全保障政策については、例えば以下の報告書を参照。鶴岡路人「イギリスの防衛外交・防衛関与」笹川平和財団、2018年9月、合六強「フランスの防衛・安全保障協力」笹川平和財団、2018年9月

(3) フランスの「国家防衛・安全保障に関する戦略レビュー」については以下を参照。https://www.defense.gouv.fr/dgris/presentation/evenements-archives/revue-strategique-de-defense-et-de-securite-nationale-2017

(4) 2018年の「フランスとインド太平洋の安全保障」については以下の仏国防相のサイトを参照。https://www.defense.gouv.fr/dgris/action-internationale/enjeux-regionaux/la-france-presente-sa-politique-de-defense-en-indopacifique

(5) ヨーロッパ各国と日本とのインド太平洋地域における安全保障協力については、以下のペーパーが挙げられる。Luis Simon & Ulrich Speck (ed.) , *Natural Partners? Europe, Japan and Security in the Indo-Pacific*, Real Instituto Elcano, November 2018

(6) 日本とEUとの安全保障協力については、例えば以下の本が挙げられる。Emil Kirchner and Han Dorussen (ed.) , *EU-Japan Security Cooperation: Trends and Prospects*, Routledge, 2019

焦点：2

インドの「インド太平洋」観：
躊躇・受容・再定義

伊藤融

防衛大学校准教授

交錯する歓迎と警戒

　安倍政権の提唱する「自由で開かれたインド太平洋」に代表されるように、米国と緊密な関係にある主要国のあいだで、「インド太平洋」という地域概念は、いまやキーワードとなっている。とはいえ、この言葉が外交・安全保障の世界で使われるようになったのは、それほど過去の話ではない。政府レベルでは、2010年10月のヒラリー・クリントン米国務長官演説、翌年の同長官による論文を契機として流行し、それに日本やオーストラリアが呼応して支配的言説となっていったと考えられている[1]。

　2011年に入ると、インドのメディアでも、米国が「インド太平洋」の重要性を論じているとのニュースがみられるようになったが、そこに批判的な論調はなかった。同年10月のクリントン論文を受け、シャム・サラン元インド外務次官は、米国の認識は「ルックイースト」政策を続けてきたインドの利益と合致するとして、基本的に歓迎する考えを示した[2]。というのも、ちょうどその頃のインドは、ベトナムとの海底油田開発や海軍交流に乗り出すなど、マラッカ海峡の向こう側へと戦略的関心を拡大しようとしていたからである。そしてこのインドの動きに反発を強めていたのが中国である。インドを代表する戦略家のラージャ・モハンは、2012年10月に発表した著書で、インドが西太平洋へと、中国がインド洋へとそれぞれ関心を広げるなか、「インド太平洋」という単一の地政学的シアターが生まれ、印中の競合が激化するとの見方を示した。そこで彼は、インドは米国との関係を強化すべきだと主張した[3]。

　しかし時間の経過とともに、「インド太平洋」への懐疑論もみられるようにな

－27－

る。それは米国を中心とした同盟構造に実質的に組み込まれ、中国を過度に刺激しかねないばかりか、インドの外交的自由が制約されることへの警戒感である。日米豪の呼びかけにもかかわらず、当時のシン政権は、共同声明やその他の政府の公式文書で、「インド太平洋」という言葉を回避した。首相や外相、国家安全保障顧問が講演の場で言及することがなかったわけではない。しかしそれは日米豪が考えていたような、あるいはモハンの言うような対中戦略としてではなく、もっぱらテロや海賊対処など、非伝統的安全保障のための多国間メカニズムという観点から論じられていた[4]。

　このように、モハンのような積極論とは対照的に、シン政権は当時の米国による「アジア回帰」戦略としての「インド太平洋」とは距離を置こうとした。そこには第一に、伝統的な「非同盟」への固執がある。特にシン政権を主導していた国民会議派は、ネルー以来の「非同盟」の伝統を有する政党である。2012年2月、政権が実質的に関与するかたちでシンクタンクから発表された『非同盟2.0』と題する政策提言書は、自主独立外交としての「戦略的自律性」の確保を最重要の課題とし、特定の国、とりわけ米国と「同盟」に近づくことで、インドの「戦略的自律性」を犠牲にすべきではないと警鐘を鳴らした[5]。

　第二は対中配慮である。2010年前後から陸海双方で攻勢を強めつつあった中国に、インドが脅威認識を抱いていたのは間違いない。しかしだからこそ、同盟国をもたないインドは中国を刺激しないよう対応せざるをえないと考えられた。加えて、インドにとって中国は、安全保障上は脅威であるとしても、世界貿易機関（WTO）や国連気候変動会議におけるグローバルな経済秩序形成というイシューでは、同じ「新興国」として利害を共有するパートナーでもある。

　第三には、元来の戦略範囲であるインド洋の重要性が低下しかねないとの懸念がある。メノン国家安全保障顧問は2013年3月、問題状況の異なる「インド太平洋」を安全保障に関する単一の地政学的空間として捉えることは妥当ではなく、インドとしてはまずインド洋を重視すべきだとの考えを示した[6]。この年の半ば以降、シン政権下では「インド太平洋」という言葉が政府関係者の口から出ることはほぼなくなっていった。

—28—

焦点2　インドの「インド太平洋」観：躊躇・受容・再定義

一歩踏み込んだモディ政権

　2014年5月の総選挙で圧倒的勝利を収めたインド人民党主導のモディ政権は、こうしたインドの慎重姿勢を一変させる。それはまず、「インド太平洋」主唱国・海域国への積極的な首脳外交にみられる。同年8・9月、モディ首相は南アジア域外の最初の訪問国として日本を選択した。注目されるのは、安倍首相との間で二国間関係を「特別戦略的パートナーシップ」に引き上げることに合意した点である。この「特別」という言葉は、その2カ月ほど前の日豪首脳会談で用いられた表現であった。前回の首相在任時に「日米豪印」4カ国枠組みを提唱し、2度目の首相就任前後にもこの4カ国からなる「セキュリティ・ダイヤモンド」構想を打ち出した安倍首相に、同盟国としての米国とともに、豪印を「準同盟国」として位置づけたいとの思いがあることは、当然知られていた。にもかかわらず、モディ首相は「特別」という表現の付加を受け入れたのである。以来、モディ首相は、安倍首相と個人的信頼関係を深めていった。モディ首相がインド初の高速鉄道プロジェクトとして新幹線システムを採用することに同意する一方、安倍首相は、日本国内に抵抗感の強かった民生用原子力協定の締結・発効を実現させた。

　前政権下で関係が冷却化しつつあった米国にも、モディ首相は、2014年9月の国連総会の機会に訪問し、ホワイトハウスでオバマ大統領（当時）といち早く首脳会談を行った。さらにモディ首相は、翌年1月のインド共和国記念日の主賓に、米大統領としては初めて、オバマ大統領を迎えた。両首脳は、「アジア太平洋とインド洋地域のための共同戦略ビジョン（Asia-Pacific and Indian Ocean Region）」を発表し、海洋安全保障協力推進に合意した。ここでは、「インド太平洋」ではなく、「アジア太平洋とインド洋」という言葉が用いられてはいるものの、単数形の地域と表現されたことからみても、変化の兆しがうかがえよう。その後、トランプ政権が発足すると、そのパキスタンへの厳しい姿勢を歓迎する一方、ロシアならびにイランに対する制裁措置や保護主義的な経済政策には警戒感を持ち、同調しない立場を示してきた。しかし印米の、とりわけ安全保障面での協力深化の流れは変わらず、2018年9月には、初めての閣僚級2プラス2が開催され、「通信互換性保護協定（COMCASA）」が締結された。いまや印米両軍は双方の

−29−

通信網への接続が可能となり、相互運用性は同盟国間並みに高まることになる。

　しかしモディ政権になって最も劇的な進展をみせたのは、対豪関係であった。2014年9月、アボット首相が訪印し民生用原子力協力協定が締結されると、それからわずか2カ月後の11月には、モディ首相が訪豪した。G20サミットの機会を利用しての首脳会談とはいえ、インドの首相が訪豪して二国間会談をしたのは実に28年ぶりであった。近年のオーストラリアの関係強化の呼びかけに、インド側がようやく応じたものといえる。ここでは「安全保障協力のための枠組み」が合意され、合同演習等の開始が決まった。モディ首相は、印豪は価値と利害を共有しているうえ、海洋安全保障上も「自然なパートナー」であると明言した。

　このようにモディ政権は、当初から「インド太平洋」主唱国との連携に積極的であった。そしてついに、2015年9月、インドは「インド太平洋」概念を公的に受容する。ニューヨークで開催された初の日米印外相会合後に発表された共同メディアノートは、「インド太平洋地域におけるそれぞれの利益の一致の増大」を確認し、特に南シナ海を含め、国際法や紛争の平和的解決、航行・上空飛行の自由、阻害されない法に従った通商活動の重要性を強調したのである。以来、モディ政権は「インド太平洋」を頻用するようになった。

　またモディ政権は、このときの会合を機に、日米豪を含む多国間枠組みにも積極的に応じはじめた。2015年10月には、海上自衛隊をインド洋での印米マラバール演習に8年ぶりに招き、以降の同演習への恒常的参加も受け入れた。2018年11月のアルゼンチンのブエノスアイレスでのG20の際には、初の日米印首脳会談まで開催された。モディ首相は、安倍首相、トランプ大統領との会談で、日米印の頭文字をとった"JAI"がヒンディー語で「勝利」を意味すると紹介し、民主主義的な価値やビジョンを共有した連携の意義を強調してみせた。

　さらに日豪印という新たな枠組みも生まれている。2015年6月に、ニューデリーで初の外務次官級協議が開催され、その後も回数を重ねた。

　そして2017年11月、マニラにおいて、局長級協議のかたちで、日米豪印4カ国枠組みが開催された。この4カ国は奇しくも10年前、同じマニラにおいて戦略対話を持ち、その枠組みにシンガポールを加えた合同演習を実施した。しかしそれが中

国の強い反発を招き、その後消滅したかにみえた。その枠組みを再生しようと主導したのは日本だとされているが[7]、モディ政権はこれに応じたのである。局長協議後に4カ国が各々発出した声明には、いずれも「自由で開かれたインド太平洋」の重要性が盛り込まれた。加えてモディ政権は、2018年1月、外務省が毎年シンクタンクと共催して開催するライシナ戦略対話に、日米豪の参謀長級を招いてみせた。

　こうしたモディ政権の積極姿勢への変化に、対中牽制の意味合いが込められていたのはいうまでもない。モディ政権は発足当初こそ、中国への関与政策を示した。特にこれまでは安全保障上、制限してきた投資についても受け入れ、それによりインフラ整備を図り、「メイク・イン・インディア」の実現を目論んだ。しかし、2016年半ば頃までには中国に対する期待はしぼみ、警戒論が強まる。インド側の貿易赤字は変わらず、中国製品によって国内企業が駆逐されているとの不満が広がった。加えて、中国はモディ政権の重視する外交目標すら妨害し、インドの政治・安全保障上の懸念に配慮を示さない傾向が顕著になったからである。例えば、インドの原子力供給国グループ（NSG）加盟についても、パキスタン過激派組織指導者の国連制裁指定についても、中国は否定的な態度を続けた。いわゆる「一帯一路」構想によって、インドの隣国、スリランカのハンバントタ港の運営権は中国に握られ、パキスタンでもインドが領有権を主張するカシミール地方を経由する「中国・パキスタン経済回廊（CPEC）」の計画が着々と進む。さらに2017年夏には、中国とブータンとの係争地ドクラムで人民解放軍が、一方的な道路建設を開始する。ブータンはインドと伝統的に深い関係にあるうえ、自国のシッキム州にほど近い戦略上の要衝の現状変更をインドが容認できるわけはなく、モディ政権はただちに部隊を送り、2カ月半にわたって中国側と対峙を続けた。

軍事的影響力拡大の試みと挫折

　モディ政権の「インド太平洋」志向は、その主唱国との連携強化のみならず、インド自身の進める具体的政策としても確認できる。2018年は特にその動きが顕著となった。5月にインドネシアを訪問したモディ首相は、スマトラ島北部沖合に位置するサバン港の共同整備・開発合意を発表した。サバン港はインド海軍基

地の置かれるアンダマン・ニコバル諸島に近接する。コネクティヴィティ構築による経済関係強化に留まらず、シーレーンの要衝であるマラッカ海峡の西の入口での安全保障協力を推進するという意図は明らかである。

　インドが開発を進めてきたイランのチャバハール港は、米国の圧力にもかかわらず2017年末に一部開港し、翌2018年2月のローハニ大統領訪印時に1年半の管理権をインド側が得ることで合意した。中国が運営権を持つパキスタンのグワダル港と150キロメートルほどしか離れていないチャバハール港は、インドにとってアフガニスタン、中央アジアへのゲートウェイとしての意味合いも有する。さらに同月、モディ首相がオマーンを訪れた際には、そのドゥクム港をインド海軍が使用できるとの覚書が交わされた。

　より広範な効果を有するのは、2018年3月にフランスのマクロン大統領が訪印して結ばれた「兵站交換協定」であろう。これにより、インドの艦船がジブチ、アブダビ、レユニオン島といったフランスの海軍基地を利用できるという。このように、モディ政権はインドの軍事的な活動範囲を飛躍的に拡大するための条件を着々と整えている。

　しかし、すべてが順風満帆というわけではない。特に大きな壁となっているのは、インド洋島嶼国の動向である。2018年1月、モディ首相側近の一人として知られたジャイシャンカール外務次官は、任期中の最後の仕事として、セーシェルを訪問し、アサンプション島という首都ビクトリアから1,000キロメートル南西に位置する無人島開発計画の改訂版協定に合意した。実は同国にはモディ首相が2015年3月に訪問し、開発計画の協定文書をすでに交わしていた。それは港湾と滑走路の整備、延長を中心とし、セーシェルのみならず、インドの海洋安全保障に資するものと期待されていた。その後、2016年9月のセーシェル総選挙で野党側が勝利し、大統領と議会の「ねじれ」現象が生じたことで、再度、二国間交渉が始まり、改訂版の協定締結に至ったのである。

　ところが予想外の事態が、モディ政権に衝撃を与える。2018年3月、協定本文ならびに施設設計図が、インターネット上に動画と画像でアップされてしまったのである[8]。動画は、セーシェルのフォール大統領のみならず、議会で最大勢力となっ

焦点2　インドの「インド太平洋」観：躊躇・受容・再定義

た野党の指導者（インド系セーシェル人）をも痛烈に批判していることなどから、同国政府内部からのリークとみられる。暴露された文書からは、インドが軍事目的でアサンプション島を利用しようとしていることが窺え、セーシェル国内ではメディアから一気に批判の声が上がった。改訂版協定には、あくまでもセーシェルの排他的経済水域（EEZ）の保全能力向上のためという「目的」が明記されてはいたが、アサンプションで作られる施設は、インドとの「共同管理」と明記され、インド海軍の「常駐」や、軍事目的のための武器保有も容認する文言が含まれていた。

　世論の反発を受け、野党側は修正協定に反対する姿勢を鮮明にした。結局、フォール大統領は、2018年6月の自らの訪印直前に、協定を断念する考えをインド側に伝えた。

　インド系住民が7割を占めるモーリシャスでも、モディ政権のプロジェクトは抵抗を受けている。モディ首相は2015年3月、セーシェルとともにモーリシャスを訪れ、やはり首都ポートルイスから、1,000キロメートル近く北方に位置する人口300人足らずのアガレガ群島の開発計画に合意した。しかしここでも覚書の具体的な内容は公表されず、「海と空のコネクティヴィティを改善するためのインフラの建設とアップグレード」、「遠く離れた島でその利益を守ろうとするモーリシャス防衛部隊の能力向上」とされたのみであり、詳細は不明であった。そこで、モーリシャス国内ではすぐさま、野党やメディアからアガレガ群島がインドにリースされるのではないか、またインドの軍事基地が設置されるのではないかといった疑念の声が上がった。モーリシャスにはかつて英国からの独立時に、チャゴス諸島のディエゴ・ガルシアを米国に「奪われた」という記憶が強く、主権への危機感がとりわけ強いことが背景にある。議会での野党の追及は2018年秋になっても続いており、インドの目指す2021年までの滑走路の延長、港湾整備、くわえてレーダーシステムの設置には暗雲が垂れ込めている 。

　以上のように、モディ政権は「インド太平洋」を唱える主要国との親和性を強調し、一歩踏み込んで外交・安全保障協力を緊密化する一方で、インドとしても特にインド洋地域での軍事的影響力の拡大に乗り出した。しかしその試みが必ずしもうまくいっているというわけではない。

「インド太平洋」の独自の定義

　このようにモディ政権の具体策をみると、「インド太平洋」とはいえ、やはり実質的にはまずインド洋にその力点があることは明らかである。実は、「インド太平洋」を公的に受容する半年前の2015年3月、モディ首相は訪問中のモーリシャスでSAGARという概念を提起している。元来ヒンディー語で「海」を意味するSAGARを、「地域のすべてにとっての安全保障と成長（Security and Growth for All in the Region）」としてモディ首相は位置づけたが、このとき、それはもっぱらインド洋の文脈で語られていた。モーリシャスでの演説の中でモディ首相は、①インドの主権と国益がインド洋の安定と不可分であるとの認識、②インドがインド洋の海洋安全保障と経済に貢献する必要性、③インド洋海軍シンポジウム（IONS）のような集団的協力メカニズムの構築、④環インド洋連合（IORA）などでの持続可能な開発、ブルーエコノミー（海洋資源を活用した持続可能な経済活動）の推進、⑤インド洋地域では、域外のいかなる国でもなく、インドが主たる責任を担う決意、を表明した[(9)]。

　しかし、それから3年後の2018年6月のアジア安全保障会議（シャングリラ・ダイアローグ）におけるモディ首相の基調演説では、SAGARは、自らの政権が進める「アクトイースト政策」においても追求する信条だと表明した。すなわち、インドが最も重視するインド洋でのSAGARを、「インド太平洋」においても適用していくと示唆したのである。

　そのうえで、モディ首相はこの演説の後半部で、インドの「インド太平洋」観を披瀝する。それは、限定された加盟国の戦略やクラブではなく、また支配したり、特定の国を標的とするものではないとして、モディ首相はこのとき、七つの原則を指摘した。以下はその要点である。

①インド太平洋は、自由で開かれた包含的な地域であり、進歩と繁栄を願う、その地理のなかに含まれる国、および利害関係を有するすべての関係国が参画できる。

②インド太平洋の中心は、いまもこれからも東南アジア、ASEANであることを踏ま

え、インドとしてはこの地域における平和・安全保障アーキテクチャーに協力する。

③対話を通じルールに基づく共通の地域秩序を発展させる必要がある。

④海・空の共通の空間は国際法のもと、すべての国が利用できる権利を有する。

⑤保護主義は解決策にならず、インドとしては、ルールに基づき、開放的で、バランスが取れ、安定的な貿易環境を支持しており、東アジア地域包括的経済連携（RCEP）もそのようなものになることを期待する。

⑥コネクティヴィティが貿易や繁栄のためだけでなく、地域を繋ぐために決定的に重要であるが、そのためのインフラ構築に際しては、各国の主権と領土保全を尊重するとともに、協議、グッドガバナンス、透明性、実効可能性、持続可能性に立脚しなければならず、返済できないような債務負担を課すべきではない。

⑦対立ではなく協力のアジアが未来を創る[10]。

現下の国際環境下でのインドの国益に照らして、非常によく考え抜かれた演説といえよう。中国を敵視したり、排除するものではないとする一方で、一方的な現状変更、航行の自由の妨害や、小国を「債務の罠」に陥れるような開発の動きを直接、間接に否定することで暗に中国を牽制している。しかも同時に、自由貿易の重要性を説くことで、トランプ政権の保護主義的な政策にも修正を求めているとみることができる。

これと関連して、同演説で注目すべきなのは、前国民会議派政権下で多用された「戦略的自律性」という言葉をモディ首相がわざわざ持ち出して使った点である。モディ首相は、インドがASEAN、日米豪に加え、中国やロシア、上海協力機構（SCO）とも連携を強化していることに触れ、インドの「戦略的自律性」は不変であると強調した。トランプ政権が、経済政策での保護主義に加え、外交・安全保障政策でも、インドにとって不可欠な戦略的パートナーであるロシア、イランに圧力・制裁を強化するなかではとりわけ、米国の戦略としての「インド太平洋」論にインドが乗るわけにはいかない。しかし同時に、自己主張の度を強める中国にも、インドは警鐘を鳴らしておかねばならない。独自の「インド太平洋」観と、「戦略的自律性」概念への回帰はそうした文脈の中で捉えられよう。

2019年インド総選挙後の展望

　モディ政権下のインドは、前会議派政権期の躊躇を越え、一歩踏み込んで日米豪などとの戦略的関係を強化し「インド太平洋」概念を受容するとともに、特にインド洋での自らの軍事的影響力拡大に乗り出した。しかし2018年のシャングリラ・ダイアローグでモディ首相が初めて披瀝した「インド太平洋」論は、かならずしも対中牽制を主眼に置いたものではなく、今日の複雑かつ不透明な国際関係においては、慎重かつバランスを意識した舵取りを必要とするインドの姿を反映するものであった。2019年5月の総選挙で誕生する新政権は、「インド太平洋」にどのように向き合い、どのような政策を展開するであろうか。

　まずは、モディ政権が存続する場合と何らかの政権交代が起きる場合に大きく分けて考える。前者の場合、インドの認識と政策は、国際環境が変わらないかぎりにおいて、大きな変化はないであろう。しかし問題は、モディ政権が敗北し退陣を迫られる場合である。与党インド人民党が大幅に議席を減らし、与党内でモディ降ろしが起きるか、あるいは野党国民会議派主導の政権、また地域政党のなかから首班が選出されるような政権となる場合が論理的にはありうる。後者の場合、モディ政権にはいっさい感じられなかった「非同盟」のノスタルジー抱き、とりわけ米国との緊密な関係に慎重な勢力が息を吹き返す可能性は否定できない。シャングリラ演説以上に、インドが日米豪の描くような「インド太平洋」から後退する、あるいは退却することもありえない話ではない。

　しかしインド内政の展開よりも決定的な意味を持つのは、国際環境の動向である。これまでみてきたことからも明らかなように、伝統的な「非同盟」にまったく拘らないモディ首相でさえ、トランプ政権の政策には同調しがたい。そして米国が中国に圧力をかけ、中国がインドの取り込みを必要とする状況になったときには、中国の対インド政策も軟化し、インドにとって対中牽制の緊急性は薄れると思われる。また米国が2018年のトランプ政権のように、インドにとって不可欠な戦略的パートナーとの関係を絶つように迫るとすれば、インドは日米豪の考えるような「インド太平洋」から離れていかざるをえない。すなわち、インドの「インド太平洋」認識や政策は、もちろんインドの政権の選択によるのではあるが、いか

焦点2　インドの「インド太平洋」観：躊躇・受容・再定義

なる政権であれ、その選択に決定的な影響を及ぼすのは、まず米国の政策、そしてそれに対する中国の反応と考えてよいであろう。

(1) クリントン長官演説は、U.S. Department of State,"America's Engagement in the Asia-Pacific," Remarks by Hillary Rodham Clinton, Secretary of State, Kahala Hotel, Honolulu, Oct. 28, 2010 (https://2009-2017.state.gov/secretary/20092013clinton/rm/2010/10/150141.htm)。
同長官論文は、Hillary Clinton, "America's Pacific Century," Foreign Policy, Oct. 11,2011.
インド太平洋論の生成と展開については、山本吉宣「インド太平洋概念をめぐって」日本国際問題研究所研究報告『アジア（特に南シナ海・インド洋）における海洋安全保障秩序』2013年、5-23頁 (http://www2.jiia.or.jp/pdf/resarch/H24_Asia_Security/introduction.pdf)、溜和敏「『インド太平洋』概念の普及過程」『国際安全保障』43 (1)、2015年、68-86頁に詳しい。

(2) Shyam Saran,"Mapping the Indo-Pacific,"*Indian Express* (online), Oct.29, 2011 (https://indianexpress.com/article/opinion/columns/mapping-the-indopacific/).

(3) Raja Mohan, *Samudra Manthan: Sino-Indian Rivalry in the Indo-Pacific*, Carnegie Endowment for Int'l Peace, 2012.

(4) シン政権下の議論については、伊藤融「インドから見た『インド太平洋』」日本国際問題研究所研究報告『『インド太平洋時代』の日本外交—Secondary Powers/Swing Statesへの対応』2014年、83-86頁を参照。(http://www2.jiia.or.jp/pdf/resarch/H25_Indo-Pacific/04-ito.pdf).

(5) Sunil Khilnani, Rajiv Kumar, Pratap Bhanu Mehta, Lt. Gen. (Retd.) Prakash Menon, Nandan Nilekani, Srinath Raghavan, Shyam Saran and Siddharth Varadarajan, *Nonalignment 2.0: A Foreign and Strategic Policy for India in the Twenty First Century, 2012* (http://www.cprindia.org/research/reports/nonalignment-20-foreign-and-strategic-policy-india-twenty-first-century).

(6) Observer Reserch Foundation,"Text of Speech of Mr.Shivshankar Menon on Samudra Manthan: Sino-Indian Rivalry in the Indo-Pacific"March 4, 2013 (http://www.orfonline.org/cms/export/orfonline/documents/Samudra-Manthan.pdf).

(7) 『日本経済新聞』2017年10月26日朝刊

(8) 動画はYoutubeにアップされた。https://www.youtube.com/watch?v=qOwG9JhRZxE.またこの動画から協定文書等の画像ファイルにアクセスできるようになっている。https://drive.google.com/drive/folders/1WLBV0LF0fhTFD_FM3iP6oRtX4506uIzF.

(9) Ministry of External Affairs,"Prime Minister's Remarks at the Commissioning of Offshore Patrol Vessel (OPV) Barracuda in Mauritius,"March 12, 2015 (https://mea.gov.in/outgoing-visit-detail.htm?24912/Prime+Ministers+Remarks+at+the+Commissioning+of+Offshore+Patrol+Vessel+OPV+Barracuda+in+Mauritius+March+12+2015).

(10) Ministry of External Affairs,"Prime Minister's Keynote Address at Shangri La Dialogue" June 1, 2018 (https://mea.gov.in/outgoing-visit-detail.htm?29943/Prime+Ministers+Keynote+Address+at+Shangri+La+Dialogue+June+01+2018).

焦点：3

多次元統合防衛力時代の宇宙利用を考える

青木節子

慶應義塾大学大学院法務研究科教授

　現在は、冷戦終結後、最も国家間競争が顕在化した時代である。同時に非国家主体による脅威も一向に収まらない。国際社会秩序は、パワーバランスの変化が加速化・複雑化し、不確実性が増大している。現代はまた、自律型無人兵器や極超音速滑空体など軍事技術の革新が著しく、民生利用が世界中に行き渡る宇宙・サイバー空間も、軍隊の作戦構築に必須の領域となっている。

　現在の戦闘形態は、世界的に伝統的な陸・海・空のみならず、宇宙・サイバー・電磁波といった新たな領域を組み合わせたものに抜本的に変わりつつあるという状況認識のもと、2018（平成30）年12月に策定された「平成31年度以降に係る防衛計画の大綱」（以下「防衛大綱」または「現防衛大綱」）は、伝統的空間や新たな領域のすべての能力を有機的に融合して、その相乗効果により、全体としての能力を増幅させる「領域横断作戦」を採用し、真に実効的な防衛力−「多次元統合防衛力」−を実現する方途を示した[1]。

　宇宙・サイバー・電磁波は防衛のための新しい領域という共通性はあるが、同時に、実体として存在する宇宙空間と機能的な領域であるサイバーや電磁波とは性質の異なる点も少なくない。また、サイバーと電磁波についてもその相違は小さくない。サイバー空間が民生利用の拡大により国民生活の利便性を高め、ビジネスや安全に貢献する一方、電磁波はほぼ軍事利用に限られるからである。したがって、領域横断作戦における宇宙・サイバー・電磁波といった新領域の連携には留意しつつも、以下、本稿では、多次元統合防衛力を実現するための日本の宇宙利用政策に焦点を当てることとする。

　まず、現防衛大綱の意義を確認し、かつ、宇宙の軍事利用についての現行国

際法を概観する。次に、国際法に合致する行為の枠内で、領域横断作戦に資する宇宙利用の進め方を考える。最後に、防衛の目的は「平素から、我が国が持てる力を総合して、我が国にとって望ましい安全保障環境を創出する」（7頁）こととされ、「宇宙、サイバー等の分野の国際的な規範の形成に係る取組を推進する」（8頁）ことが特に要請されていることに鑑みて、いまだ形成途上にある国際宇宙法において、日本はどのような宇宙の安全保障法規範の形成・発見に尽力すべきかを考察する。なお、この点については、宇宙とサイバーの交錯についても留意する。その理由は以下のとおりである。宇宙活動に利用される「宇宙資産」は、宇宙空間に配置された衛星などの宇宙機、宇宙機の運用を行うための地上局、両者をつなぐ通信リンクからなるが、すでに、地上局や通信リンクを通じて宇宙機にはさまざまなサイバー攻撃が行われており、宇宙機の機能破壊や毀損、それに基づく地上での損害（衛星データが使用不可能になったことによる市民生活の不便、市場の混乱、誘導飛翔体の目標地点をはずすといった軍事活動の阻害等）、地上局からの情報窃取や通信リンクの不正使用などが知られている。サイバー攻撃は、また、弾道ミサイルでの迎撃と並び、最も効果的な対衛星攻撃（ASAT）兵器であることも確認されている[2]。このように宇宙利用はサイバー活動との関係が深く、その法規範や政策についても、宇宙とサイバーの交錯する部分も含めて論じる必要があるからである。

現防衛大綱の意義：作戦手段としての宇宙

　初めて宇宙の防衛利用を明記したのは2010（平成22）年の防衛大綱であったが、これは、国としての統合的かつ戦略的な取組みの中で「情報収集及び情報通信機能の強化等の観点から宇宙の開発及び利用を推進する」ことに留まっていた[3]。転換点は、現防衛大綱と似た脅威認識を示し、「統合機動防衛力」の構築をめざした2013（平成25）年の防衛大綱である。①さまざまな衛星を利用した情報収集、指揮統制・情報通信能力の強化や、②宇宙状況監視（SSA）等を通じた衛星の抗堪性の向上により、効果的に宇宙空間の利用を確保する機能や能力が重視されるようになった。同防衛大綱は、また、「宇宙空間・サイバー

－39－

空間」を国際公共財と位置付け、国際社会の安全保障のためにその安定的な利用の確保を重視した[4]。現防衛大綱では宇宙の重要性はさらに増大し、「宇宙・サイバー・電磁波といった新たな領域」で優位性を獲得することが死活的に重要とされる（2頁）。

　では、現防衛大綱は、前大綱とどこが異なるのか。自衛隊が情報収集、通信、測位等の目的で利用する宇宙空間での活動を妨害する行為を未然に防止するために常時継続的な監視を行い、妨害がなされた場合には、事象の特定、被害の局限、被害復旧等を迅速に行うというところまでは2013年の防衛大綱でも記されている（13頁、現防衛大綱11頁）。現大綱の意義は、それを一歩進め、「我が国への攻撃に際しては、こうした対応に加え、宇宙・サイバー・電磁波の領域を活用して攻撃を阻止・排除する」（11頁）ことが要請されている点である。宇宙空間が、サイバー・電磁波といった他の新たな領域とともに「領域横断作戦」の一分野として、専守防衛の枠内で敵の攻撃に対抗し、排除し、更なる攻撃を抑止する場と位置付けられたことにより、日本の防衛宇宙利用政策も、従来の発想から脱却することが求められるようになったといえる。

安全保障分野に係る国際宇宙法

　陸・海・空と異なり、宇宙空間利用については、平時におけるルールとは異なる武力紛争法が存在しているわけではない。その主たる理由は、幸い、現在まで宇宙空間を舞台にした戦闘が起きたことがないことである。宇宙の軍事利用は、ほぼ、地球周回軌道で運用される偵察、早期警戒、測位航法、軍用通信等さまざまな軍用衛星からのデータを利用した地上の軍隊の運用能力向上に留まっているとされる。ASAT目的のキラー衛星等、それ自体が攻撃能力をもつ衛星も開発、実験されてはいるが、（少なくとも公式には）それらの衛星は外国衛星の破壊に使用されたことはない。

　宇宙利用の国際ルール作成の試みは、人工衛星打上げが初めて成功した1957年10月4日の直後、国際連合（以下「国連」）総会で、核軍縮を論じる文脈の中で開始された。当時は、ロケットとミサイルは明確には区別されておらず、衛星打上

焦点3　多次元統合防衛力時代の宇宙利用を考える

げ成功により、宇宙空間に核兵器が配置される可能性、またより強力な核搭載長距離弾道ミサイルが発射される可能性が危惧されたからである。そのため、ロケット＝ミサイルに搭載され、宇宙空間を通過・航行する物体は、「平和的または科学的目的」のものであることを検証する仕組みを作り上げる共同研究を核軍縮条約案の規定に含めることを勧告する国連総会決議が、1957年11月に採択された[5]。これが宇宙の平和利用の淵源である。宇宙の平和利用についての行為規範は、核戦略、核軍備管理・軍縮との関係で始まり、今日もそれは根本的には変わっていない。

　現行宇宙秩序の根幹を成す宇宙条約（1967年）は、天体と宇宙空間では法制度に差異を設け、天体上はほぼ南極大陸並みの非軍事化を義務づけるが、宇宙空間で禁止されるのは核兵器を含む大量破壊兵器（WMD）を地球周回軌道に乗せること、またはそれ以外の方法で宇宙空間に配置（station）することに限定される（第4条）。したがって、通常兵器を地球周回軌道に乗せることや、宇宙空間を通過はするものの地上の標的をめがけて発射される核搭載弾道ミサイルは宇宙条約第4条によっては禁止されていない。ASAT機能をもつ衛星を宇宙に配置することもそれが通常兵器である限りにおいては、宇宙条約違反ではない。

　また、地上の軍事力増強のために用いる軍事衛星の運用も、宇宙条約の禁止事項に係らないため、武力による威嚇や武力の行使に該当しない形態の利用であれば、国連憲章（特に第2条4項）を含む国際法上適法といえる。米国は1959年以降、ソ連も1960年代初期から軍事偵察衛星の利用を開始し、冷戦期に世界で運用された衛星は8割近くが軍事専用衛星であったとされる。しかし、米国が初めて軍事偵察衛星の利用を世界に向けて公式に認めたのはフォード政権下の1978年と遅い。侵略目的ではない軍事利用は平和的目的の利用であるとする米ソが合意した宇宙条約の解釈を公にすることの政治的リスクについて、歴代政権は慎重に検討していたからである[6]。この事実は、宇宙の軍事利用について、直接の禁止規定は宇宙空間へのWMD配置だけとはいえ、宇宙法自体が形成過程の国際法であるために、米国を中心に宇宙軍事大国は、国際世論の後押しにより、利用の自由が規制される方向にルール形成が進まないように慎重に行動し

—41—

ていることを示している。

　ソ連/ロシアや中国は、米国の宇宙条約を超える規制を設けて米国の行動の自由を規制することに利益を見出す部分が少なくない。そのため、軍縮会議（CD）等で、①地球周回軌道を含みそれ以遠の宇宙にいかなる兵器の配置（placement）も禁止すること、および②独自の定義を置く「宇宙空間物体」（弾道軌道を描く物体は除外されるが、地球を1周することなく地上の標的に向かう物体は含まれるとされる）に対する武力による威嚇または武力の行使を禁止することを主要な禁止事項とする宇宙兵器配置禁止条約（PPWT）案を提案し、米国を牽制している。PPWT案では、米国が3カ国の中で抜きんでている宇宙配備型ミサイル防衛システムは、宇宙兵器として配置が禁止されるが、その開発、地上での実験、製造などは禁止対象ではない。また、地球上から実施するASAT実験も、自国や協力国の衛星に対して行う限りは武力の行使にはならず禁止対象ではないため、PPWTは、中露にとっては米国に追いつくまでの時間稼ぎを可能とする都合のよい国際法規則となり得る[7]。

　自国の衛星を破壊することが、現在の国際宇宙法には違反しないことは、その禁止条約がないことに加え、2007年1月に中国、2018年2月に米国、2019年3月にインドが実施したASAT実験が国際法違反という批判を受けなかったことによっても再確認された。その中で、中国の実験（高度約865キロメートル）は、衛星の破砕により生じた3,000以上の破片（宇宙デブリまたはデブリ）が数十年以上軌道上に滞留するため、他国の宇宙運用を妨害することが不可避であり、強い批判の対象になった。米国（高度約240キロメートル）の実験時には、18カ月後にはデブリはすべて大気圏内に再突入しており、インド（高度約280キロメートル）についても、2年を経ずにデブリが一掃されるだろうと予想されることや、実験の意図を首相が国際社会に通知したことなどから、少なくとも軍事コミュニティはその行動に理解を示しているといえそうである。

急務とされる自衛隊が利用可能な衛星データ・情報増大

　現在、衛星を保有する国は60カ国以上にのぼるが、自国領域内に射場があ

焦点3　多次元統合防衛力時代の宇宙利用を考える

り、国産ロケットを保有し、衛星を保有する「自律的宇宙活動国」はイランや北朝鮮を含めたとしても、10カ国に限られる。日本は、米、中、露、欧州宇宙機関（ESA、22カ国）に次ぐ民生宇宙能力を有する国であり、米国の同盟国としては最強の宇宙能力を有する。英加豪などは比較にもならない。個別の領域における能力に劣勢な部分があっても、陸・海・空・宇宙・サイバー・電磁波等の領域を有機的に活用し全体としてそれを克服するという領域横断作戦を可能にするためには、日本がすでに列強の一角として保有する宇宙能力をさらに大きく向上させることが有効な方策と思われる。

　「情報収集、通信、測位等のための人工衛星の活用は領域横断作戦の実現に不可欠」（17頁）である。日本は、2008年に宇宙基本法が施行されるまでは宇宙の平和利用とは非軍事利用に限るという世界でも稀な解釈を採用し、自衛隊が通信衛星や商用リモートセンシング衛星データの利用者となることすら、平和利用の範疇に入るのか国会で議論されてきた。そのため、現在事実上の偵察衛星群となっている情報収集衛星（後述）も内閣衛星情報センターが運用しており、防衛省の衛星ではない。自衛隊自体がはじめて自前の衛星（Xバンド通信衛星）を保有したのは、2017年1月のことであり、2019年4月現在2機を運用するに留まる。2022年度までに3機体制を実現し、自衛隊の指揮統制・情報通信能力を強化する予定である。現状、自衛隊としての単独の衛星保有計画はこれ以外にはない。あまりにも不十分である。米中露は措くとしても、軍事衛星の保有は、フランス11機（光学偵察、電子偵察、通信）、ドイツ7機（レーダー偵察、通信）、英国8機（すべて通信）、イタリア6機（レーダー偵察、通信）、インド4機（光学偵察、レーダー偵察、通信）、スペイン2機（通信）、韓国1機（通信）となっており、日本としては、少なくとも当座は、文科省/JAXAの所有する地球観測衛星や国内外を問わず商用衛星からのデータ等も利用して、自衛隊が利用可能な衛星データ・情報を増大させる必要がある。

　2020年打上げ予定の文科省/JAXAの先進光学衛星（ALOS-3）や先進レーダー衛星（ALOS-4）は現在運用中のALSO-2（世界水準で高度差の識別に優れる）とともに防衛利用にも有望であり、事実、ALOS-3には、防衛省の2波長

赤外線センサーが相乗りで搭載される（ホステッド・ペイロード）こととなっている。現在、防衛省が独立した早期警戒衛星を保有する予定はないが、赤外線センサー技術についての知見を獲得し、将来早期警戒センサーを、例えば次機静止気象衛星「ひまわり」等に搭載して運用することができれば、ホステッド・ペイロード方式での早期警戒衛星の保有ということになろう。これは、政府衛星だけではなく、私企業の運用する通信、リモートセンシング衛星等に対しても検討することが可能である。世界最大数の軍用衛星を運用する米国も積極的にホステッド・ペイロード方式を採用し、機数を増やすことによる衛星の脆弱性緩和と経費縮減を図っていることに鑑み、防衛省・自衛隊が追求すべき方向性であろう。

小型衛星、即応打上げ、官民協力

　内閣総理大臣を議長とする宇宙開発戦略本部が毎年決定する宇宙基本計画工程表は、2025年度までの各種衛星やロケットの開発、打上げ、運用年月等の数量予定を記すが、これは不変のものではなく成果目標達成のための目安であり、毎年、当該年度末までの達成状況・実績や国際環境の変化等を勘案して次年度以降の取組を新規に定める。2019年度の宇宙基本計画工程表（平成30年版）[8] は、情報収集衛星の完成形につき、データ中継衛星2機を含む合計10機体制と拡充、強化しているが（4‐5頁）、現行宇宙基本計画自体を策定した2015年1月には、4機での運用が予定されていた[9]。しかし、実効性ある監視体制整備の観点から、同年12月の第二次工程表（12月8日、宇宙開発戦略本部決定）ではすでに次年度以降に10機体制の可能性を検討する旨が掲げられ、2019年度以降も実現に向けてのコスト縮減策などが模索されている。

　機数増実現のためには、大型衛星4機とデータ中継衛星2機以外の4機は、安価な小型衛星を整備することとなるであろうが、それは妥協ではなくむしろ可能性である。小型衛星は、急速にその性能を高めており、また、打上げ決定から数日以内に打上げを行うことが可能な即応打上げ機の開発とそのための自前の射場の建設を進めている日本のベンチャー企業も存在する。情報収集衛星群の中に私企業開発の即応打上げ型小型衛星も含めることは、安全保障目的の衛星群

焦点3 多次元統合防衛力時代の宇宙利用を考える

の一部がサイバー攻撃などで使用不可能になった場合もすぐに代替機を打上げられることも意味し、衛星の抗堪性を高め、ひいてはミッション全体の機能保証となるとともに、宇宙産業基盤を強化することにも益する。そして、民間の強靱な宇宙産業基盤こそが、日本の安全保障宇宙能力の向上を可能にすることはいうまでもない。

　同様のことは、2018年11月に4機体制でサービスを開始し、2023年度を目途に持続測位が可能な7機体制完成を目指す準天頂衛星「みちびき」（工程表1頁）や前述のXバンド防衛通信衛星（工程表15頁）についてもいえる。機数増加を考える際には、民間が提供し得る小型衛星群、それを担保する即応打上げ機とそのための射場が必要であり、適切な宇宙産業推進策を取ることが求められる。射場についても、即応性のレベルを挙げるためにも空中発射や海上発射の可能性についても検討すべきだろう。

日米同盟深化を加速するSSA協力

　宇宙を用いた情報収集は、陸域や海上の状況監視に留まらない。宇宙空間に存在する物体の三次元での位置と軌道を確定し、自国の運用する衛星の安全を図ると同時に潜在的敵国の宇宙運用の状況を探る活動、SSAの能力向上も喫緊の課題である。SSAは、日本では従来、軌道上の人工物体の95%程度を占めると言われる宇宙デブリの軌道を観測し、地上からの管制により衛星とデブリの衝突回避を図るための、すなわち宇宙の安定的な利用のための活動であるという側面が強調されており、これまで国立研究開発法人宇宙航空研究開発機構（JAXA）が、岡山県内に所在する光学・レーダーの観測施設を利用して日本のSSA活動を行ってきた。そこで、現在、防衛省、文科省をはじめとする関係省庁がSSA協力協定を結び、航空自衛官がJAXAに派遣され、SSAデータ解析技術等の訓練を受けている。加えて、防衛省は、米国のSSA活動では手薄な東アジア地域の静止軌道物体を観測することを目的としたSSA設備「ディープ・スペース・レーダー」を山口県に設置するため、その設計・整備においても防衛省とJAXAは協力している。現防衛大綱は、航空自衛隊に宇宙領域専門部隊（1個

−45−

隊）を新設するとしたが（18、30頁）、これは、2022年度にSSAを担う部隊として新編される予定である。

SSAは、安全保障、民生、商用のすべての部門に関わる活動であるため、今後も適切な協力関係を維持発展させることが必要である。しかし、将来的には、防衛用途と民生用途では運用目的が異なるため、情報共有の限界点を探ることも含め、技術、政策、制度面における問題を解決していかなければならないだろう。これは、SSAほど典型的に現れないとしても商用・民生衛星にホステッド・ペイロードとして防衛省のセンサーを搭載するときにも問題となる点であろう。

SSAはとりわけ日本一国の力では無理な分野である。世界的には米国が自国領域内および同盟国・友好国に配置する望遠鏡や、米空軍のSSA衛星などにより低軌道において2万3,000個以上の物体の軌道を確定し、最も基礎的なデータは世界に無償で公表し、精密情報については、外国政府や米内外の民間企業と協定を結び、その条件に従い、SSA情報を提供している。日本はすでに米国とのSSA協力関係をJAXAや衛星運用企業が緊密化させてきた。2019年4月19日に開催された2プラス2の日米安全保障協議委員会において、米国は、防衛省の「ディープ・スペース・レーダー」開発に協力し、また、2023年の打上げが予定されているみちびき衛星に米国の所有するSSAミッション機器をホステッド・ペイロードとして搭載することが発表された。それ以外にも今後、同盟深化のために新規技術を用いた宇宙協力を実施することが強調された[10]。今後は、米国のGPSや静止気象衛星などに日本の早期警戒センサーを搭載するなどして宇宙ミッションの脆弱性を低下させる方向に積極的に進むことが望ましいだろう。しかし、それには、日本の宇宙技術をより発展させる必要があり、そのためにも防衛省、JAXA、関係省庁、私企業等の連携と協力、適切な産業政策の採用が望まれる。

SSAは、米国との協力に加え、オーストラリア、欧州の主要な宇宙活動国などとの連携・協力が重要である。すでにそれは二国間で、また、日米豪の3カ国協議や、さらには価値観を同じくする米英加豪、ニュージーランド、仏独に日本が加わって行われた多国間机上演習などで進みつつある。技術と政策の両面から促進する必要があるだろう。

—46—

焦点3　多次元統合防衛力時代の宇宙利用を考える

宇宙空間を活用する攻撃の阻止・排除と国際規範形成推進

　最後に従来から一歩進め、宇宙を利用して敵の攻撃を排除し、阻止するという点について考えたい。敵が自衛隊の保有・利用する衛星を物理的に破壊し、またはその機能をサイバー攻撃などにより不可逆的に破壊した場合、すなわちASAT攻撃がなされた場合には、例えば即応打上げで速やかに代替機を配置するという対処方法もあれば、武力行使に到らない対抗措置として、敵の宇宙資産にジャミング等の可逆的な機能の停止措置を施すという対処も考えられる。宇宙資産のうち通信リンクに対するものは電磁波領域の行動ともなり得る。技術的にはそれより困難ではあるが、衛星の軌道や姿勢を保つ共通ミッション機器（TT&C機）や個別のセンサーに対するサイバー攻撃により、センサーが一時的に使用不可能な状況を創り出す技術も必要であろう。サイバー攻撃が重要なのは、物理的破壊によりデブリを放出しないためである。日本領域内で武力攻撃を受けた場合は、被害を最小化するために、日本への攻撃を誘導する敵の衛星破壊を行わなければならない場合も究極的にはあり得るかもしれない。そのような場合のために機能的に宇宙資産を不可逆的に破壊するサイバー、電磁波領域を用いる技術を検討しておくことも必要であろう。

　同時に宇宙の安定的な利用が担保されるような国際規則形成に率先して取り組むべきである。その際、前述のPPWT案のような、中露が米国に宇宙を用いる防衛能力で追いつくための方便のような軍備管理条約の交渉が始まらないように、CD、国連をはじめとする国際フォーラムで価値観を共有する友好国とともに努力すること、および国家安全保障と宇宙の環境保全、特に現在はデブリ抑制との関係でどのような最適解があり得るかを科学的に研究し、それに基づき、同盟国や友好国と緊密に意思疎通を行いながら望ましい宇宙秩序形成を考えていくことが重要であろう。宇宙環境保全の観点からもASAT禁止・制限は重要である。しかし、ASATにもさまざまな形態があり、その結果も多種多様なものとなる。まず、どのような行為を禁止・制限するのが日本の安全保障にとって好ましいものであるのか、宇宙のみならず、宇宙・サイバー・電磁波のすべての領域の活動の実態研究を行う必要があるだろう。

—47—

(1) 国家安全保障会議決定及び閣議決定「平成31年度以降に係る防衛計画の大綱について」（2018年12月18日）9-10頁。以下、同防衛大綱を引用する際は、本文中に頁数を記す。多次元統合防衛力は、①領域横断作戦により、個別の領域において劣勢となることがあってもこれを克服すること、②平時から有事までのあらゆる段階で柔軟かつ戦略的な活動を常時継続的に行うこと、③日米同盟の強化および多様な国家や地域と安全保障協力を推進すること、により培う真に実効的な日本の防衛力を指す。

(2) たとえば拙著「宇宙資産に対するサイバー攻撃に適用可能な国際法の検討」『国際法外交雑誌』第115巻4号、2017年、1-24頁。

(3) 国家安全保障会議決定及び閣議決定「平成23年度以降に係る防衛計画の大綱について」、2010年12月17日、4-5頁。

(4) 国家安全保障会議決定及び閣議決定「平成26年度以降に係る防衛計画の大綱について」、2013年12月17日、2頁、18頁。以下、同防衛大綱を引用する際には、本文中に頁数を記す。

(5) UNGA Resolution 1148 (XII), 14 November 1957, para. 1 (f).

(6) See, e.g., The White House (Zbigniew Brzezinski,"Declassification of"Fact of"Satellite Reconnaissance"), 16 August 1978.

(7) CD/1679, 28 June 2002; CD/1839, 29 February 2008; CD/1985, 12 June 2014.

(8) 宇宙開発戦略本部、「宇宙基本計画工程表（平成30年度改定）」2018年12月11日。以下、同工程表からの情報については、本文中に頁数を記す。

(9) 宇宙開発戦略本部、「宇宙基本計画」、2015年1月9日、16頁。（2016年4月1日付閣議決定による「宇宙基本計画」と同一のものであり、2008年の宇宙基本法制定以来3回目の宇宙基本計画となる。）

(10) Joint Statement of the Security Consultative Committee, U.S.-Japan Security Consultative Committee 2019 Fact Sheet, 19 April 2019.

焦点：4

FMS調達の増加と日本の防衛産業

久保田ゆかり

大阪大学非常勤講師

はじめに：防衛関係費と防衛調達の変化

　「防衛関係費は過去最大、7年連続で増え5年連続で最高を更新した」。2019年度の日本政府予算が成立した際、報道機関はこう伝えた。近年の防衛関係費の推移を見てみると（表1）、2012年度までは前年度比でマイナス基調であったが、それ以降はプラスに転じている。この背景のひとつに日本経済に復調の兆しがみられることがある。実際、GDP（当初見通し）の前年度比がそれまでのマイナス基調から2013年度にプラスに転じると、これに連動して防衛関係費の前年度比も推移している。2013年度以降、GDPは名目で2.4%、実質で3.3%の成長（年平均）を示しており[1]、例年対GDP比1%程度が充てられてきた防衛関係費も順調に伸びたのである。

　このような防衛関係費の増加傾向は、現在の日本の防衛産業にどのような意味を持つのだろうか。これまでの日本の防衛ビジネスモデルは、防衛関係費の水準が安定的に持続することを前提としてきた。GDPの約1%程度の予算内で「防衛計画の大綱」（以下「防衛大綱」）の別表に示された防衛力の水準を維持するための防衛装備品の調達が行われる。したがって、日本経済が順調に成長すれば、防衛装備品の調達も安定的に行われることになり、日本の防衛産業は恩恵に浴するはずである。しかし、防衛関係費の内訳（表2）を見れば、装備品購入費等への配分が抑制される一方、維持費等の割合が増加していることが分かる。防衛装備品購入費と維持費等の割合の逆転現象は、2000年代に入ってから見受けられるようになった。防衛関係費抑制の一環として、既存の防衛装備品を整備し、延命化を図ることによって、新規調達が抑えられている。その分日本の

—49—

防衛産業の仕事量も抑制されることになり、関連各社は苦しい状況に追い込まれているのである。

表1：防衛関係費の推移　2005-19年度

億円

防衛力整備計画	年度	GDP（当初見通し）(A)	対前年度伸び率	防衛関係費(B)	対前年度伸び率	(B)／(A)
中期防	2005	5,115,000		48,301		0.944%
	2006	5,139,000	0.5%	47,905	-0.8%	0.932%
	2007	5,219,000	1.6%	47,818	-0.2%	0.916%
	2008	5,269,000	1.0%	47,426	-0.8%	0.900%
	2009	5,102,000	-3.2%	47,028	-0.8%	0.922%
中期防	2010	4,752,000	-6.9%	46,826	-0.4%	0.985%
	2011	4,838,000	1.8%	46,625	-0.4%	0.964%
	2012	4,796,000	-0.9%	46,453	-0.4%	0.969%
	2013	4,877,000	1.7%	46,804	0.8%	0.960%
中期防	2014	5,004,000	2.6%	47,838	2.2%	0.956%
	2015	5,049,000	0.9%	48,221	0.8%	0.955%
	2016	5,188,000	2.8%	48,607	0.8%	0.937%
	2017	5,535,000	6.7%	48,996	0.8%	0.885%
	2018	5,643,000	2.0%	49,388	0.8%	0.875%
	2019	5,661,000	0.3%	50,070	1.4%	0.884%

出所：防衛省『日本の防衛』各年度、および防衛省「我が国の防衛と予算」各年度により作成。なお、2019年度のGDPについては内閣府「政府経済見通し」（平成31年1月28日閣議決定）(https://www5.cao.go.jp/keizai1/mitoshi/mitoshi.html)の数値。
注1：防衛関係費は人件・糧食費、歳出化経費、物件費の合計金額。SACO関係経費および新たな政府専用機導入に伴う経費を含まない。
注2：2010年度については、自民党から民主党に政権が移行したことにより、「中期防衛力整備計画」の策定が1年先送りされた。そのため中期防については空白期間が生じることになった。

　加えて、近年、対外有償軍事支援（FMS）を通した米国からの完成品の輸入割合が大きくなっており、このことが日本の防衛産業の危機的状況にさらに拍

車をかけることになる。FMS調達とは、米国が武器輸出管理法に基づき、友好国に対して有償で行う軍事援助で、日本の場合、「日本国とアメリカ合衆国との間の相互防衛援助協定」に基づいて、装備品等および役務を日米両政府間の直接取引によって調達するものである。表3に防衛装備品の契約方式別契約実績（金額ベース）を示した。それぞれの「中期防衛力整備計画」（以下「中期防」）期間中の契約額合計を年平均額で比較してみると、2005‐09年度計画では1兆3,289億円、2011‐13年度計画では1兆4,232億円、2014‐18年度計画では1兆7,001億円となり、契約額は増加している。単純に言えば、日本の防衛産業の市場規模が拡大したことになる。しかし、全契約金額に占めるFMS調達の割合が2014年度以降は二桁となり、その前の二つの「中期防」と比べると格段に増加している。その分、2005年度に全契約額の78.9%を占めていた随意契約[2]の割合が2017年度には46.5%にまで落ち込んでいる。また、防衛調達の効率化の一環として、一般競争契約の割合も増加傾向にあったが、2011年度以降この割合も減少傾向にある。要するに、調達契約額の増加分は、FMS調達によって吸収されており、日本国内の防衛産業のシェアは縮小しているということになる。

　本稿では、このような防衛調達の変化、特にFMS調達の増加の背景を探るとともに、このことが日本の防衛産業に与える影響を分析する。まず、背景として、中国や北朝鮮の動向など厳しい東アジアの安全保障環境への対応と日本の防衛産業の競争力問題、および米国の国内問題とこれが絡んだ日本への米国製装備品の購入要請について述べる。そしてこうした背景要因によるFMSの増加傾向が続けば、日本の防衛産業はさらに弱体化する危機性があることを指摘し、これを踏まえて今後の課題と展望を考える。

FMS調達増加の背景1：防衛力強化と防衛産業の競争力問題

　近年FMS調達が増加傾向にあるのは、第一に、中国や北朝鮮の安全保障上の脅威に対抗するには実戦で経験豊富な米国製システムを導入するのが、時間的にも経済的にも効率の良い選択肢だという考え方による。2012年12月に発足した第二次安倍政権では、中国の軍事力の近代化と海洋活動の活発化、北朝鮮

表2：防衛関係費の構成　2005-19年度

防衛力整備計画	年度	防衛関係費	人件・糧食費	構成比	装備品等購入費	構成比	研究開発費
中期防	2005	48,301	21,562	44.6%	9,000	18.6%	1,316
	2006	47,905	21,337	44.5%	8,594	17.9%	1,714
	2007	47,818	21,018	44.0%	8,663	18.1%	1,445
	2008	47,426	20,940	44.2%	8,125	17.1%	1,728
	2009	47,028	20,773	44.2%	8,252	17.5%	1,198
期間中平均		**47,696**	**21,126**	**44.3%**	**8,527**	**17.9%**	**1,480**
	2010	46,826	20,850	44.5%	7,738	16.5%	1,588
中期防	2011	46,625	20,916	44.9%	7,800	16.7%	851
	2012	46,453	20,701	44.6%	7,565	16.3%	944
	2013	46,804	19,896	42.5%	7,442	15.9%	1,541
期間中平均		**46,627**	**20,504**	**44.0%**	**7,602**	**16.3%**	**1,112**
	2014	47,838	20,930	43.8%	7,964	16.6%	1,477
	2015	48,221	21,121	43.8%	7,404	15.4%	1,411
中期防	2016	48,607	21,473	44.2%	7,659	15.8%	1,055
	2017	48,996	21,662	44.2%	8,406	17.2%	1,217
	2018	49,388	21,850	44.2%	8,191	16.6%	1,034
期間中平均		**48,610**	**21,407**	**44.0%**	**7,925**	**16.3%**	**1,239**
	2019	50,070	21,831	43.6%	8,329	16.6%	1,283

億円

構成比	施設整備費	構成比	維持費等	構成比	基地対策費	構成比	その他	構成比
2.7%	1,386	2.9%	9,177	19.0%	4,973	10.3%	887	1.8%
3.6%	1,150	2.4%	9,405	19.6%	4,879	10.2%	827	1.7%
3.0%	1,099	2.3%	10,222	21.4%	4,618	9.7%	754	1.6%
3.6%	933	2.0%	10,382	21.9%	4,535	9.6%	783	1.7%
2.5%	1,325	2.8%	10,336	22.0%	4,399	9.4%	746	1.6%
3.1%	**1,179**	**2.5%**	**9,904**	**20.8%**	**4,681**	**9.8%**	**799**	**1.7%**
3.4%	1,343	2.9%	10,181	21.7%	4,365	9.3%	760	1.6%
1.8%	1,198	2.6%	10,713	23.0%	4,337	9.3%	810	1.7%
2.0%	999	2.2%	11,057	23.8%	4,418	9.5%	769	1.7%
3.3%	950	2.0%	11,134	23.8%	4,381	9.4%	1,460	3.1%
2.4%	**1,049**	**2.2%**	**10,968**	**23.5%**	**4,379**	**9.4%**	**1,013**	**2.2%**
3.1%	950	2.0%	11,361	23.7%	4,397	9.2%	760	1.6%
2.9%	1,293	2.7%	11,808	24.5%	4,425	9.2%	758	1.6%
2.2%	1,461	3.0%	11,707	24.1%	4,509	9.3%	744	1.5%
2.5%	1,571	3.2%	10,888	22.2%	4,529	9.2%	723	1.5%
2.1%	1,752	3.5%	11,343	23.0%	4,449	9.0%	768	1.6%
2.5%	**1,405**	**2.9%**	**11,421**	**23.5%**	**4,462**	**9.2%**	**751**	**1.5%**
2.6%	1,407	2.8%	12,027	24.0%	4,470	8.9%	722	1.4%

出所：防衛省『日本の防衛』各年度、および防衛省「我が国の防衛と予算」各年度により作成。なお、2019年度のGDPについては内閣府「政府経済見通し」（平成31年1月28日閣議決定）(https://www5.cao.go.jp/keizai1/mitoshi/mitoshi.html)の数値。

注1：防衛関係費は人件・糧食費、歳出化経費、物件費の合計金額。SACO関係経費および新たな政府専用機導入に伴う経費を含まない。

注2：装備品購入費等は活動経費（当該年度の契約に基づき当該年度に支払われる経費）と歳出化経費（当該年度以前の契約に基づき、当該年度に支払われる経費）の合計であり、航空機購入費と艦船建設費等が含まれる。

の核・ミサイル開発など、日本を取り巻く安全保障環境の厳しさを背景に「積極的平和主義」のもと、集団的自衛権の行使容認や武器禁輸政策の廃止など安全保障政策を大きく転換するとともに、防衛力の増強を図ってきた。

表3：防衛装備庁中央調達契約方式別契約実績　2005-18 年度（金額ベース）

億円

防衛力整備計画	年度	計	一般競争契約		指名競争契約		随意契約		FMS	
中期防	2005	13,738	1,099	8.0%	901	6.6%	10,839	78.9%	899	6.5%
	2006	13,226	3,536	26.7%	276	2.1%	8,413	63.6%	998	7.5%
	2007	13,034	3,698	28.4%	252	1.9%	8,276	63.5%	809	6.2%
	2008	13,820	5,021	36.3%	390	2.8%	7,817	56.6%	592	4.3%
	2009	12,627	5,957	47.2%	661	5.2%	5,434	43.0%	575	4.6%
期間中平均		**13,289**	**3,862**	**29.1%**	**496**	**3.7%**	**8,156**	**61.4%**	**775**	**5.8%**
中期防	2010	11,732	4,652	39.7%	310	2.6%	6,261	53.4%	509	4.3%
	2011	14,716	6,915	47.0%	0	0.0%	7,254	49.3%	547	3.7%
	2012	15,287	6,750	44.2%	0	0.0%	7,205	47.1%	1,332	8.7%
	2013	12,693	5,005	39.4%	331	2.6%	6,288	49.5%	1,069	8.4%
期間中平均		**14,232**	**6,223**	**43.7%**	**110**	**0.8%**	**6,916**	**48.6%**	**983**	**6.9%**
中期防	2014	15,717	5,284	33.6%	290	1.8%	8,338	53.1%	1,805	11.5%
	2015	18,126	4,992	27.5%	395	2.2%	8,333	46.0%	4,406	24.3%
	2016	18,397	4,549	24.7%	426	2.3%	8,628	46.9%	4,795	26.1%
	2017	15,764	4,609	29.2%	15	0.1%	7,334	46.5%	3,807	24.1%
	2018	14,508	NA		NA		NA		NA	
期間中平均		**17,001**	**4,859**	**28.6%**	**282**	**1.7%**	**8,158**	**48.0%**	**3,703**	**21.8%**

出所：防衛施設本部『防衛施設本部の概況』平成20年版－27年版、および防衛装備庁『中央調達の概況』平成28年版－30年版により作成。2018年度については、防衛装備庁「調達実績及び調達見込（中央調達分）」の速報値（https://www.mod.go.jp/atla/souhon/supply/jisseki/jisseki_mikomi/29_jisseki_mikomi.pdf）。注：2014-18 年度中期防期間中の平均値は、2014-17 年度の4年間の平均値。

　FMS調達を通じて、米国製の最新鋭防衛システムが日本に導入されつつある。2019年度予算では、陸上配備型ミサイル迎撃システム「イージス・アショア」2

−54−

焦点4　FMS調達の増加と日本の防衛産業

基の取得関連費として1,757億円が計上された。早期警戒管制機「E2D」は9機を1,940億円で購入し、13機体制になる。ステルス型戦闘機「F‐35A」は6機を681億円で購入することになっている。一部は空母化される「いずも型護衛艦」での運用が想定される「F‐35B」（短距離離陸・垂直着陸機能型）を含めて147機体制が目指される。また、2018年度二次補正予算案も過去最大の3,998億円を積み、F‐35A戦闘機の購入費を前倒しして支払うことになった。

　このうちイージス・アショア2基については、日本政府が2017年12月に閣議決定して導入を決めた。この年の5月、北朝鮮が大陸間弾道ミサイル「火星14号」を計3回発射し、通常よりも高い高度の軌道をとるロフテッド発射を繰り返したため、「弾道ミサイル防衛の抜本的な向上を図る必要がある」とされた。本来は、「防衛大綱」で中長期的な安全保障政策の大筋を立て、整備すべき防衛力整備の目標を別表と「中期防」で示し、これを達成・維持する形で防衛装備品の調達が行われる。しかし、当時の「防衛大綱」と「中期防」には同システムの整備は明記されていなかったため、閣議により決定されたのだった。2018年12月に改定された「防衛大綱」と2019年度以降の「中期防」に明記されたことで、同システムの購入を後から承認する形となった。これに先立つ1月には、小野寺五典防衛相（当時）が、米国ハワイ州にある太平洋ミサイル試験場でイージス・アショア試験施設等を視察し、早期導入を実現するため、日米の担当部局が緊密に連携していくことを米側担当者と確認している。

　第二に、東アジアの厳しい安全保障環境に単独で対応できるだけの能力が、日本の防衛産業には備わっていないことがある。実際、朝鮮半島の緊張が高まるなか、「FMSを通じて高性能の米国製装備品を導入することは日本の防衛力強化のために必要だ」として、小野寺前防衛相は、FMSの急増はやむを得ないとの考えを示した。また、深山防衛装備庁長官は、2018年11月の国際航空宇宙展で講演し、「現状の安全保障環境に適合するのに必要な高性能な装備品を、残念ながら国内で十分に開発できていない」と述べた。事実、イージスシステムや早期警戒管制機は日本には製造ノウハウがなく、また戦闘機の開発・製造経験はあっても比較優位を持たない。したがって、こうした最新鋭の防衛装備品を早期に配備し、中

－55－

国や北朝鮮の脅威に対処しようとすれば、FMSという手段によらざるを得ないという事情がある。後述するように、防衛関連企業大手のコマツが防衛分野からの一部事業撤退を決定した。この動きを受けて、岩屋防衛相は日本の防衛産業について「安全保障環境に適応した高性能な装備品を十分に開発していただいていない側面がある」ことに言及している[3]。このように、日本の防衛産業の競争力問題もFMS調達急増の背景の一つをなしているのである。

FMS調達増加の背景2：米国の"Buy American"

　このような調達方法の変化は米国からの要請とも無関係ではない。選挙中から「米国第一主義」を政策の柱に掲げてきたトランプ大統領は、2017年1月に就任して3カ月後に*Buy American and Hire American*と題する行政命令を発し、「経済成長を刺激し、適切な賃金で雇用を創出し、米国の中流層を強化し、米国の製造業と防衛産業基盤の強化を促進するため、米国で製造された商品、製品、原料を最大限使用することを米国行政機関の方針とする」と発表した[4]。つまり、経済安全保障および国家安全保障の促進を図ることを名目とした保護政策である。米国は年間約660憶ドルの対日貿易赤字（2009 - 18年の年平均値）を抱えており[5]、これを削減しようと、日本に米国製システムの購入を強く求めてきた。2017年11月の来日の際、トランプ氏は、日本の武器購入が「米国で多くの雇用を生み出し、日本の安全を担保することになる」と語った。2018年11月、G20があったブエノスアイレスでの日米首脳会談の際には、「日本は、F - 35など大量に我々の戦闘機を購入しようとしており、とても感謝している」と安倍首相に謝意を表するとともに、「我々は日本との間で巨額の赤字を抱えている」として、日本に一層の取り組みを念押しした。トランプ政権の"Buy American"に安倍政権が呼応するかのようにFMS調達の増加がみられるのであるが、同時にこれには、米国からの防衛装備品の購入を拡大し、対日貿易赤字の削減に努力する姿勢を示す代わりに、来夏の参議院選挙を見据えて、通商交渉で農業分野や自動車分野での譲歩は回避したいとする思惑もあるように思われる。こうして、安全保障問題は日米両国の経済問題、政治問題が絡み合い展開していく。

−56−

焦点4　FMS調達の増加と日本の防衛産業

　一方、"Buy American"は米国の防衛調達においても大きな変化である。冷戦終結後から米国防総省は、最先端武器システムの開発・調達にかかる膨大なコストとリスクを軽減するため、国際共同開発を推奨してきた。これには米国の防衛産業基盤を維持するとともに、同盟国、友好国間の相互運用性を促進するという目的もあった[6]。米国防総省は防衛産業基盤を自国内だけでなく、世界的なものと捉え、同盟諸国の産業技術力を視野に入れながら、その時点で得られる最善の技術を活用して武器システムの開発・調達を行うことにした。防衛産業で利用される技術に民生品が多く使われることを背景として、急速に産業のグローバル化が進展し、このような新たな環境への対応のひとつの答えが、F‐35戦闘機をはじめとする最先端武器システムの国際共同開発だったのである。このことからすれば、トランプ政権の"Buy American"はグローバル化への対応策とは逆行する方針である。そして、米国の同盟国であり、これまで多くの米国製防衛装備品のライセンス生産を通じて、軍事技術を蓄積し、また近年にあってはミサイル防衛システムで米国と共同開発を始めた日本の防衛産業にも影響が及ぶことになる。

FMS調達増加の影響

　防衛関係費が増加傾向にあるとはいえ、GDP1%の枠を超えない以上、FMS調達による米国製防衛装備品の購入が増えれば、その分、他の予算項目を圧迫する。第一に、国産装備品の調達量が削減される。2018年12月に策定された2019‐23年度の「中期防」別表では、川崎重工業が開発・製造した哨戒機「P1」の整備数は前の「中期防」の23機から12機に削減された。この他、輸送機「C‐2」（川崎重工業）は10機から5機に、哨戒ヘリコプター「SH‐60K」（三菱重工業）は23機から13機に削減されている。ミサイル防衛システムやステルス型戦闘機、早期警戒機など日本がトランプ政権の"Buy American"に応えて購入する防衛装備品は、ハイテク技術を結集した最新鋭であり価格も高い。勢い国産装備品の調達量が抑制されることになる。

　また、米国製装備品を日本国内で組み立てる機会も失われている。政府は2018年12月の安全保障会議において、「F‐35A」の取得について2019年度以降

−57−

は完成機輸入によると決定した。2015年度から三菱重工業が日本国内での組み立てを行っていたが、1機あたり数十億円増に繋がったことが問題視され、防衛関係費の伸びを抑えたいとする財務省の意向が働いたとされる[7]。FMS調達では、取引の条件や手段等が、米国政府の方針や規制等にしたがって定められている。つまり、FMS調達は取り引きの窓口となる米国政府が価格や納期などの契約内容に主導権を持つ。日本政府は受け取る装備品の代金を先払いすることになっており、納期も明確には定められていない。そのため、取得する日本側の予算縮減が難しい。また、この方式では、日本が最新鋭の米国製武器システムを取得できるメリットがある一方、技術流出の懸念や米国産業の保護からライセンス供与を原則認めていないため、米国から日本への技術移転がないこと、日本国内での仕事量が発生しないことなどの点から、日本の防衛産業基盤の強化・維持にはメリットがない。

　第二に、日米共同開発にも影響が及ぶ。防衛省は、イージス・アショアに搭載する最新鋭レーダー「SSR」の開発に日本企業の参画を見送ることにした。そもそもイージスシステムの次世代型レーダーは、米レイセオンと三菱電機、米ロッキード・マーチンと富士通の2陣営が共同開発を検討していた案件だった。両陣営ともに日本の高性能半導体を使い、探知性能を向上させる狙いがあった。三菱電機と富士通がそれぞれに手がけるのは、青色発光ダイオードの材料として知られる窒化ガリウム（GaN）を素子に使った高性能の半導体で、消費電力が低く、出力が高いという特徴を持つ。レーダーを小型化しつつ、探知能力や識別能力を大幅に引き上げることができるもので、この分野は日本が先行しているとされる。2018年7月、防衛省はイージス・アショアのレーダーについて、性能や経費、納期などの点から、ロッキードが提案した「SSR」の採用を決めた。このときロッキードが富士通製の半導体素子の使用もアピールしていたことから、日本の国内産業が開発に関与できることも選定に影響した。ところが、防衛省が詳細な検討を行った結果、日本企業が参画すれば、納期はロッキード提案よりも大幅に遅れ、導入費用も増大する可能性が高いことが判明し、日本企業の参加を見送った。日本製半導体を使用すれば、予算や納期に支障をきたすとして、米側か

-58-

ら搭載を見送る意向を伝えてきたとする情報もあるが、前述のようにトランプ政権の"Buy American"の目的は米国の製造および防衛産業基盤を支援することにあり、この件でも日本が米国に配慮した可能性を否定できない。いずれにしても、日本の防衛産業が経営基盤と技術基盤を強化する貴重な機会と仕事は失われた。

　イージス・アショアのレーダーの日米共同開発のとん挫が及ぼす影響は、日本国内の仕事量だけに留まらない。この案件が実施されれば、ミサイル防衛システムでは2件目の、そして2014年に成立した防衛装備品移転三原則のもとでは初めての本格的な日米共同開発の事例となるはずだった。レーダーはシステムの中核をなすものであり、その構成部品を日本企業が担うことになれば、日米同盟のさらなる深化を示すものとなったに違いない。FMS調達の増加はこうして日米の安全保障関係にも及ぶことになる。

　第三に、防衛関係費がこれまで以上にFMS調達に振り向けられる一方、研究開発費がさらに縮小される傾向がみられる。2005‐09年度の「中期防」では年平均で3.1%確保されていた研究開発費の割合は、2011‐13年度では2.4%、2014‐18年度では2.5%に低下している。前述のようにFMSでは調達価格が米国主導で決まるため日本側の予算縮減が難しい上に、この他にも人件費や糧食費などを確保する必要があり、結果として研究開発の新規投資に必要な資金の確保が困難になる。つまり、米国からの完成品に依存することにより、防衛分野の最新技術を日本国内で蓄積できなくなる懸念も考えられるのである。

防衛産業のさらなる弱体化

　以上のことが現在日本の防衛産業が抱える問題をさらに悪化させる可能性がある。日本の防衛産業は競争力問題に直面しており、米国からの防衛装備品の輸入増が続けば、この問題はさらに深刻化し、国内で防衛生産・技術基盤を維持できなくなることが懸念される。防衛装備品が輸入で賄われた分、国内での仕事量は必然的に減少するため、防衛生産市場から撤退する企業が少なからず発生することになる。部品等を製造する企業の事業撤退や倒産等で供給が途絶えれば、

防衛装備品の開発や製造ができなくなるという供給途絶リスクが想定される。

　防衛装備庁が2016年に公表したアンケート調査によれば、調査対象となった防衛産業72社のうち52社が、事業撤退や倒産等により供給途絶が顕在化したと回答した[8]。日本企業の防衛ビジネスからの撤退は、すでに1990年代半ばから始まっている。ちょうど日本経済の長きにわたる停滞に伴って、防衛関係費と装備品購入費が抑制され始めたころからである。例えば2009年には、戦闘機の機首のレーダー部品「レドーム」を製造する唯一のメーカーであった住友電気工業が「防衛関連の事業は高度な技術力が必要とされながら、成長性に乏しく、限られた人材や生産設備は民間用に振り向けられるべき」との経営判断からF‐2戦闘機の生産終了をもって防衛関連航空機事業からの撤退を決定した。さらに最近の事例では、2019年2月、コマツが陸上自衛隊のイラク派遣などで使われた軽装甲機動車（LAV）の開発中止を決定した。2000年代に200台近く受注したが、その後発注・生産を終了した。防衛省から新規開発の打診があったが、同社は「今の状況では新規開発は難しい」と伝えていた[9]。実はこの約半年前に防衛省は、離島防衛や海外派遣に使うために検討していた新型装甲車の開発を中止すると発表していた。コマツが納入した試作品の技術試験で、車体に使用する防弾板の性能が要求した基準を満たさなかったためだった。防衛省は試作経費として2014年度予算に約20億円を計上し、すでにコマツに支払っていたが、防衛省は返還を協議する考えを示した。その後のコマツの一部事業撤退の決定は、自衛隊の海外派遣が減少して車両の需要が減少したことに加えて、新規新型装甲車の開発失敗が引き金になっていたようである。

　住友電気工業やコマツのように、日本の防衛産業は多角的経営の一部門として防衛生産に携わっており、防衛依存度は相対的に低い。防衛関連大手の三菱重工業でさえ総売上高に占める防衛部門の売上高は12％、川崎重工業が7％、コマツが6％、電気通信機器メーカーのNEC、富士通、三菱電機はそれぞれ2‐3％に留まる（いずれも2017年の実績）[10]。需要は自衛隊に限られており、防衛生産のみで収益を確保することは難しく、売り上げ構成は民需部門での業績がその多くを占めてきた。加えて、各社は装備品の種類ごとにすみわけて生産して

—60—

きた。例えば同じヘリコプターでも、哨戒ヘリコプターは三菱重工業が、戦闘ヘリコプターは富士重工業が、輸送ヘリコプターは川崎重工業が請け負っている。多品種少量の国内需要をさらに細分化して生産することにより、ラーニングカーブを下ることができないという、ハイテク製造業の競争力には致命的ともいえる体質を引きずってきた。そのため、防衛生産に将来性がないと判断すれば、投資家に対する説明責任もあり、撤退は比較的容易に行われることになる。特にコマツのように民生分野でのグローバル化に成功している企業にとっては、防衛分野は以前のように安定的な収益源ではなく、逆に負担になりつつある面も否定できない。FMS調達の増加は、このような日本の防衛産業の特質がゆえに生じる撤退にさらに拍車をかけることになるのである。

　また、冷戦終結後、米国の防衛産業が政府主導のもとで再編・統合し、競争力を強化しようとしたのとは対照的に、日本の防衛産業の再編・統合の事例は限られていた[11]。2014年に防衛装備品移転三原則が成立し、一定の条件のもとで、防衛装備品の輸出および国際共同開発への道が開かれて5年が経過しようとしているが、日本の防衛産業が国際市場での競争力強化を視野に入れて再編・統合に動く気配も今のところ見受けられない。企業からすれば、仮に事業拡大を図って別の企業の防衛部門を買収したとしても、収益がそれまで以上に上がらない限り、他の事業部門への負担になりかねない。各社の防衛部門を切り離して統合する形で防衛専業企業への集約を進めることは、国際競争力の観点からして合理的かつ必要な選択肢ではあるが、国際情勢に左右されやすくなり、経営基盤が脆弱化する懸念も考えられる。実際、トランプ米大統領の"Buy American"への配慮からFMS調達の割合が増えることで、日本の防衛産業が市場に留まる魅力はますます失われつつあると言える。

　さらには完成品の輸入に依存し、研究開発費の低水準が中長期的に続けば、安全保障に応用できる潜在的技術の掘り起こしも難しくなり、ひいては防衛産業・技術基盤の弱体化に繋がる。新「防衛大綱」は、安全保障環境について「現在の戦闘様相は、陸・海・空のみならず、宇宙・サイバー・電磁波といった新たな領域を組み合わせたものとなっている」として、こうした新領域の能力、ミ

サイル防空など幅広い分野で統合を推進することを防衛力強化の優先事項とした。宇宙分野では敵の通信衛星を妨害する必要性、サイバー領域では有事の際に攻撃を阻止するため通信ネットワークを妨げる反撃能力の保有、電子戦では敵の通信レーダーなどを妨害する能力などが盛り込まれた。

　2014年のウクライナ危機の際、ロシアが通常の軍事行動にサイバー攻撃や電子戦能力を駆使した情報戦を組み合わせた「ハイブリッド戦」を展開した。これを契機として新領域の重要性が認識されるにようになり、米国をはじめ各国は体制づくりや装備化を進めている。中国は人工衛星を破壊する兵器の開発を進めているとされる。一方、日本はこの分野でも後れを取っている。目に見えない攻撃を阻止するという、いわゆる「デジタル戦」時代を迎え、新しい技術には新しい技術で対抗することが求められている。もちろん政府にもそうした認識があるからこそ、「防衛大綱」が新しくされたのであるが、研究開発費が削減される状況では、日本がリードする技術を確立するどころか、キャッチアップすることすら難しくなる可能性がある。

課題と展望

　FMS調達と日本の防衛産業の問題について、今後の課題と展望を対米関係と日本の問題の二点から整理しておくことにする。まず、対米関係に関しては、トランプ大統領の"Buy American"の方針が日本の次期戦闘機開発計画に与える影響についてである。日本政府は2030年をめどに導入する次期戦闘機の開発方法について、①国産、②国際共同開発、③既存機の改修を案としたが、新「防衛大綱」では具体的な方法は明記せず、決定を先送りにした。岩屋防衛相は国内企業の参画を重視する意向を示していたが、一方で米ロッキード・マーチンが同社のF‐22戦闘機を主体に改修し、日本企業に開発・生産分担比率50％以上を認める開発計画を防衛省に提出している。1980年代にも貿易収支の不均衡問題を背景に日本の次期支援戦闘機（FSX）の自主開発と日米共同開発をめぐって、日米は激しく対立したことがあった。今後選定作業が進められる次期戦闘機開発計画が、21世紀の「FSX問題」に発展するかどうか、注視していく必要がある。

−62−

焦点4　FMS調達の増加と日本の防衛産業

　また、トランプ政権の"Buy American"は米国産業に対する一種の保護政策であり、このことが米国の防衛産業基盤を弱体化させる可能性、およびそのことが孕み持つ日本への意味合いについても一考に値する。

　そして日本の課題として、防衛産業・技術基盤の立て直しは急務である。新「中期防」には「企業の再編や統合を視野に防衛産業基盤の効率化を図る」と明記された。冷戦終結後、米国の国防総省が再編・統合に向けた具体策を打ち出したように、日本でも産業競争力強化に向けた政府の役割が求められる。産業の再編と並行して、日本の技術力を生かした独自の防衛産業・技術基盤を構築することも重要である。日本の製造業が民生分野で優位性を持つ素材、電子部品、製造・加工技術を活用する形で国際共同開発に参画することが現実的な選択肢であり、イージス・アショアのレーダー開発への参画が見送られた経緯を検証し、その教訓を今後に生かすべきではないだろうか。新領域については、今後諸外国との連携や共同開発が想定される。実際、2019年4月の日米安全保障協議委員会（2プラス2）では、宇宙、サイバーおよび電磁波といった新領域における能力向上を含む領域横断（クロス・ドメイン）作戦のための協力を強化していくことが確認されている。新領域での装備品の共同研究・開発に日本も参画できる技術基盤と研究開発体制が必要になる。

　また、前述のように、そもそも日本がプラットフォーム型の防衛装備品に比較優位を持たないことがFMS調達増加の背景にある。この点からすれば、伝統的な安全保障分野ではなく、テロ、サイバー攻撃、大量破壊兵器の拡散、環境・エネルギー、気候変動、災害、越境組織犯罪、感染症など、いわゆる非伝統的な安全保障分野で強みを発揮できるような形で、防衛産業・技術基盤の再構築を目指しつつ、日本独自の強みを持つ分野を開拓し、集中投資することも重要だろう。そのためには、防衛分野からの企業の撤退を防ぐとともに、潜在的な技術力を掘り起こすことが重要であり、現在防衛産業・技術基盤の枠外にある大学や企業の力を今後の安全保障に活用することが望まれる。

(1) 国内総生産（GDP）は「防衛関係費」（防衛省『日本の防衛』平成30年版）で示された当初見通しの数値。実質換算には内閣府「2017年度国民経済計算」（https://www.esri.cao.go.jp/jp/sna/data/data_list/kakuhou/files/h29/h29_kaku_top.html）および内閣府「政府経済見通し」（https://www5.cao.go.jp/keizai1/mitoshi/mitoshi.html）のGDPデフレーターを用いた。

(2) 「随意契約」とは国が一定の条件等の下で選んで特定した者と商議によって契約する締結方式のことで、防衛調達の場合、製造者が限定されるため、この契約方式によることが多かった。

(3) 小野寺氏、深山氏、岩屋氏の日本の防衛産業についての発言については、それぞれ『日本経済新聞』2018年1月18日、『朝日新聞』2018年12月9日、『日本経済新聞』2019年2月22日。

(4) The White House Presidential Executive Order on Buy American and Hire American, April 18, 2017, https://www.whitehouse.gov/presidential-actions/presidential-executive-order-buy-american-hire-american/.

(5) United States Census Bureau,"Foreign Trade: Trade in Goods with Japan," (Data base) https://www.census.gov/foreign-trade/balance/c5880.html.

(6) U.S. Department of Defense, *Annual Report to the President and Congress 1995*, http://www.dod.mil/execsec/adr95/index.html; DOD, Quadrennial Defense Review Report, February 2010, http://www.defense.gov/qdr/images/QDR_as_of_12Feb10_1000.pdf.

(7) 『日本経済新聞』2018年12月13日。

(8) 防衛装備庁装備政策部『防衛産業に関する取組』平成28年6月15日（https://www.mod.go.jp/j/approach/agenda/meeting/bouei_gijutsu/sonota/03_a.pdf）。

(9) コマツは偵察車やりゅう弾などについては継続して生産する予定。

(10) Defense News,"2017 Top100"https://people.defensenews.com/top-100/.

(11) 2000年に日産自動車が防衛・宇宙航空部門を石川島播磨重工業（現IHI）に売却した事例、またこれと時期を同じくして日本の造船業界が主に商船部門の競争力強化の観点から一部再編された事例などがある。冷戦終結後の日米の防衛産業の再編状況については、久保田ゆかり「日本の防衛調達の制度疲労と日米関係－日米防衛産業の比較制度分析」『国際安全保障』第38巻第2号、2010年9月を参照。

第2部

アジアの安全保障環境

（2018年4月～2019年3月）

第1章　日　本

概　観

　日本を取り巻く安全保障環境が悪化する中、日本政府は5年ぶりに防衛計画の大綱と中期防衛力整備計画を改定した。新大綱が打ち出した「多次元統合防衛力」は、「統合運用による機動的・持続的な活動を行い得るものとするという、前大綱に基づく統合機動防衛力の方向性を深化させつつ、宇宙・サイバー・電磁波を含むすべての領域における能力を有機的に融合し、平時から有事までのあらゆる段階における柔軟かつ戦略的な活動の常時継続的な実施を可能とする」と定義されている。「多次元統合防衛力」が、陸海空という従来の領域と新領域すべてを横断する（クロスドメイン）能力が生み出す相乗効果により、個別の領域における能力が劣勢である場合にもこれを克服することを目指す点と、クロスドメイン作戦を平時からグレーゾーン事態、有事に至るすべての段階において実施するとした点は評価できる。一方、大型の艦艇や短距離打撃力が、中国の精密誘導兵器の前にますます脆弱となっている中、護衛艦「いずも」を改修して固定翼機を運用することの有用性や、F‐15戦闘機のうち近代化に適さないものをすべてF‐35戦闘機で置き換えることには、疑念が残る。

　日米関係は、米中貿易戦争で株価が乱高下し、農家からの圧力を受けて焦る米国政府の要請で貿易交渉が本格化する一方、安全保障面では、北朝鮮政策も含めて連携が強化され、米朝首脳会談で米側が日本の利益を損なうこともなかった。日中平和友好条約締結40年を迎え、日中間ではハイレベル対話が続き、全体的な関係の改善と安定がみられたとはいえ、東シナ海や尖閣諸島をめぐる情勢には変化はなく、引き続き中国側の一方的な主張が維持された。また、南北関係、米朝関係の変化を受けて、拉致問題解決のため日朝交渉を模索する動きが表面化した。ロシアとは、首脳レベルでの強いリーダーシップのもと、領土交渉と平和条約交渉が続いたが、1956年の日ソ共同宣言に基づいて平和条約交渉を行うという方針によって、日本は従来の4島返還を目指すという立場を事実上後退させたが、ロシア側は2島返還でさえ認めるかどうか予断を許さない。このように日本と周辺国の関係が前進する中、日韓関係は徴用工問題や慰安婦問題、竹島問題をめぐって悪化の一途をたどり、韓国軍による自衛隊への火器管制レーダー照射は、日韓防衛協力を進めることも難しくさせることになった。

　日本は「自由で開かれたインド太平洋」構想を各国と推し進め、中国が影響力を増す太平洋島嶼国でも米国やオーストラリア、ニュージーランド、フランスなどとの連携がみられた。トランプ政権が保護主義的政策を取る中、日本が主導した環太平洋パートナーシップに関する包括的および先進的な協定（TPP11）が発効し、日・EU間の経済連携協定（EPA）も発効して、巨大な自由貿易圏が誕生した。

外交関係

摩擦と協調の日米関係

　4月に安倍首相がトランプ大統領と米フロリダ州パームビーチで会談し、茂木内閣府特命担当大臣（経済財政政策）とライトハイザー米国通商代表との間で「自由で公正かつ相互的な貿易取引のための協議（FFR）」を開始することに合意した。5月、カナダでムニューシン米財務長官と会談した麻生財務相は、米鉄鋼輸入制限の対象から日本の恒久的除外を要請し、米国政府が検討中の自動車輸入制限も自制を要求した。8月のFFR第1回会合では、自由貿易協定（FTA）を念頭に二国間交渉を求めたトランプ政権に対し、日本は多国間の自由貿易を重視する姿勢で臨んだ。両国は貿易拡大を目指すことでは合意したが、自動車関税や農業分野をめぐる議論は折り合わず結論は持ち越しとなった。

　9月の首脳会談では、日米間の貿易や投資をさらに拡大させるため、日米物品貿易協定（TAG）について交渉を開始することに合意した。共同声明はトランプ政権が検討する輸入車に対する追加関税の発動について、「協議の間、声明の精神に反する行動を取らない」と明記している。また、日本市場での牛肉や豚肉などの農産品の関税の取り扱いについて、日本はTPPなどで受け入れた以上には下げないとの趣旨を明記し、米側がこれを「尊重する」とされた。一方、共同声明には「米国の自動車産業の製造および雇用の増加を目指す」との項目も盛り込まれた。日米が交渉に入ることで合意したTAGについて日本政府は、「投資やサービスを含む包括的な自由貿易協定（FTA）とは異なる」との認識を示したが、米国政府側ではこれをFTAと位置づける発言が相次ぎ、両者の認識の違いが表面化した。10月には、米通商代表部（USTR）が日本と貿易協定交渉に入ると議会に通知した。自動車や農産品、サービス分野で日本の市場開放が不十分だという認識を示し、関税引き下げや非関税障壁の撤廃を求める方針を発表した。2019年3月には、トランプ氏が議会に提出する大統領経済報告を公表し、日本との新たな貿易交渉について「FTA」と明記し、農業だけでなくサービスも含めた幅広い分野で日本に市場開放を迫る姿勢を改めて示した。

日米は北朝鮮問題に関して緊密に連携した。トランプ氏は4月の首脳会談で、予定される米朝首脳会談で拉致問題を取り上げることを確約した。6月の首脳会談では、北朝鮮に国連安保理の完全な履行を求めることを確認した。6月の米朝首脳会談の直前には、小野寺防衛相がマティス米国防長官、宋永武韓国国防相とシンガポールで会談し、北朝鮮の「完全で検証可能かつ不可逆的な非核化」に向けた外交努力を支援するとの共同声明を発表した。河野外相もポンペオ米国務長官とワシントンで会談し、北朝鮮に「完全で検証可能かつ不可逆的な非核化」を求め国連安保理決議に基づく制裁を維持する基本方針を確認した。

シンガポールでの米朝首脳会談後、ポンペオ氏は安倍氏との会談で北朝鮮との高官協議で日本人拉致問題を再提起したと伝えるとともに、日米韓3カ国外相が北朝鮮の完全非核化実現に向けて結束することを確認した。2019年2月のハノイでの米朝首脳会談前には、安倍氏がトランプ氏と電話会談をし、日本人拉致問題の早期解決へ協力を要請し、金正恩朝鮮労働党委員長に直接伝えるよう求めた。米朝会談後の電話会談では、首脳会談の結果について説明を受け、トランプ氏は拉致問題に関し2度、金正恩氏に提起したことを伝えた。

9月の首脳会談では、「公正なルールに基づく自由で開かれたインド太平洋（FOIP）」地域の経済発展を実現していくことを再確認した。FOIPを推進するために、両国がマーシャル、ミクロネシア、パラオ、フィリピン、スリランカなどの第三国で実施している海洋安全保障や防災、インフラ開発、エネルギー供給に関する具体的な協力が確認され、インド太平洋地域における様々な分野での協力を一層強化するとの強い決意が示された。11月の安倍氏とペンス米副大統領との会談でも、引き続き日米が主導して、オーストラリアやインド、ASEAN各国等と連携しつつ、FOIPの実現に向けた協力を強化していくことを確認した。

第7回日中韓サミット

5月9日に東京で第7回日中韓サミットが開催され、安倍首相、李克強首相、文在寅大統領が出席した。3首脳は、東京オリンピック・パラリンピックを契機とした人的交流や、金融、エネルギー、環境、防災、情報通信等における3カ国協力を推進することについて一致し、また日中韓協力をより「開かれ包摂的な」形に

第1章　日　本

進化させていくことについても確認した。北朝鮮問題では、朝鮮半島の完全な非核化という共通の目標を確認するとともに、北東アジアの平和と安定に向け、引き続き緊密に協力していくことで一致した。また、拉致問題ついては、安倍氏からの早期解決に向けた支援と協力を呼びかけに両首脳が理解を示した。東アジア地域協力では、東アジアサミット（EAS）やASEAN+3で連携していくことやASEAN統合に共に貢献していくことについて一致した。国際経済では、自由貿易を推進し、質の高い東アジア地域包括的経済連携（RCEP）の早期妥結および日中韓FTAの交渉加速化に向けて連携していくことで一致した。

「正常化」する日中関係

　2018年は、日中平和友好条約締結40周年という節目であり、首脳・外相を含むハイレベル対話が活発に行われた。米中の通商摩擦が激化するなか、4月に日中両政府は、閣僚級の「ハイレベル経済対話」を8年ぶりに東京で開催し、自由貿易体制の強化が重要との認識で一致、日本側が摩擦の要因である中国の鉄鋼過剰生産の改善を求めた。5月の日米韓サミットの前日に、日本の首相と中国国家主席の間では初となる電話会談が安倍首相と習近平国家主席との間で行われ、日本人拉致問題の早期解決へ向けた協力で一致し、北朝鮮の核・ミサイル放棄への緊密連携でも合意した。

　また、日米韓サミットのため、国務院総理として2010年以来8年ぶりに日本を公式訪問した李克強首相は、安倍氏との会談で自衛隊と中国軍が偶発的に衝突する不測の事態を避けるため、防衛当局間の相互通報体制「海空連絡メカニズム」の始動で正式合意し、第三国における日中民間経済協力を進めるために委員会を設置することでも合意した。8月には日中両政府の財政・金融当局が政策連携を図る「日中財務対話」を北京で開催し、国際的な貿易ルールを逸脱しかねない強硬な通商政策を進めるトランプ政権を念頭に反保護主義で協力することで一致した。同月、シンガポールで河野外相が王毅中国国務委員兼外相と会談した際には、安倍氏の年内訪中とその後の習近平氏の来日に向けた調整を加速し経済分野を中心に協力を深める方針で一致した。

　10月に、安倍氏は、日本の首相として約7年ぶりに中国を訪問した。安倍氏は日

－69－

中平和友好条約締結40周年を祝う式典で挨拶し、「新たな次元の日中協力の在り方について胸襟を開いて議論したい」と強調した。習近平氏、李克強氏との会談では、日中関係を改善させ経済、安全保障を含む幅広い分野で協力を強化する方針で合意し、第三国でのインフラ開発協力に関する52の覚書の交換や日中海上捜索・救助（SAR）協定が署名されたことを歓迎、北朝鮮の非核化に向けた連携で一致した。

　また、2018年度ですべての対中ODAの新規採択を終了し、今後新たな協力として、開発分野における対話や人材交流、SDGs、気候変動、海洋プラスチックごみ等、地球規模課題に関する協力の実施に向けた調整を両国の関係部局の間で進めていくことについて議論した。12月に、第三国における日中民間経済協力の最初の事例として期待されたタイの高速鉄道事業は、日本企業が応札しなかったため、実現しなかった。

　一方、尖閣諸島周辺には中国海警局の公船が天候の悪い日を除いて常時確認される状態が続き、中国海軍の艦船も東シナ海で活発な活動を見せた。2018年度に日本の領空に接近した対中国機に対して航空自衛隊が行ったスクランブル（緊急発進）の回数は638回で、中国機は東シナ海から太平洋に抜けるルートだけでなく、東シナ海から対馬海峡を抜けて日本海に入るルートを多用するようになった。9月以降、東シナ海の日中中間線付近で中国の掘削船が活動を行うようになり、ガス田を試掘しているとみられる活動も行った。そのため日本政府は中国政府に抗議を繰り返したが、中国政府は「ガス田での活動は完全に中国の主権と管轄権の範囲内だ」と述べ正当化した。

「戦後最悪」の日韓関係

　日韓関係は、旧朝鮮半島出身労働者（徴用工）問題や竹島問題などで韓国側による否定的な動きが相次ぎ、厳しい状況が続いた。10月30日に、韓国で元徴用工らが起こした戦後補償訴訟で初めて被告企業への賠償を命じる判決が確定した。日本の植民地時代に強制労働させられたとして元徴用工の韓国人4人が新日鉄住金（旧新日本製鉄）に損害賠償を求めた訴訟の上告審で、韓国最高裁判所が同社に請求どおりの4億ウォン（約4,000万円）の賠償を命じた2審判決

を支持して同社の上告を棄却した。これを受けて河野外相が康京和外相と電話会談し、元徴用工訴訟判決に関し日本企業が不当な不利益を被ることがないよう適切な対応を要請した。その後も、河野外相が判決を「両国関係の法的基盤を根本から覆すもの」と発言したことについて、李洛淵韓国首相が「日本の指導者たちが過激な発言を続けていることに深い憂慮を表明する」と批判的なコメントを発表するなど応酬が続いた。

その後も同様の訴訟で日本企業の敗訴が続く中、韓国最高裁は元挺身隊員や元徴用工らが日本企業に賠償を求める訴訟を起こせる期限について、2018年10月30日を起点に短くとも6カ月後、長く解釈した場合は3年後とし、今後も追加訴訟が可能との判断を示したため、新たな訴訟も相次いだ。

2019年1月に、日本政府が韓国の元徴用工訴訟をめぐり新日鉄住金側への資産差し押さえ通知を受け日韓請求権協定に基づく初めての政府間協議の開催を韓国政府に要請したが、韓国側は受け入れなかった。2月には、韓国で新日鉄住金に賠償を命じる判決が確定した元徴用工訴訟の原告側代理人弁護士らが新日鉄住金本社で面会を断られたとして、韓国内の同社資産の売却と現金化の手続きを始めると宣言した。3月に日韓両政府が元徴用工訴訟判決に関してソウルで局長級会談を開催し、日本側は被告企業に実害が出ないよう対応策を改めて要求したが、韓国側は具体的な回答を示さず会談は平行線に終わった。その後、韓国の元徴用工や元挺身隊員側元朝鮮女子の弁護団が賠償支払いを拒否している日本企業の資産差し押さえを裁判所に申請し、裁判所が資産の仮差し押さえを発表した。

12月に韓国政府は、旧日本軍の従軍慰安婦問題で韓国政府が2015年12月の日韓政府間合意に基づいて韓国で設立された「和解・癒し財団」を解散して事業を終了すると発表した。財団に10億円を拠出した日本政府は財団事業を合意の「根幹」と位置づけており、安倍首相が「国際約束が守られなければ国と国との関係が成り立たなくなる、韓国に責任ある対応を望みたい」と発言した。2019年2月には、文喜相韓国国会議長が米メディアとのインタビューで、従軍慰安婦問題は天皇陛下による謝罪で解決すると発言し、その中で陛下を「戦犯の、主犯のご子息」とも表現したため、日本政府が外交ルートを通じて韓国側に抗議

したうえで謝罪と撤回を求めた。しかし、文喜相氏は日本側が求めている発言の撤回に応じないとしたうえで、「謝罪すべき側がせず、私に謝罪を求めているのは盗っ人たけだけしい」と韓国メディア上で反発した。3月1日、文在寅大統領が1919年の「3・1独立運動」から100年を記念した政府式典で演説し、「朝鮮半島の平和のために日本との苦痛を実質的に癒やしたとき、韓国と日本は心の通じる真の友人になる」と述べた。

　日韓関係の悪化は、自衛隊と韓国軍の関係も例外ではなかった。9月に韓国が主催した国際観艦式において、韓国側が自衛艦旗の掲揚の自粛を要請したため、海上自衛隊は不参加を余儀なくされた。12月には、防衛省が、韓国海軍の駆逐艦が能登半島沖で海上自衛隊のP‐1哨戒機に対して火器管制レーダーを照射したと発表した。日本側は韓国側に再発防止を要求したが、韓国も日本の対応に不満を伝え、双方が非難の応酬を続けた。防衛省は意図的な照射でなかったとする韓国側の主張に対し「一定時間継続して複数回照射された」と改めて反論する声明を公表し、哨戒機が駆逐艦を撮影した一定時間に複数回照射されたとみられる場面を含む動画も公開した。

　1月に入り、韓国国防省は、日本側が一方的な主張を繰り返しているとして照射を否定し、救助活動中の駆逐艦に対して海自機が「威嚇的な低空飛行をした」として謝罪を求めるとともに、照射をしていないとの従来の見解をまとめた韓国語の動画を公開した。日韓の防衛当局がシンガポールで実務者協議を行ったが、主張の違いを埋められず協議は平行線に終わった。防衛省が最終見解として探知した電波を音に変換した記録も公開し、実務者協議に関し「真実の究明に至らないと考えられ韓国側と続けるのは困難」として事実上の打ち切りを表明した。韓国国防省は、日本の哨戒機が2019年に入って3回にわたり韓国軍艦艇に低高度で接近する「威嚇飛行」をしたと発表したが、岩屋防衛相がこれを否定した。

　また、10月から11月にかけて韓国国会議員による竹島上陸が相次ぎ、竹島やその周辺での軍事訓練や海洋調査も行われ、ドローンを使った竹島の調査も行っていることがわかったため、日本政府が抗議した。

第1章　日　本

平和条約交渉を加速させる日露

　ロシアとは、首脳会談や外相会談を始め、政治対話が活発に行われた。5月に安倍首相はプーチン大統領とモスクワで会談し、北方領土での共同経済活動の事業化に向け7、8月をめどに民間調査団を派遣する方針で合意した。7月には日露両政府が外務・防衛閣僚協議（2プラス2）をモスクワで開催した。ロシア側は日本が導入を目指す「イージス・アショア」への懸念を表明し、日本側はロシア軍の北方領土での軍事演習や軍備強化に懸念を表明した。9月のウラジオストクでの首脳会談では、プーチン氏が一切の前提条件を抜きにして2018年末までに日露間で平和条約を締結するよう要求し、北方領土問題を事実上先送りする姿勢をみせたが、安倍氏は「両国民の理解が進み環境が整備されることが大切だ」と強調した。

　11月のシンガポールにおける日露首脳会談において、安倍氏は、「1956年共同宣言を基礎として平和条約交渉を加速させる」ことでプーチン氏と合意した。その後、プーチン氏は平和条約交渉の基礎となる日ソ共同宣言には歯舞、色丹の2島引き渡し後の主権は明記されていないと発言し、ペスコフ大統領報道官も歯舞群島、色丹島の「自動的な引き渡し」を否定し、2島返還は既定路線ではないとの認識を改めて示した。一方、安倍氏はロシア紙とのインタビューで、プーチン氏とは高い信頼関係に基づいて「領土問題を解決し平和条約を締結する固い決意を共有している」と述べ、ロシアとの平和条約締結は日露関係の飛躍的な進展に不可欠だと強調した。12月のブエノスアイレスでの首脳会談では、平和条約交渉について、河野外相およびラブロフ外相を交渉責任者とし、そのもとで森外務審議官およびモルグロフ外務次官を交渉担当者とすることで一致した。その後、プーチン氏は、日本との平和条約交渉について締結後の北方領土への米軍展開を含めロシアの懸念を払拭するのが先決との考えを示し「日本側の回答なしに重要な決定を行なうのは難しい」と発言した。

　1月に入り、河野氏がラブロフ氏とモスクワで会談した際、ラブロフ氏は北方領土がロシア主権下にあると認めることが平和条約交渉の前提だと牽制し、河野氏が反論した。同月のモスクワでの首脳会談では、日ソ共同宣言を基礎とする平和条約締結交渉をさらに加速させる方針で一致した。2月7日の「北方領土の日」

−73−

に政府や関係団体などが「北方領土返還要求全国大会」を開催したが、採択した大会アピールには例年と異なり北方4島について「不法占拠」との表現を用いなかった。同月のミュンヘンでの外相会談ではラブロフ氏が交渉に関し、「ロシア側は一切の期限を設けていない」と発言し、主権をめぐる議論は平行線に終わった。

日朝交渉の模索

　米朝首脳会談が2018年6月にシンガポールにおいて行われ、2019年2月にはハノイで2回目の米朝首脳会談が開催される中、日朝交渉の実現に向けた様々な動きが見られた。5月には安倍首相が記者会見で2002年の日朝平壌宣言に基づき拉致・核・ミサイル問題を包括的に解決し北朝鮮と国交正常化を目指す考えを表明した。最初の米朝首脳会談でトランプ大統領が金正恩朝鮮労働党委員長に拉致問題を提起した後、7月には北村内閣情報官がベトナムで北朝鮮統一戦線部の金聖恵統一戦線策略室長と極秘会談したことが報じられた。9月には日朝外相会談としては3年ぶりに河野外相が李容浩北朝鮮外相とニューヨークで会談した。内容については明らかにされないものの、拉致問題を中心に意見交換したものとされている。

　その後、安倍氏が記者会見で「次は私自身が金委員長と向き合わなければならない」と述べた。10月には、北村氏がモンゴルで再び北朝鮮側と接触したことが報じられた。2019年1月の施政方針演説で、安倍氏は「私自身が金正恩朝鮮労働党委員長と直接向き合い、あらゆるチャンスを逃さず果断に行動する」、「北朝鮮との不幸な過去を清算し、国交正常化を目指す。そのために米国や韓国をはじめ国際社会と緊密に連携する」と述べ、拉致問題解決に全力を尽くす方針を表明した。

日印2プラス2

　10月に東京で日印首脳会談が開かれ、閣僚級の外務・防衛協議（2プラス2）と日印宇宙対話の新規立ち上げ、バングラデシュでの協力など連結性向上に係る具体的協力案件の促進、日印物品役務相互提供協定（ACSA）の交渉開始で

—74—

合意した。また、高速鉄道事業の進展等、「自由で開かれたインド太平洋」の実現に向けた幅広い分野における協力を表明した。US - 2の移転については継続協議となった。

日豪2プラス2と首脳会談

10月の第8回日豪2プラス2では、2019年中に航空自衛隊とオーストラリア空軍による初の戦闘機訓練を実施することと、北朝鮮の非核化や瀬取り対策に関して協力することで一致した。また東南アジアや太平洋島嶼国地域における協力についても議論を行った。11月にダーウィンで開かれた首脳会談では、「自由で開かれたインド太平洋」地域の実現のための法の支配の促進のために日豪間で連携していくことを確認し、日豪米、日豪印、日豪米印の3カ国および4カ国の協力を強化していくことで一致した。また、日豪間の共同運用と訓練を円滑化すべく、相互訪問に関する協定につき、早期の交渉妥結に向けて議論していくことを確認した。

日・ニュージーランド外相会談

10月に河野外相がニュージーランドのピーターズ副首相兼外相とウェリントンで会談し、両国が連携して太平洋島嶼国の支援を進めることで合意するとともに、日本とニュージーランドの戦略的協力パートナーシップを深化させることを確認した。

日・ASEAN友好協力45周年

4月18日、日本とマレーシアが防衛装備品と技術の移転に関する協定を締結した。これにより、両国間で移転される防衛装備品および技術について、第三国移転や目的外使用に係る適正な管理が確保されることになった。マレーシア側は自衛隊のP - 3C哨戒機の導入を望んでいるという。5月には、日中韓とASEANが財務相・中央銀行総裁会議を開催（マニラ）、「あらゆる保護主義に対抗する」との共同声明を採択した。そしてアジアの金融危機を防ぐため日本がシンガポール、インドネシアとの間で通貨交換協定を延長・拡大し緊急時に円を融通する

支援枠組みを両国にも適用することで合意した。9月には、海上自衛隊の潜水艦「くろしお」が、インド太平洋方面派遣部隊を構成するヘリコプター搭載型護衛艦「かが」など3隻と対潜水艦戦の訓練を南シナ海で実施した。その後「くろしお」はベトナムのカムラン湾に寄港した。10月に、日本とタイなどメコン川流域5カ国が日本・メコン地域諸国首脳会議を東京で開催し、「自由で開かれたインド太平洋」構想への貢献のほかインフラ整備や人材育成への支援、環境保全分野での連携などを今後の協力の柱とする新指針を採択した。11月には、日・ASEAN首脳会議がシンガポールで開かれ、日・ASEAN友好協力45周年共同声明を発出し、防災や連結性強化をはじめとする様々な分野における日本の協力への評価が表明された。

連携を深める日本と欧州

5月にNATO加盟国代表で構成する意思決定機関の北大西洋理事会が、ブリュッセルの在ベルギー日本大使館にNATO日本政府代表部を開設することに同意した。10月にパリで開かれた日仏首脳会談では、両国間のACSA締結を歓迎するとともに、インド太平洋、特に太平洋島嶼国における協力と北朝鮮問題に関する連携強化を確認した。同月マドリードで開かれた日・スペイン首脳会談では、幅広い分野で協力を拡大するため両国関係を「戦略的パートナーシップ」と位置付けることで合意した。2019年1月のロンドンでの日英首脳会談で、安倍首相は、英国がインド太平洋地域に関与を強めていることを歓迎し、北朝鮮問題やG20における連携を強化することでも合意した。2月に東京で開かれた日独首脳会談では、両国が安全保障協力とG20における連携を強化することで合意し、「自由で開かれたインド太平洋」の実現や北朝鮮問題での協力も確認した。

中東への関与

4月に、日本政府は、ISIL退潮後（ポストISIL）のイラク安定化に向けた取組として、「イラクの治安改善のための経済開発に係る東京会議」を開催した。また、10月にはバーレーンでのマナーマ対話において、河野外相が、日本の経験を活かし、人材育成等を通じて中東諸国が取り組む改革を後押ししていくと強調した。

第1章　日　本

　7月にトランプ大統領は、イランと取引をする欧州企業を米国の制裁対象にすると表明した。2日には、米国務省はイラン核合意離脱に伴い対イラン制裁を8月と11月に段階的に再発動すると表明し、イランとの商取引を減らすよう各国に要求した。8月にトランプ政権は、対イラン制裁の一部を再発動し、第1弾としてイランの自動車部門の取引やイラン政府の米ドル現金取引を禁止した。そのため、日本など第三国の企業も違反すれば制裁対象となり巨額の罰金が科せられることになった。11月にはトランプ政権がイランの原油、金融、海運部門との取引を禁じる制裁を再発動し、イラン核合意に伴い2016年に解除された米制裁を全面的に復活させたが、日本など8つの国と地域には原油禁輸の適用を除外し限定容認すると発表した。

　7月に、内戦下のシリアで2015年6月に入国後行方不明となったジャーナリストの安田純平氏とみられる男性の新たな画像がフェイスブック上で公開され、11月には3年4カ月ぶりに安田氏が解放された。解放後の記者会見では、「私の行動で日本政府が当事者になり申し訳ない、紛争地に行く以上は自己責任だ」と述べた。

　2019年2月に、菅官房長官は、エジプトのシナイ半島でイスラエル、エジプト両軍に対する停戦監視活動をする「多国籍軍・監視団（MFO）」に司令部要員として自衛隊員2人を派遣すると発表した。

自由貿易の促進

　7月の日・EU定期首脳協議の際、安倍首相、トゥスク欧州理事会議長およびユンカー欧州委員会委員長の間で日・EU経済連携協定（EPA）の署名が行われ、同EPAは2019年2月1日に発効し、GDPの合計で世界の3割を占める世界最大級の自由貿易圏が誕生した。また、日本主導で進められた、米国を除く11カ国による環太平洋パートナーシップに関する包括的および先進的な協定（TPP11）が12月30日に発効し、太平洋地域でもGDPの合計が世界の13％を占める人口5億人の自由経済圏が誕生した。9月の国連総会の一般討論演説で、安倍氏は「自由貿易の旗手」として世界の経済システム強化を主導する決意を表明した。また、日米とEUが貿易担当相会合をニューヨークで開催し、中国政府による巨額

—77—

の産業補助金が世界市場を歪めているとする共同声明を発表し、世界貿易機関
（WTO）に対し規制改革に向けた共同提案を提出することなどで合意した。

IWCからの脱退

　捕鯨政策について、9月に国際捕鯨委員会（IWC）総会がクジラ保護推進の
ために商業捕鯨を一時停止することの重要性などを盛り込んだ「フロリアノポリ
ス宣言」を採択し、商業捕鯨の一部再開を盛り込んだ日本の提案を否決した。
IWCで反捕鯨国はいかなる形態であれ商業捕鯨を認める意図がないことが改め
て示される結果となったことを踏まえ、日本政府は12月にIWCからの脱退通告
を行い、2019年7月から約30年ぶりに商業捕鯨を再開することを表明した。日本
が主要な国際機関から脱退したケースは戦後ほとんど例がないが、日本政府は
脱退後も引き続き、国際法に従い、科学的知見に基づく鯨類の資源管理に貢献
していくとしている。

安全保障問題

防衛計画の大綱と中期防衛力整備計画

　2018年1月の安倍首相による施政方針演説において示された方針を受け、12
月18日に政府は新たな「防衛計画の大綱（防衛大綱）」と「中期防衛力整備計画
（中期防）」を策定した。新大綱では、日本を取り巻く安全保障環境が、前大綱が
策定された2013年時に想定していたよりも、格段に速いスピードで厳しさと不確
実さを増しており、日本に対する脅威から国民の生命と平和な暮らしを守るため
には、安全保障の現実に正面から向き合い、従来の延長線上ではない真に実効
的な防衛力を構築する必要があるとされている。

　新大綱が重視するのは、軍事技術の進展を背景に、現在の戦闘様相が、陸・
海・空のみならず、宇宙・サイバー・電磁波といった新たな領域を組み合わせた
ものとなっていることである。新大綱は、情勢認識において、日本周辺に、質・量
に優れた軍事力を有する国家が集中し、軍事活動が活発化している傾向を指摘
している。同盟国の米国については、全領域における軍事的優位の維持、核抑

—78—

第1章　日　本

止力の強化に取り組むとともに、同盟国やパートナー国との連携を強化していく
方針を示していることを評価している。

　中国に関しては、透明性を欠いたまま、従来からの核・ミサイル戦力や海上・
航空強化の取組に加え、宇宙・サイバー・電磁波という新たな領域における能力
の強化に取り組んでおり、日本を含む地域と国際社会の安全保障上の強い懸念
となっているとしている。さらに、米韓などとの対話姿勢を取るようになった北
朝鮮の軍事動向については、弾道ミサイルの同時発射能力等を強化しており、
核・ミサイル能力に本質的な変化はなく、日本の安全に対する重大かつ差し迫っ
た脅威となっていると評価している。ロシアについても、核戦力を中心に軍事力
の近代化に向けた取組を継続しており、北方領土を含む極東においても軍事活
動を活発化させる傾向があることに触れている。

　新大綱は、防衛の目標として、平素から日本が持てる力を総合して日本にとっ
て望ましい安全保障環境を創出すること、日本に侵害を加えることは容易ならざ
ることであると相手に認識させて脅威が及ぶことを抑止すること、さらには万が
一日本に脅威が及ぶ場合には確実に脅威に対処して被害を最小化することの三
つを挙げている。これらの目標を達成する手段としては、主体的・自主的な防衛
力の強化、日米同盟の抑止力と対処力の強化、「自由で開かれたインド太平洋」
という構想を踏まえた多角的・多層的な安全保障協力の三つを挙げている。

　新大綱が目指す防衛力は「多次元統合防衛力」と名づけられた。多次元統合
防衛力とは、すべての領域における能力を有機的に融合し、その相乗効果により
全体としての能力を増幅させる領域横断（クロスドメイン）作戦により、個別の領
域における能力が劣勢である場合にもこれを克服すること、さらに平時から有事
までのあらゆる段階における柔軟かつ戦略的な活動を常時継続的に実施するこ
と、そして日米同盟の強化および安全保障協力を推進することが可能な性質を
有する防衛力のことと定義されている。特に、宇宙・サイバー・電磁波といった新
たな領域における能力は、自衛隊全体の作戦遂行能力を著しく向上させるもの
とされ、これを強化するとともに、航空機、艦艇、ミサイル等による攻撃に効果的
に対処する能力の強化や後方分野も含めた防衛力の持続性と強靱性の強化が
優先課題とされている。

—79—

新大綱では、領域横断作戦を実現するため、統合幕僚監部において効率的な部隊運用や新たな領域に係る態勢を強化するとともに、将来的な統合運用の在り方について検討することとされている。

陸上自衛隊の体制については、高い機動力や警戒監視能力を備え機動運用を基本とする作戦基本部隊や専門的機能を備えた部隊を保持し、平素からの常時継続的な機動等により、抑止力と対処力の強化を図るとされている。陸上自衛隊は、サイバー部隊の編成、電磁波作戦部隊の編成、島嶼防衛用高速滑空弾部隊の編成によるスタンド・オフ防衛能力の強化、イージス・アショアを運用する弾道ミサイル防衛部隊の編成による総合ミサイル防空能力の強化、警備部隊、地対空誘導弾部隊、地対艦誘導弾部隊の配備など南西地域の島嶼部の部隊態勢の強化、水陸機動団の態勢強化を行う。また、戦車、火砲および航空火力を中心に部隊の編成と装備を見直し、効率化・合理化を徹底した上で、地域の特性に応じて適切に機動師団・旅団等への改編も行う。

海上自衛隊の体制については、周辺海域の防衛、海上交通の安全確保、各国との安全保障協力等の機動的な実施のための取組を進めるとされている。海上自衛隊は、哨戒艦、汎用新型護衛艦、固定翼哨戒機（P-1）等による常続的な警戒監視の強化、イージスシステム搭載護衛艦（DDG）等による総合ミサイル防空能力の強化、滞空型無人機（グローバルホーク）による太平洋側の警戒監視の強化を行う。また、海賊対処、海外訓練、遠洋練習航海等を通じて「自由で開かれたインド太平洋」構想の推進に寄与するため、複数クルー制導入等によって必要な艦艇を確保する。加えて、海上自衛隊は、従来の1隻のヘリコプター搭載護衛艦（DDH）と2隻のイージスシステム搭載護衛艦（DDG）を中心として構成される4個群に加えて、新型護衛艦（FFM）や掃海艦から構成される2個群を保持し、新たな水上艦艇部隊を編成する。また、引き続き潜水艦を22隻体制へ増勢するほか、試験潜水艦を導入し、他の潜水艦の稼働日数を増大させつつ、能力向上を加速させることで、常続監視体制を強化する。さらに、近年、日本の領土と排他的経済水域（EEZ）が広がる太平洋の空域における中国機やロシア機の活動が急速に拡大し活発になっているため、ヘリコプター運用機能、指揮中枢機能、人員や車両の輸送機能、医療機能等を兼ね備えた「多機能な護衛艦」で

第1章　日　本

ある「いずも」型護衛艦からの短距離離陸・垂直着陸（STOVL）機の運用を可
能とする措置を講ずる。

　航空自衛隊の体制については、太平洋側の広大な空域を含む日本周辺空域に
おける防空態勢の充実等のための取組を進めるとされている。航空自衛隊は、
戦闘機（F-35A）の増勢（F-4および旧型F-15の代替）やF-15近代化機の能
力向上（電子戦能力の向上、スタンド・オフ・ミサイル運用能力の付与、巡航ミ
サイル対処能力の強化等）、STOVL機の導入（一部の旧型F-15の代替）による
戦闘機部隊の強化、C-2輸送機の整備による機動・展開能力の強化、宇宙領
域専門部隊の編成や、電子戦能力の向上（F-15等）、サイバー領域の能力強化
による領域横断作戦に必要な能力の強化、全高射隊へのPAC-3MSEの導入や
JADGEの能力向上、早期警戒機（E-2D）への共同交戦能力（CEC）付与によ
る総合ミサイル防空能力の強化、空中給油・輸送機の整備や早期警戒機E-2D
の整備、滞空型無人機部隊の編成、次期警戒管制レーダーの開発・導入、移動
式警戒管制レーダー等を運用するための基盤整備による警戒監視・防空態勢の
構築を行う。また、F-2の後継機（将来戦闘機）については、国際協力を視野に
入れつつ、日本主導の開発に早期に着手するとされた。

　新たな中期防では、防衛大綱の方針を受け、領域横断作戦の実現に必要な事
項の優先的な整備、装備品取得の効率化・技術基盤の強化、人的基盤の強化に
関する各種施策の総合的な推進、日米同盟の強化および安全保障協力の強化、
効率化・合理化を徹底した防衛力整備の5点が基本方針として示された。

　新領域における能力強化については、まず宇宙領域における能力として、宇宙
領域専門部隊の編成に加えて、宇宙状況監視（SSA）システムの整備、日本の衛
星等の周辺を飛翔するデブリや不明物体の特性を把握する宇宙設置型光学望
遠鏡の整備、低軌道の人工衛星等との距離を計測するSSAレーザー測距装置の
整備、Xバンド衛星通信網の整備、日本の衛星の脆弱性への対応に係る訓練用
装置等の新たな導入が盛り込まれた。

　サイバー領域における能力強化のためには、サイバー防衛部隊の編成に加え
て、情報収集機能や調査分析機能の強化、実戦的な訓練環境の整備、部外の優
れた知見の活用が盛り込まれた。電磁波領域における能力については、電磁波

－81－

の利用に係る企画・調整機能を強化するため、内局および統幕への専門部署の新設に加えて、電波情報収集機の整備、自動警戒管制システム（JADGE）の能力向上による電磁波情報の収集・分析能力の強化および共有体制の構築、そして相手方のレーダーや通信等を無力化する装備品の研究開発や整備の推進が盛り込まれた。

　持続性や強靱性の強化については、対空ミサイル、魚雷、スタンド・オフ火力、弾道ミサイル防衛用迎撃ミサイルの優先的整備、燃料の確保（油槽船の新たな導入等）、自衛隊の運用基盤等の分散・復旧・代替等の取組、各自衛隊間の相互協力の観点を踏まえた警備および被害復旧態勢の構築、一部の弾薬庫の拡張および各自衛隊共同での使用、装備品の維持整備費の確保、3Dプリンター等の活用、部品等の国際市場からの調達などが盛り込まれた。その他、自衛官の定年年齢の引き上げや、退役自衛官や予備自衛官の活用、女性自衛官の積極登用など人的基盤の強化や、無人化・省人化を含む装備体系の見直し、中長期的な研究開発の方向性を示す研究開発ビジョンの新たな策定など技術基盤の強化、装備調達の最適化、産業基盤の強靱化、情報機能の強化が謳われている。また、大規模災害への対応では、災害用ドローン、ヘリコプター衛星通信システム等の整備による対処態勢の強化が挙げられている。

　日米同盟の強化では、米国の高性能装備品の効率的な取得、日米共同研究・開発等の推進と在日米軍駐留経費の安定的確保が挙げられている。多国間安全保障協力では、防衛装備移転を含む装備・技術協力の取組の強化、米国、オーストラリア等との能力構築支援に係る連携が挙げられている。国際平和協力活動については、現地ミッション司令部要員の派遣、能力構築支援等の活動の積極的推進が挙げられている。

　新中期防では、自衛隊の定数は、陸上自衛隊15万9,000人程度、海上自衛隊と航空自衛隊については平成30年度末水準とされた。所要経費については、防衛力整備に係る金額は、平成30年度価格で27兆4,700億円程度を目途とされた。新中期防のもとで実施される各年度の予算編成に係る防衛関係費は、防衛力整備の一層の効率化・合理化を徹底し、重要度の低下した装備品の運用停止や費用対効果の低いプロジェクトの見直し、徹底したコスト管理・抑制や長期契約を

第1章　日　本

含む装備調達の最適化などを通じて実質的な財源確保を図り、25兆5,000億円程度になる見込みである。

イラク日報問題

　2018年4月に、小野寺防衛相が陸上自衛隊のイラク派遣で「存在しない」としてきた部隊の日報が見つかったと発表し、陸上自衛隊研究本部が2017年3月に存在を確認しながら当時の稲田防衛相に報告しなかったことを明かした。その後、航空自衛隊派遣部隊作成の日報が航空幕僚監部から新たに見つかり、安倍首相が日報隠蔽について謝罪した。また、陸自研究本部がイラク派遣部隊の日報の情報公開請求を受けた陸上幕僚監部から問い合わせを受けた際、「ない」と回答していたことも判明した。その後、防衛省は2004-06年にイラクに派遣された陸自部隊の日報を初公表し、活動は「非戦闘地域」に限定されていたが、派遣先の治安情勢を「戦闘が拡大」と分析するなど複数の「戦闘」の記述があったことが明らかになった。5月23日に、防衛省は調査結果を発表し、担当部署の認識不足や事務方の探索指示などが原因だったと結論づけ、関係者17人を処分した。一方、陸自による組織的な隠蔽は否定したが、小野寺氏は記者団に「シビリアンコントロール（文民統制）にも関わりかねない重大な問題をはらんでいる」と再発防止に取り組むことを強調した。防衛省は、再発防止策として、防衛大臣等からの重要な指示や職務命令等は文書に具体的に明記することや、電子決裁システムへの移行を加速すること、行政文書管理と情報公開について監察を担当する組織を新設することなどを挙げた。

大規模災害

　6月18日に大阪府北部で震度6弱の地震があり、高槻市で小学校のブロック塀が倒壊して登校中の女児が下敷きになるなど府内で5人死亡、近畿4府県の2,000棟を超える住宅に被害が出た。大阪府から要請を受け、陸上自衛隊第3師団が隊員を派遣し、9日間にわたって活動し、人命救助や物資輸送、給水支援などに当たった。

　7月8日には、前線の活発な活動で西日本を中心に記録的な豪雨となり、各地

で土砂災害や河川の氾濫が発生した。被災地での死者は200人以上で、被害は31道府県に及び土砂災害では平成最悪の広域災害となった。自衛隊は全国約150の部隊から隊員を動員し、即応予備自衛官約300人も招集し、人命救助や物資輸送、給水支援などに当たった。即応予備自衛官の招集は東日本大震災、熊本地震に続き3回目で、大雨災害では初めてだった。

9月6日には、北海道で震度7を観測する地震があり、土砂崩れや家屋の倒壊が相次いだ。道内すべての約295万戸が停電、死者9人、心肺停止9人、けが人は約360人に上り1万人以上が避難所に身を寄せた。陸上自衛隊第7師団と航空自衛隊第2航空団が出動し、人命救助、給食・入浴支援などを続けた。

普天間問題

7月、翁長沖縄県知事が米軍普天間飛行場（宜野湾市）の名護市辺野古移設をめぐり、前知事による辺野古沿岸部の埋め立て承認の撤回に向けた手続きを始めると表明した。翌8月、翁長知事が膵がんのため死去したが、沖縄県は米軍普天間飛行場の辺野古沿岸部の埋め立て承認を撤回し、国と対立した。9月30日には、翁長氏の死去に伴う知事選で、普天間飛行場の辺野古移設に反対する前衆議院議員の玉城デニー氏が、自民、公明両党など推薦の佐喜前宜野湾市長ら3人を破り初当選した。翌月、政府が辺野古沿岸部の埋め立て承認を撤回した県への対抗措置として、行政不服審査法に基づいて石井国土交通相に撤回の効力停止を申し立て、石井氏が県による埋め立て承認撤回の効力を一時停止すると発表した。これを受けて政府は11月1日に工事再開を再開した。

11月6日、玉城知事が菅官房長官と会談し、普天間飛行場の名護市辺野古移設をめぐり謝花沖縄県副知事と杉田官房副長官による協議を開始することで合意した。

また訪米した玉城知事が米国務省と国防総省の当局者と14日に会談し、移設に反対する意向を伝えるとともに、日米両政府と沖縄県による3者協議の場を設けるように要請した。28日には、安倍氏と玉城氏が東京で会談し、安倍氏が移設を推進する意向を伝え理解を求めたが、玉城氏は移設断念を訴えて物別れに終わった。12月には、政府が辺野古沿岸部で土砂投入を開始した。

第1章　日　本

　2019年2月19日に、普天間飛行場の移設をめぐり総務省の「国地方係争処理委員会」は、県による辺野古沿岸部の埋め立て承認撤回の効力を国が一時停止したことに対する県の審査申し出を却下する決定を下した。一方、24日に行われた普天間飛行場の辺野古移設をめぐる県民投票では、辺野古沿岸部の埋め立てに「反対」が72.2%、「賛成」は19.1%、「どちらでもない」は8.8%であった。投票率は住民投票の有効性を測る一つの目安とされる50%を超えて52.4%であったが、県民投票結果に法的拘束力はない。3月に玉城氏が安倍氏に県民投票結果を通知して工事中止を要求したが、安倍氏は辺野古移設の先送りはできないと県側に理解を求めた。

　また、埋立て予定地に軟弱地盤があることを認めた政府は、15日に、埋め立て予定地の軟弱地盤を改良する工事に3年8カ月かかるとする報告書を提出した。これにより2022年度に普天間を返還することが難しいことが明らかになった。一方、25日に政府は辺野古の沿岸部で新区域への土砂投入を開始し、工事を継続する姿勢を示した。

国際社会における取り組み

軍縮・不拡散

　河野外相は、4月から5月にジュネーブで開催された2020年NPT運用検討会議第2回準備委員会に出席した。河野外相は、「核軍縮の実質的な進展のための賢人会議」による透明性、検証や対話型討論等に関する提言を紹介するとともに、核兵器国、非核兵器国双方の協力のもとで、現実的かつ実践的な取組を積み上げていくことが日本が信じる核廃絶に向けた道筋であると表明した。11月には長崎で「賢人会議」第3回会合が開催され、核兵器の廃絶に向けた道筋において解決すべき、軍縮と安全保障の関係に関する困難な問題等について中長期的な観点から議論が行われた。国連総会ハイレベルウィークにおいては、包括的核実験禁止条約（CTBT）フレンズ外相会合の第9回会合が開催され、河野外相はオーストラリアのペイン外相と共に共同議長を務めた。会合では、北朝鮮に対するCTBTへの署名・批准の呼びかけを含め、発効促進、普遍化および検

－85－

証体制の強化を訴える外相声明を発出した。また、日本は、国際的に厳しい現下の安全保障環境においても、核兵器のない世界に向け、国際社会が一致して取り組むことができる共通の基盤を形成していくことを目指し、11月の国連総会に核兵器廃絶決議案を提出し、162カ国の幅広い支持を得て採択された。同決議案は、2017年同様、核の傘を提供する米国への配慮から核兵器禁止条約への直接の言及を避けたが、米国は棄権した。

質の高いインフラ

　日本政府は、4月にOECD開発センターと共催で「質の高いインフラの推進に関するセミナー」を、9月にはEUおよび国連と共催で「質の高いインフラ投資の推進に関する国連総会サイドイベント」をそれぞれ実施し、質の高いインフラの普及に努めた。

持続可能な開発目標（SDGs）

　12月に首相官邸で行われた持続可能な開発目標（SDGs）推進本部の第6回会合では、官民を挙げたSDGsと連動する「Society5.0」の推進、SDGsを原動力とした地方創生、SDGsの担い手としての次世代・女性のエンパワーメントを3本柱とした政府の主要な取組を取り纏めた「SDGsアクションプラン2019」を決定した。今後、同アクションプランに沿って、「豊かで活力ある社会」を実現するため、人間の安全保障の理念に基づき、世界の「国づくり」とそのための「人づくり」が進められる。

（明海大学准教授／平和・安全保障研究所研究委員　小谷哲男）

第1章　日本

コラム　外交と女性

日本外交と女性

　私は昭和57年（1982年）に外務省に入省した。外務公務員上級試験（現在の国家公務員総合職試験）合格者25名中、女性は私を含め2名であった。当時外務省で勤務していた女性上級職は10名に満たなかった。

　今年外務省に入省した総合職職員は28名であるが、女性はその4割にあたる12名であり、外務省の女性総合職は140名を超えている。また、全職員に占める女性の割合は34％。胸を張れる数値ではないが、確実に前進している。

　私の個人的経験を振り返ってみたい。平成元年（1989年）、在ジュネーブ日本政府代表部に赴任した。この前年、米国が日本を訴えた「農産物12品目」パネルの報告書がGATT（現在のWTO）理事会で採択されたが、当時の欧米新聞紙は、同パネルを担当した日本代表団が全員男性だったのに対し米国代表団は全員女性だったと揶揄した旨、私の前任にあたる故小松一郎氏（同代表団メンバー、元駐仏大使、前法制局長官）から聞いたことが印象的であった。なるほど、GATTの建物に入るには身分証提示が必要なのであるが、初めて日本の女性外交官として代表団席に座り発言したことによってか、着任の日から直ちにいわゆる顔パスが効いたのを思い出す。ジュネーブにおける外交の場で、日本人女性は圧倒的少数派であった。

　マイノリティであることは一般に不利である。しかし、外交は、国益をかけて、他国と時に対決し時に協力するものであって、そのとき重要なことは、いかに自国の立場を説得的に訴えられるかである。女性であることにより、注目を集め、結果として相手方の共感を得ることができるのであれば、必ずしも不利とは限らない。

　現在、日本は「女性が輝く社会」を最重要課題の一つと掲げ、これを国内外で実現するための取組の一環として、毎年、国際会議WAW！を開催し、女性のエンパワーメントおよび女性の活躍促進について議論を重ねてきている。

　女性の力の活用が、日本外交の主要アジェンダになったということである。「女性が輝く社会」の実現に向けてリーダーシップを発揮しようとする日本外交の努力は、真に時宜を得たものであると考える。

　外務省は、特に近年、ワークライフバランスの推進や女性職員を支援する制度整備等に注力している。まずはお膝元から、女性が輝く。そして、そうした職員らの活躍により国際社会で遍く女性が輝く。

　道のりは長く険しいが、登り切ってこその外交である。

斎木尚子

三菱重工業株式会社顧問

第2章　米　国

概　観

　発足から2年が経過したトランプ政権のアジア政策は、徐々にその独自性を色濃くしている。米中の対立が先鋭化することに対し、非常に慎重な配慮を見せていたオバマ政権と異なり、トランプ政権の対中政策は強硬路線へのシフトを明確にしている。その方向性は、米中関係を関税や貿易赤字をめぐる短期的な対立に留まらず、互いに妥協の許されない先端技術覇権をめぐる長期的な戦略的対立にエスカレートしていくことを予感させる。とりわけ、2018年10月に行われたペンス副大統領による演説は、長らく捨て去ることのできなかった、対中関与を通じて中国が「責任ある利害関係者」に変わっていくことを期待する路線から決別し、対中対決姿勢をとることについて政権内に一定のコンセンサスがあることを明らかにした。

　一方、北朝鮮問題では、2018年6月に史上初となる電撃的な米朝首脳会談が開催され、世界的な注目を集めた。しかし、肝心の「完全かつ、検証可能な、不可逆的な非核化（CVID）」を実現するためのロードマップはいまだ見えず、2019年2月に行われた第2回米朝首脳会談においても、事前に用意されていた共同声明案に署名することなく物別れに終わった。その結果、北朝鮮の核・ミサイル能力は従来通り温存され続け、依然として日本を含む地域安全保障への喫緊の脅威となっている。

　こうした厳しい安全保障上の脅威を前提に策定された「ミサイル防衛見直し（MDR）」は、北朝鮮の大陸間弾道ミサイル（ICBM）に対応するための米本土防衛能力の強化、中国・ロシアを中心に開発、配備が進む各種極超音速ミサイルへの対処、そして宇宙配備センサーの強化を通じた米国のミサイル防衛能力を包括的に底上げする方針が示された。その一方で、米露両国から中距離核戦力（INF）全廃条約からの離脱が通告され、冷戦期を代表する核大国間の軍備管理枠組みがその役目を終えた。米国の地上配備型中距離弾道ミサイルがアジア太平洋地域に展開されることとなれば、中国の戦略計算はもとより、地域全体の戦略バランスがより複雑化していくことは必至である。

　トランプ大統領個人の評価はさておき、トランプ政権で策定された各種戦略文書は「中国・ロシアとの戦略的競争に備える」ことを一貫して掲げており、明確な目標設定がなされている点が評価されている。しかし戦略文書の真の価値は、文書それ自体にあるわけではない。より重要なのは、できあがった戦略を予算的裏付けを得る形で実行に移すサイクルをきちんと回すことである。2018年11月、議会に設置された国防戦略の評価委員会は、同年1月に発表された「国家防衛戦略（NDS）」の実効性につき、厳しい評価を下した。リソースの制約という現実を受け入れ、達成すべき戦略目標・投資プログラムの優先順位づけを変更すべきなのか。それとも、議会との政治的対決を制し、国防予算の抜本的な底上げを図るべきなのか。トランプ政権で行われている国防戦略のレビュープロセスは、日本の防衛政策を客観的に評価する観点からも重要な示唆が含まれている。

—88—

外交・安全保障

米中競争の激化

　2018年の米国の外交・安全保障政策において特筆すべきは、トランプ政権が経済・軍事双方における対中強硬路線を先鋭化させたことで、これまでくすぶり続けてきた米中の競争的関係が決定的になったことだろう。

　3月22日、米国通商代表部（USTR）は2017年8月から行われていた外国による不公正な貿易慣行に関する調査を完了し、中国による知的財産権の侵害を理由に「通商法301条」に基づく制裁措置を発動すると発表した。同調査報告が問題視したのは、①投資制限を含む各種手段による米国企業に対する技術移転の強要、②米国企業に対する不当価格による技術移転契約の要求、③米国企業を買収することによる技術取得、④サイバーによる商業機密窃取、の4分野である。

　中でも深刻なのは、中国で事業を展開する米国企業に対する技術移転の要求であった。中国で製造、販売しようとする米国企業は、中国企業と合弁事業を行い、技術移転をすることが必要になる。中国企業は、こうして得た米国企業の技術を利用して中国で製造や販売を始め、将来的に世界中で米国企業を圧倒することを狙っているとされる。そのため、USTRは前述の調査報告に基づいて、以下三つの措置——①500億ドル相当の中国製品に対する25％の関税付加、②中国企業による技術を狙った対米投資の阻止、③不当な技術移転契約に関するWTOへの提訴——をとることを発表した。

　その後5月に行われた米中貿易協議では、中国が米国の農産品やエネルギーの輸入を大幅に増加させること、知的財産権の保護を重視することなどで合意し、ムニューシン財務長官が当面貿易戦争を保留するとしたものの、結局6月15日にはトランプ大統領が、中国からの輸入品1,102品目＝500億ドル相当に25％の制裁関税をかけると発表。第一弾（半導体など340億ドル分）は7月6日、第二弾（化学品など160億ドル分）は8月23日にそれぞれ実施された。さらにトランプ政権は9月24日に、すでに実施していた関税措置に加え、第三弾の追加関税（日用品など2,000億ドル相当）の発動に至った。これにより、従来分と合わせて対

—89—

中輸入のほぼ半分が関税の対象となった。

　一般的に米国の対中貿易強硬論は、通商交渉において経済のグローバル化の流れの中で疲弊した支持基盤層へのアウトリーチを意識し、相手国との貿易赤字削減を重視する。しかし、トランプ政権内で対中政策に関して強い発言力を有するとされるナヴァロ通商製造政策局長は、貿易赤字の削減を中心的な問題にするのではなく、中国が人工知能（AI）やロボティクスなどの戦略的技術分野において、世界的に優位に立つことを中心的な問題にしている。中国側にしてみれば、「中国製造2025」の計画変更は、中国の政府と産業の関係の基本的変化を求めるものであり、経済的のみならず政治的影響が大きい。そのためこれらの決定は、米中関係が関税や貿易赤字をめぐる短期的な対立から、互いに妥協の許されないハイテク覇権をめぐる長期的な戦略的対立にエスカレートしていくことを予感させた。

　この流れを決定的にしたのが、10月4日にハドソン研究所で行われたペンス副大統領の米中関係に関する演説である。ペンス氏は演説の中で、米国が新たに中国の世界的な経済的、戦略的攻撃に対抗するとともに、国内での弾圧に反対し、中国政府が内外での行動を変えるよう要請した。同演説は、これまで断片的に論じられてきた対中強硬論者の問題意識を包括的に論じたもので、特段新しい論点があったわけではない。むしろ重要なのは、ペンス演説が、ボルトン国家安全保障担当補佐官のようなタカ派路線、マティス国防長官の戦略的思考、ナヴァロ通商製造業政策局長、ライトハイザー通商代表、ロス商務長官らの経済ナショナリズム、そしてペンス氏自身の価値を重視する政策を調整の上で世に送り出した点である。言い換えれば、ペンス演説はオバマ政権時代に捨て去りきれなかった対中関与を通じて、中国が「責任ある利害関係者」に変わっていくことを期待する路線から明確に決別し、対中対決姿勢をとることについて政権内に一定のコンセンサスがあることを明らかにしたと言えるだろう。

　この後、ブエノスアイレスにおけるG20の場を借りて行われた12月1日の米中首脳会談では、知的財産権の保護や強制的技術移転の中止などにつき、両国で90日間協議を行い、協議の間は予定していた中国の対米輸出品に対する2,000億ドル相当の関税を10％から25％に引き上げることを凍結、中国は米国から大豆

などの農産品やガスなどを買うことで合意され、一時休戦との見方もなされた。ところがその矢先、同月8日には中国の通信機器大手、ファーウェイ創業者の娘で最高財務責任者（CFO）を務める孟晩舟氏が、カナダで逮捕される事件が発生。直接的な逮捕理由は「対イラン制裁を回避する金融取引を隠蔽するため、虚偽の報告を行なった」というものであったが、これが米政府からの要請を受けたものであることは明らかであった。2019年1月28日には、米司法省がファーウェイを二つの罪状──①米国のファーウェイ社員が中国人上司の指示で、T-モバイル社の技術を違法に窃取したこと、②孟晩舟CFOの対イラン制裁違反──で起訴することを発表。さらに、30日には米中閣僚級協議において、中国が3月1日までに取引に応じなければ、2,500億ドル相当のすべての対米輸出品に25%の関税を課すと発表した。（＊2019年5月10日、米中閣僚級協議が行われたものの合意に至らず、トランプ政権は第四弾となる全面的追加関税を課す手続きに着手することを発表した。）

一体化が進む経済政策と国防政策

中国との対決姿勢を色濃くするトランプ政権であるが、中国が米国企業から技術を盗んでいると非難するのはこれが初めてではない。2013年6月の米中首脳会談では、オバマ大統領が、習近平国家主席に対して中国人民解放軍がサイバー攻撃により米国企業に侵入したという情報機関の証拠を突きつけ、サイバー窃取をやめるよう要請している。オバマ政権の論理は、国家安全保障に関するサイバー窃取は従来の諜報活動の延長線上にあり、お互い様である一方、国家が支援するサイバー窃取が米国の企業情報（経済的利益）を奪うために用いられているのは許容できないというものであった。中国政府はこうした事実を認めなかったものの、とりあえず両国は企業情報に対するサイバー窃取を行わないことに合意した。しかし中国にしてみれば、「技術先進国の企業情報を窃取し、それを国防上の能力向上に活かすのであるから、経済安全保障と国家安全保障は不可分である」というのが彼らの本音であった。

皮肉にもこうした発想は、トランプ政権の対中政策を支える論理として採用されていくことになる。トランプ政権が経済と国防を一体的に取り組むべきものと

して捉えていることは、「会計年度（FY）2019国防授権法」をめぐる議論の中で、ファーウェイやZTE製品を米政府が調達、使用することを禁止したり、外国投資委員会（CIFIUS）の管轄範囲を拡大する法案（外国投資審査現代化法：FIRRMA）が盛り込まれたことからも明らかであろう。

FIRRMAには、懸念国が米国内への投資を行うことで生じる国家安全保障上のリスクに対応するため、①審査対象となる取引を大幅に拡大、②外国政府と関連する取引について事前届出の義務づけ、③サイバーセキュリティや特定の懸念国の関与等の視点を強化、④CFIUSの情報を同盟国等と共有することを解禁、といった方針が含まれている。従来CFIUSは買収や合併といった企業支配に繋がる投資を監視していたが、今後は企業支配には至らないものの、機微技術・機微インフラ・機微個人データへのアクセスや意思決定への関与を可能とする投資についても審査対象とされる。また、連邦施設の隣接地、空港・港湾内の敷地取得などの不動産取引も規制対象とされた。

さらに2018年10月10日には、米財務省がFIRMMAに基づき、11月10日から機微技術に関する投資規制を先行実施するパイロットプログラムを開始すると発表した。主な内容は、投資先企業が属する対象業種として27の製造業等を指定、投資先企業が扱う機微技術の6類型を明記、外国投資家の非支配投資に当てはまる場合の事前申告義務づけであるが、特に重要なのは機微技術を類型化して明記したという点である。このうち①武器、②国際レジーム合意に基づく汎用品等、③原子力活動支援関連、④原子力輸出入管理、⑤特定化学剤・毒素については日本とほぼ同じであるが、これに米政府が独自に選好した⑥先端技術という要素が加わっている。米商務省が11月19日に発表した文書によると、先端技術とは以下14の技術カテゴリー――①バイオ技術、②AI・機械学習、③測位技術、④マイクロプロセッサー、⑤先進コンピューティング、⑥データ分析、⑦量子情報・量子センシング技術、⑧補給関連技術、⑨付加製造技術（3Dプリンター等）、⑩ロボティクス、⑪ブレインコンピュータインターフェイス、⑫極超音速技術、⑬先端材料、⑭先進セキュリティ技術――であり、今後米国はこれらの輸出管理を強化していくものと見られている。

もっとも、これらの技術カテゴリーにはいまだ実用化されていない研究の初期

段階の技術なども含まれており、完成したモノを対象としていた既存の輸出管理枠組みで対応できるのかという執行上の疑問も残る。特に新たに規制対象となる大学や個人、スタートアップ企業などに対し、どのような対応を求めるのかが課題とされる。またCIFIUSは審査内容を外部公表しないため、ある取引がなぜ停止されたのかにつき、当該企業は正確な理由を知ることができない。このため、日本でも中国系企業と提携しているソフトバンクや日立、トヨタなどの投資戦略、技術調達に影響が出ることが予想される。

米台関係

　貿易戦争やハイテク覇権争いと並んで米中間の大きな火種となっているのが、台湾問題である。特に2018年は、年間を通じて米台関係の緊密化が図られた年であった。人事面では、1月に親台湾派として知られるシンクタンクProject2049出身のランドール・シュライバー氏がアジア太平洋担当国防次官補に就任、4月にはかねてより「"一つの中国政策"を見直すべき」と主張してきたボルトン元国連大使が国家安全保障担当補佐官に就任した。

　政策面では、2017年12月に米海軍艦艇を台湾に寄港させる権限を与えるとの条項が含まれる「FY2018国防授権法」が成立したのを皮切りに、2018年3月には米国と台湾のあらゆるレベルでの相互訪問を促進する「台湾旅行法」が上下両院で一票の反対もなく可決、成立した。また4月には、国産潜水艦の建造に取り組むとする台湾に対し、トランプ政権は米国企業との商談が可能になるよう許可。さらに7月7日には、2007年以来11年ぶりに米海軍艦艇が台湾海峡を通過した。

　こうした米台接近の動きに対し、当然中国は強い抵抗を示している。軍事的には台湾付近での戦闘機や爆撃機の周回飛行を活発化させているほか、政治的には西欧における唯一の台湾承認国であるバチカンに対して中国承認に切り替えさせる様々な工作を行ったり、WHOへの台湾のオブザーバー参加に反対するなど、軍事、政治両面での圧力を強めている。

　トランプ大統領自身が台湾に対してどの程度個人的な思い入れを持っているかは定かではない。そのため、一部には米台関係が米中貿易戦争のディールの一部として利用されてしまうことを危惧する声もある。他方で、毎年の国防授権

－93－

法や台湾旅行法に代表される米台関係の緊密化を促進する法律が議会で可決された結果、今後とも米台間の政府高官同士の交流、接触のレベルは、より高度なものに変わっていくと考えられる。とりわけワシントンでは、共和党、民主党の区別なく台湾に対して同情的な雰囲気が強まっている。米中の戦略的競争が本格化する中、米台関係の緊密化が日本の安全保障に与える影響についても、より具体的な議論が必要となるだろう。

米国のインド太平洋戦略と海洋安全保障

　2018年5月30日、マティス国防長官はハワイで行われた太平洋軍司令官の交代式に出席し、「太平洋軍」の名称を「インド太平洋軍」に改称することを発表した。元々太平洋軍は、米太平洋岸からインド洋までの広大な領域を管轄しており、この改称はより実態に即したものと言える。だが当然ながら、この決定は当該地域で影響力を拡大しつつある中国への対抗と無関係ではない。この直前の5月23日、国防省報道官は米海軍が各国の海軍とハワイ沖で隔年実施している「環太平洋合同演習（リムパック2018）」に中国海軍の招待を取り消すと発表。南シナ海での人工島の軍事拠点化を続け、地域を不安定化させているというのがその理由とされた。実際中国は2018年に入り、スプラトリー（南沙）諸島における対艦ミサイル、地対空ミサイル、電波妨害施設などの配備を拡充させたほか、パラセル（西沙）諸島のウッディ（永興）島には、核搭載可能な戦略爆撃機を展開するなどしている。

　ハワイを後にしたマティス氏はその足で、シンガポールで毎年行われている英国国際戦略研究所（IISS）主催のアジア安全保障会議（シャングリラ・ダイアローグ）に出席し、南シナ海における中国の軍事拠点化を「覇権主義」と批判。「（南シナ海における）これらの兵器システムの配備は脅迫と強制の目的での軍事力行使に直接結びつく」、「リムパックの招待取り消しはこういう行動の小さな結果であり、将来はより大きな結果がありうる」と述べ、その意思を強調した。

　地域の海洋安全保障に対する米軍の関与は、運用面でも裏付けられている。トランプ政権は南シナ海において、2017年1月の政権発足から2019年5月までに計12回の「航行の自由」作戦（FONOP）を実施している。この実施状況はオバ

—94—

マ政権期と比べるとかなりハイペースであり、一部の例外を除いておよそ2カ月に1回のペースで実施されていることが窺える（図表1）。

表：トランプ政権発足後、南シナ海で実施された「航行の自由」作戦（筆者作成）

日時	実施海域	備考
2017.05.24	スプラトリー諸島 （ファイアリークロス礁）	駆逐艦「ウィリアム・P・ローレンス」
2017.07.02	パラセル諸島（トリトン島）	駆逐艦「ステザム」
2017.08.10	スプラトリー諸島（ミスチーフ礁）	駆逐艦「ジョン・S・マケイン」
2017.10.10	パラセル諸島	駆逐艦「チェイフィー」 *12海里以内には入らず
2018.01.17	スカボロー礁	駆逐艦「ホッパー」
2018.03.23	スプラトリー諸島（ミスチーフ礁）	駆逐艦「マスティン」
2018.05.27.	パラセル諸島（ツリー島、リンカン島、トリトン島、ウッディ島）	駆逐艦「ヒギンズ」 巡洋艦「アンティータム」
2018.09.30	スプラトリー諸島 （ガベン礁、ジョンソン礁）	駆逐艦「ディケーター」 *中国海軍駆逐艦が異常接近
2018.11.26	パラセル諸島	巡洋艦「チャンセラーズビル」
2019.01.07	パラセル諸島	駆逐艦「マッキャンベル」
2019.02.11	スプラトリー諸島（ミスチーフ礁）	駆逐艦「スプルーアンス」「プレブル」
2019.05.04	スプラトリー諸島 （ガベン礁、ジョンソン礁）	駆逐艦「プレブル」「チャンフーン」

　国防省が軍事、安全保障面での関与に力を入れる一方、国務省は経済・インフラ支援などより広い文脈でインド太平洋への関与を強めている。7月30日には、ポンペオ国務長官がワシントンDCの米商工会議所で開催されたインド太平洋ビジネスフォーラムにおいて、「インド太平洋経済ビジョン」と題する演説を行なった。同演説では、トランプ政権の「自由で開かれたインド太平洋」の中心には米国のビジネス関与があることが強調され、同地域のデジタル経済、エネルギーおよびインフラ整備に活用されることを前提に、1億130万ドルの経済支援を行うことが発表された。

このほか、トランプ政権の地域関与を強化する試みとしては、12月31日に議会超党派の支援を受けて成立した「アジア再保証推進法（ARIA）」が挙げられる。ARIAは、日米豪との同盟を確認するとともに、インド・台湾との協力関係強化を謳っており、今後5年間（FY2019 - 23）で毎年15億ドルを当該地域の定例演習やテロ対策に活用することを義務付けている。

このように、国防省や国務省、さらには議会の超党派の支持を受けて、トランプ政権のインド太平洋地域への関与が強化されているのは好ましい傾向である。他方で、米国のインド太平洋戦略はいまだ発展途上であり、今後断続的な具体化を進めていく必要があることも事実だ。この点、日本の「自由で開かれたインド太平洋（FOIP）」構想や、中国との戦略的競争を位置付けた、「国家安全保障戦略（NSS）」および「国家防衛戦略（NDS）」との連携をいかに図っていくかが課題だろう。

米朝関係

2017年は核実験やミサイル発射を繰り返す北朝鮮に対し、米国が空母や爆撃機の派遣などによる軍事的圧力を高める形で、米朝関係が緊迫した1年であったが、2018年の米朝関係は一転して対話ムードに転換することとなった。

2018年3月、トランプ大統領は韓国の文在寅大統領の特使である鄭義溶国家安全保障室長との会談において「金正恩委員長が米大統領と会談の意向を示している」と伝えられると、「対談に応じる」と返答。この後、米朝で初の首脳会談に向けた調整が開始された。米朝首脳会談に向けた道は、同年5月に崔善姫外務次官が、北朝鮮に対する強硬論を説き続けるペンス副大統領やボルトン大統領補佐官を非難する談話を発表したことで、一度破綻しかけたが、翌6月に金英哲朝鮮労働党副委員長がトランプ大統領と会談し、首脳会談開催を再決定した。

6月12日、シンガポールで開催された史上初の米朝首脳会談では、その成果に注目が集まった。会談後発表された共同声明では、米朝関係の今後を示す4点の合意—①両国は新たな米朝関係の構築に取り組む、②両国は朝鮮半島の恒久的で安定的な平和体制の構築に向け、協力する、③2018年4月27日の板門店宣言を再確認し、朝鮮半島の完全な非核化に取り組む、④朝鮮戦争時の米兵

の遺骨を返還する——が示された。また、首脳会談後に単独記者会見に臨んだトランプ氏は、実施にかかる費用や「挑発的」であることを理由に、米韓合同軍事演習の一方的な中断を発表。さらには在韓米軍について「（すぐにではないにせよ）いずれは本国に帰還させられればいい」との考えを滲ませた。

　トランプ氏は米朝首脳会談の成果を喧伝し続けているものの、多くの外交・安全保障専門家の評価は総じて高くなかった。特に、「北朝鮮の完全かつ、検証可能な、不可逆的な非核化（CVID）」を目指していたはずの米国が、曖昧な合意に終始したことについては批判が相次いだ。実際、アジアの安全保障に最も大きな影響を与える非核化の具体的方策はその後も進展せず、2018年内にはポンペオ国務長官による訪朝（10月）などを除き、実務者協議も実施されなかった。

　事態が再び動き始めたのは、2019年の年明け以降、すなわち金正恩朝鮮労働党委員長が「新年の辞」において非核化が自身の意思であることを確認した後である。2019年2月には、ビーガン特別代表が訪朝して、6者協議の元担当官で米朝交渉担当に指名された金革哲氏と接触、第2回米朝首脳会談の開催に向けた調整が開始された。米側は、非核化交渉の技術的議論を進展させるべく、交渉団に国務省、情報機関の担当官の他、核やミサイルの技術専門家、国際法、財務省の制裁担当官を加えたものの、北朝鮮側は外交部および統一戦線部の代表のみから構成されており、技術的な専門家は含まれていなかった。ビーガン氏は、トランプ氏から交渉のマンデートを受けた上で、北朝鮮側に差し出すことのできる交渉材料として、非核化が決定した際に北朝鮮の経済発展に米国が全面的に協力することを提案し、シンガポールでの共同声明に上記経済支援を追加した5項目の共同声明案を作成した。

　しかし、共同声明案の内容を詰める段階で交渉は再び停滞した。米朝間では、朝鮮戦争の終結宣言、様々な文化交流事業の実施、ワシントン・平壌双方での連絡事務所設置にも合意していたものの、米側は個別事項ではなく非核化も含めたすべての内容に合意できなければならないとしてディールをパッケージ化して、非核化に関する具体的な要求を行った。その要求とは、①金正恩氏が「新年の辞」で述べた非核化に関する意思を共同声明に盛り込むこと、②2005年の6者協議共同声明にならう提案を行うこと、③ロードマップを作成し、計画の凍

結から廃棄までの流れを明確化することだったと言われる。これに対し、北朝鮮側が示したのは、豊渓里の核実験場の廃棄と、東倉里の衛星打ち上げ・エンジン試験施設への査察官受け入れというこれまでにも言及されていたもので、寧辺の核施設廃棄に関しても曖昧なままであった。寧辺の扱いに関する曖昧性をなくすべく、米側はプルトニウム再処理施設やウラン濃縮施設の扱いについても追求したところ、北朝鮮側交渉団には決裁権限がなく、交渉を首脳レベルに上げることを提案したという。

　この経緯からは、北朝鮮側が交渉相手をトランプ氏に絞ることで一点突破を図り、自らに有利な条件で交渉をまとめることを狙っていたことが窺える。実際、2月27日から行われた第2回米朝首脳会談でも、米側は寧辺の扱いやその他の核計画をどうするつもりか追求したにもかかわらず、北朝鮮側は事前協議の条件のまま、制裁の全面解除を要求した。結果、トランプ氏が個別ディールの受け入れを拒否したところ、金正恩氏は共同声明への署名を拒否。第2回米朝首脳会談は決裂に終わったというのが事の顛末である。

　北朝鮮側が制裁解除を要求していることは、制裁の効果を示すものであり、よい兆候と言えよう。今後の米朝交渉の進展は、北朝鮮側が非核化に関してどれだけ譲歩するかにかかっている。だが同時に、事前協議の段階で連絡事務所の設置や朝鮮戦争の終戦宣言についての合意があったことを踏まえ、それが実施された場合にもたらされる安全保障上の影響については留意が必要であろう。

　（*2019年5月4日、北朝鮮は2017年11月末から約1年6カ月ぶりに弾道ミサイルの発射を再開。同9日にも新型の短距離弾道ミサイルを複数発射した。ポンペオ氏は、北朝鮮との間で合意しているのは、米国を脅かすICBMのみと発言しているものの、弾道ミサイルの発射は射程に限らず国連安保理決議に違反する。今後の交渉では、核兵器関連技術のみならず、ミサイルがどのように扱われるかも引き続き注目である。）

国家防衛戦略（2018NDS）の実効性とFY2020国防予算の見通し

　米国では、大統領の任期ないし政権交代に沿う形で、安全保障政策の包括的な見直しを行うことが法律で定められている。トランプ政権でもこれに則り、

第2章　米　国

2017年から2019年にかけて各種政策見直しが行われた。その中でも国防戦略の
方向性を決める中核的文書とされるのが、2018年1月に公表された「国家防衛
戦略（NDS）」である。トランプ政権の2018NDSは、中国とロシアを「戦略的競
争相手」と見なし、米国の競争力を回復させようとする点で高い評価を受けた。

　他方、戦略文書の真の価値は文書それ自体にあるわけではない。より重要なの
は、文書を作り上げるまでに行われる様々な検討や議論の経過と、できあがった
戦略を予算的裏付けを得る形で実行に移すサイクルをきちんと回すことにある。
この点に関し、米国では政府が策定した戦略の履行状況を外部の専門家の知見
を得て、客観的に評価しようとする機会が設けられていることが少なくない。

　2018年11月13日、NDSの内容を評価する目的で議会に設置された「国防戦略
委員会」から報告書が発表された。国防戦略委員会の委員には、歴代の政策担
当国防次官や海軍作戦部長などかつて自らも同様の戦略立案プロセスに関与し
ていた政策実務経験者の他、シンクタンクに籍を置く予算分析の専門家など計
12名が含まれている。また委員の大半は、公職を退き民間に籍を移した後も、機
密アクセス権限（セキュリティクリアランス）を保持し続けており、民間人の立場
であっても高い透明性を保ちながら、客観的な政策評価を行いうる環境が与え
られている。（*2018NDSのうち、公表されたのはサマリーのみであり、本文は非
公表でクリアランス保持者にしか閲覧が許されていない。）

　国防戦略委員会の報告書は、2018NDSが設定した目標——中国とロシアとの
戦略的競争に備えるという方向性—を評価しつつも、中露と対峙するのに必要
な具体的な作戦構想を定義できていないことや、2011年に策定された予算管理
法による歳出強制削減がいまだ国防投資の予見可能性に陰を落としている、す
なわち予算的な裏付けが乏しいことを批判。さらには米軍のニーズに対する不
足が適切にカバーされなければ、台湾、南シナ海、バルト諸国を想定した中露と
の対決で、米軍は負けるかもしれないとの危機感を露わにした。

　米軍の将来リソース不足への対処については、大きく分けて二つの見方があ
る。第一は、国防戦略委員会が指摘するように、中露と競争しながら、朝鮮半島
やイラン、中東、米本土への大規模テロ攻撃等の突発的事態に対処するという
2018NDSの野心的な目標を実現するためには、リソースの節約や優先分野の絞

—99—

り込みでは限界があり、8,000億ドル規模まで国防予算を増額する以外に方法がないというものである。第二は、オバマ政権の長期的国防投資計画の責任者であったワーク前国防副長官らが指摘するように、FY2020以降の国防予算増額は望み薄であり、FY2019国防予算の規模（7,160億ドル）を現実的前提とするしかなく、米軍の能力、規模、即応性のバランスをとるやり方を超えて、無人システムなど省人化およびコスト効率化を徹底するしかないというものである。

　そうした中、国防省は3月11日、第1期トランプ政権としては最後となるFY2020国防予算案を議会に送付した。シャナハン国防長官代行が自ら「（NDS実行のための）マスターピース」と述べるFY2020国防予算案は、国防戦略委員会の提言とFY2019予算の中間となる計7,500億ドル規模の予算を要求している。翌日行われた報道発表でも「大国の侵略を抑止、打倒することは、過去25年間に直面した"ならず者国家"や暴力過激主義組織との地域紛争とは根本的に異なる課題」、「FY2020国防予算案は、この課題に対処するとともに、米国が将来高烈度の戦闘で競争、抑止、勝利するために必要な統合軍を整備するマイルストーンになるもの」として、2018NDSを後押しすることが強く意識された。

　FY2020国防予算案の主要項目は、①宇宙・サイバー領域に対する投資、②陸海空領域における能力の近代化、③競争的優位性の強化に向けた迅速な技術革新、④戦力の維持と即応性の強化からなる。

　第一のサイバー領域には、攻勢・防勢サイバー作戦支援や国防省のネットワークシステム強化のための予算など、96億ドルが含まれる。また宇宙領域には、宇宙軍創設にかかる初期費用や新型の早期警戒衛星の取得など141億ドルが計上されている。

　第二の陸海空領域では、航空領域（577億ドル）、海洋領域（347億ドル）、陸上システム（146億ドル）と、近年続いてきた海空領域への重視が継続されており、とりわけ海洋領域は過去20年で最大の造船予算要求がなされている。また地味な項目ではあるものの、最大生産率を追求すべき弾薬の種類が定められており、GPS精密誘導爆弾（JDAM）、巡航・弾道ミサイル防衛や対艦攻撃などに使用可能な多目的ミサイル（SM‐6）、長射程ステルス巡航ミサイル（JASSMおよびLRASM）などに優先的な予算配備がなされている点も見落とせない。

—100—

第2章　米　国

　第三の競争的優位の獲得に繋がる革新的な技術への投資には、紛争環境下で機動力・攻撃力を自由に活用しうる無人化・自動化計画（37億ドル）、統合人工知能センター（JAIC）や最先端の画像認識を通じた人工知能・機械学習への投資（9億2,700万ドル）、敵の探知・防御を複雑化させる極超音速兵器の開発（26億ドル）、基地防衛のための指向性エネルギー兵器への開発・投資（2億3,500万ドル）などが含まれており、財務省、商務省を通じて機微技術保護のため管理の引き締めが行われている先端技術分野と一致する。

　そして第四の即応性維持のための予算措置としては、1,248億ドルが要求されている。

　国防予算案は、今後上下両院の軍事委員会での審議とホワイトハウスとの調整を経る必要があり、要求内容がそのままFY2020国防授権法として採択されるわけではない。しかし、FY2019を上回る予算要求と、サイバー、宇宙などの新領域、AIや機械学習などの先端技術の取り込み、指向性エネルギーなどのノンキネティック能力、そして重要な弾薬への優先投資配分がなされていることは、中国、ロシアとの長期的な戦略的競争に備える上で、評価すべき点と言える。

　またこのような国防戦略の策定・検証プロセスは、日本でも参考とすべきところが大きい。2018年12月には日本でも、新たな「防衛計画の大綱」と「中期防衛力整備計画」が策定されたが、政府が定めた防衛政策の目標と手段の整合性を客観的に評価する制度は存在していない。特に、安全保障環境が急速に変化しうる今日においては、一度策定した政策や戦略を放置することなく不断の検証と見直しを行うプロセスを確立することが求められている。

INF問題の地域を越えた影響

　2018年10月20日、トランプ大統領はロシアとの間で締結している中距離核戦力全廃条約（INF条約）を破棄する考えを明らかにした。その後米政府は2019年2月1日に、同条約の履行義務を停止し、条約からの離脱を正式に通告。プーチン大統領も即座に離脱を宣言したことにより、INF条約は6カ月後（8月1日）に失効する見通しとなっている。

　冷戦期を代表する軍備管理条約の失効は、核兵器に対する特殊な歴史的経

験を有する日本では驚きをもって報じられた。しかしこの問題は、米国の安全保障専門家の間では冷戦後も度々議論されてきた、古くて新しい問題である。

　INF条約とは、1987年12月に米ソ二国間で締結された史上初の特定兵器全廃条約である。この条約の特徴は、核兵器そのものではなく、その運搬手段を制限している点にあり、搭載される弾頭の核・非核を問わず、①地上から発射される、②射程500 - 5,500キロメートルの弾道ミサイルおよび巡航ミサイルをすべて廃棄することに加え、③その生産、実験、配備を禁止している。米ソがこうした微妙な射程の、それも地上発射型という特殊な兵器カテゴリーを全廃するに至った背景には、冷戦期における米国と同盟国の対ソ抑止戦略をめぐる葛藤があった。

　1970年代半ば、北大西洋条約機構（NATO）の通常戦力の拡充が進まない中、ソ連が移動式の中距離弾道ミサイル「SS - 20」に代表されるINFを欧州正面に配備し始めたことによって、欧州の戦域核バランスは徐々にソ連優位に傾き始めた。「欧州には届くが、米本土には届かない」という特殊な核ミサイルの登場に、NATO諸国は、欧州がソ連のINFによって限定核攻撃された場合、「米国は自らが核攻撃される危険を冒してまで、欧州を守ってくれるのか」という不安を抱くようになった。ソ連のINFには、NATO諸国にこのような不安を抱かせ、欧州の安全保障と米国の拡大抑止とのリンケージを切り離し、弱体化させる狙いがあったのである。

　この不安を解消するため米国とNATOは協議を重ね、1979年12月に欧州への新たな核配備と米ソの軍縮・軍備管理交渉を同時に追求する「二重決定」方針を発表する。この方針は、欧州への米国のINF（パーシングⅡ／準中距離弾道ミサイルと地上発射型トマホーク巡航ミサイル）配備によって当面のNATOに対する拡大抑止を保証しながら、ソ連を核軍縮・軍備管理交渉のテーブルに着かせるための圧力をかけるというものであった。この方針が奏功し、最終的に米ソは1987年12月に双方のINFを全廃することに合意し、両国は1991年6月までに自身のINFを廃棄するに至った。

　INF条約は本来、失効期限の定められていない無期限条約であり、冷戦後も米露は同条約の規定を遵守する義務を負ってきた。ところが2005年頃を境に、

ロシア側からINF条約が米露のみに適用される二国間条約であることを問題視する発言がなされるようになった。ロシア側の主張は、条約に制限されない複数の国々が、INF条約が規制する水準の中距離ミサイルを自由に開発、生産、配備しており、それがロシアに脅威を与えているというものであった。事実、冷戦後には核兵器やミサイル技術の拡散が進み、米露以外でINFに相当する中距離ミサイルを保有する国は10カ国以上（中国、エジプト、インド、イラン、イスラエル、北朝鮮、パキスタン、サウジアラビア、韓国、シリア、この他にイエメンの反体制派武装勢力など）に及んでいる。しかも、これらの国の中距離ミサイルは、いずれも米本土を捉えるほどの射程は有しておらず、ロシアだけがINF条約の不利益を被っているという主張には一定の正当性があった。

　またINF多角化論と同時期に、ロシアは米国による東欧の弾道ミサイル防衛計画にも懸念を見せるようになっている。この時期は、冷戦から十数年が経過し、ロシア側の核戦力の老朽化と、通常戦力の近代化の遅れが取り沙汰されていた。なおかつロシア側には米国と同水準のミサイル防衛システムを構築できる見込みがなく、米露の戦略バランスの不均衡が徐々に露呈しつつある時期でもあった。そこでロシアは、核戦力の近代化によって、通常戦力の近代化の遅れを補完することに重点を置き、その阻害要因である米国のミサイル防衛を何らかの形で無力化することを模索し始めた。その意味において、INF条約の多角化論は米国に揺さぶりをかける政治的手段であったが、現実的困難性から多角化を真剣に追求しようという動きは生まれず、しだいにINF脱退論とともにミサイル防衛を物理的に突破、無力化しうる能力の開発が重視されるようになった。

　そして2014年7月29日、米国務省は軍備管理、不拡散、軍縮の諸条約の履行状況をまとめた年次報告を発表し、ロシアがINF条約の義務に違反している地上発射型巡航ミサイル（GLCM）を保有しているとの評価を下した。米側は条約違反を指摘するミサイル＝「SSC‐8（9M728）」は、「SS‐N‐30（3M14）／カリブル‐NK」と呼ばれる海上発射型巡航ミサイル（SLCM）の地上配備バージョンであると見ている。カリブル‐NKは、2015年10月にカスピ海からのシリア攻撃に使用された巡航ミサイルで2,500キロメートルの射程を有すると見られているため、この見立てが正しければ、オリジナルと同程度の射程を有すると考えるのが妥当

－103－

であり、INF条約の制限に抵触している可能性が高い。

　さらに2017年3月8日には、下院軍事委員会公聴会に出席したセルヴァ統合参謀本部副議長が、「我々は、ロシアがGLCMをすでに配備していると見ており、INF条約の精神と意図に違反する」、「当該システムは、欧州にある我々の施設のほとんどにリスクをもたらすものであり、（中略）それらに脅威を与える目的でロシアが意図的に配備したと考えている」と証言し、米軍高官として初めてそれが配備されていることを認めた。

　ロシアによる条約違反は、2018年2月3日に公表された「核態勢見直し（NPR）」にも大きな影響を与えた。2018NPRでは条約に抵触しない範囲での対抗手段として、①既存の潜水艦発射型弾道ミサイル（SLBM）の一部を低出力核弾頭に換装し、②中長期的には海洋発射型核巡航ミサイル（SLCM）の再開発、再配備を検討するとし、ロシアが条約遵守に回帰するのであれば、SLCM計画については見直す可能性を留保した。

　2018NPRの決定事項だけを見ると、トランプ政権は2018年2月の段階においては、INF条約に留まることを前提としていたように見受けられる。この点、なぜトランプ大統領が同年10月に突如条約の破棄に言及したのかを合理的に説明することは難しい。とはいえ、米国の安全保障コミュニティでは2014年頃を境に、INF条約の今日的意義をめぐる論争が活発化していたこともまた事実である。当時それらの主張は、戦略環境に対する現状認識や、INF条約対象国を多角化することへの実現可能性に対する評価の違いから、従来通り条約を堅持すべきとする「INF条約維持派」と、INFの再配備を検討する戦略的柔軟性を確保すべきとする「INF条約破棄・見直し派」とに別れていた。しかし、ロシアによるGLCM配備が確実となったことで、しだいに「条約破棄・見直し派」が提言してきたような積極的な対抗手段を検討すべきとの議論が取り入れられるようになっていった。

　特に重要なのは、「INF条約破棄・見直し派」の主張には、アジアにおける対中抑止にこれを利用しようという発想があることだ。西太平洋地域にINFを配備する主なメリットとして主張されているのは、①米軍の戦力投射能力の最適混合、②地上配備ミサイルの常続的展開による中国内陸部へのコスト賦課、③分

－104－

散化された航空基地に対する制圧能力の補完、④海上封鎖能力の補完、⑤同盟国、パートナー国への安心供与に資するという点である。

　これらの指摘はいずれももっともであるが、実際の配備に至るまでに解決しなければならない課題もある。第一の課題は、地上配備型ミサイルゆえの脆弱性や政治的持続可能性をいかに補うかである。一般的に地上に配備されるミサイルは、航空機や艦艇に搭載されるミサイルよりも、敵の攻撃に対して脆弱である。米国が新たに開発する中距離ミサイルはいずれも路上移動式を前提としているが、広大な戦略的縦深を有するロシアや中国、あるいは欧州の戦略環境と異なり、グアムや日本、東南アジアの島嶼国はいずれも縦深性に乏しく、移動式による恩恵を受けにくい可能性がある。また地上配備の場合、弾薬庫を併設すれば、航空機や艦艇よりも容易に補給が可能との見方もあるが、攻撃を避けるために予めミサイルの移動発射台を分散、秘匿しようとすれば、その分、兵站上の制約が生じて弾薬庫や補給車両を近くに置く恩恵は受けられない。逆に、補給の利便性を考慮して、移動発射台を弾薬庫近くに展開しようとすると、今度は固定式ミサイルと大して変わらなくなり、配備基地ごと先制攻撃によって撃破される恐れがある。また米政府は、現時点で検討している中距離ミサイルは通常弾頭に限り、核弾頭の搭載は想定していないという。とはいえ、受け入れ国の反核感情を揺さぶるべく、中国やロシアが世論戦や情報戦を仕掛けてくるリスクについても、政治的な持続可能性と合わせて考慮する必要があるだろう。

　第二の課題は、西太平洋への中距離ミサイルの配備によって達成したい戦略・戦術目標をより明確にすることである。中国内陸部へのコスト賦課、分散化された航空基地に対する制圧能力の補完、海上封鎖能力の補完といった目的はいずれも適切であるが、それらを達成するのに最適な兵器システムの能力や量は必ずしも同じではない。例えば、航空基地を機能不全に陥れることを目的とする場合、通常弾頭の巡航ミサイルであれば、その効果はかなり限定される。2017年4月6日に米軍がシリアのシャイラート航空基地に対して行った攻撃では59発のトマホークが使用されたが、シャイラート基地はわずか2日後には運用を再開している。したがって、通常弾頭で航空基地機能をある程度低減させることを試みる場合、弾道ミサイルを用いて滑走路などを攻撃する方が効果的である。

これは中国がDF‐21等を用いて嘉手納基地などを想定した攻撃訓練を実施していることからも読み取れる。ただし、中国の分散化された航空基地ネットワークは40カ所以上におよび、これらに有効な打撃を与えるためには600発以上の弾道ミサイルが必要になると見積もられている。これだけの大量の弾道ミサイルと、ある程度の同時発射を可能とする移動発射台を予め前方展開させておくのは、政治的にも運用コスト上も難しい可能性がある。

　相手の移動式ミサイルを標的とする場合にも似たような問題が生じる。滑走路やレーダーサイトのような固定目標と異なり、配備基地から展開してしまった移動式ミサイルを発見して効率的に撃破することは相当難しい。日本やグアムから発射する亜音速の巡航ミサイルでは、標的に到達するまでに時間がかかり過ぎ、その間にシェルターなどに退避してしまうかもしれない。弾道ミサイルであれば、発射から弾着までの時間は短縮されるが、通常弾頭では移動式ミサイルを正確に攻撃できるほどの精度を出すことは難しくなる。

　これらの課題を踏まえると、中距離ミサイルの活用方法のうち、低リスクで軍事的効果が高そうなのは、陸上部隊による長射程対艦巡航ミサイルの機動的運用だろう。森林や山岳地帯と異なり、遮蔽物やバンカーなどを作りようがない洋上であれば、精密攻撃を行う難易度はある程度低下させることができる。

　報道によると、米国防省は2019年8月にも射程1,000キロメートルの地上発射型巡航ミサイルの試験を行うことを予定している。もっとも、このINF相当のミサイルは実験段階であり、実戦配備までにはいまだ時間を要する。それまでに、日米両国は対中抑止戦略の軍事的なメリットに加えて、配備方式やそれにかかる政治的リスクを、具体的な作戦計画や危機シナリオに基づいた机上演習を通じて共有し、あらかじめ綿密な調整を行っておくことが望ましいだろう。

ミサイル防衛見直し（2019MDR）

　2019年1月17日に発表された「ミサイル防衛見直し（MDR）」は、2017年12月のNSS）、2018年1月のNDS、同年2月のNPR）に続く、トランプ政権発足以降順次行われてきた安全保障政策見直しの一つに位置付けられる。ミサイル防衛政策に関する文書は、オバマ政権期の2010年に初めて策定され、「弾道ミサイル防

衛見直し（BMDR）」と呼ばれていたが、今回から弾道ミサイルに留まらない多様なミサイル脅威に対応する必要性を踏まえ、「弾道（B）」が外れ、「MDR」という名称に変更された。

2019MDRの要点を大きくまとめれば、①北朝鮮に代表される新興ミサイル脅威国への対処、②中国とロシアが有する先進的ミサイル脅威への対処、③それらを支援する宇宙基盤能力の拡充という3点に集約できる。

第一の北朝鮮への対応に関しては、2018年に入ってからの急速とも言える米朝間の政治的融和ムードとは一線を画し、その核・ミサイル能力をシビアに評価する徹底した現実主義が貫かれている。中でも、2017年に行われた6回目の核実験や、火星15を含む複数のICBMの発射を踏まえて、「今や北朝鮮は、米本土を核ミサイル攻撃によって脅かす能力を有する」と記述し、米政府の公式文書として初めて北朝鮮の対米核攻撃能力を認めているのは特筆すべき点である。これに対し米国では本土防衛能力を強化すべきとの要請が高まっており、FY2018国防授権法の決定に基づき、地上配備迎撃ミサイル「GBI」の配備数を2023年までに現在の44基から64基まで増強する計画が進められている。

第二には、中国とロシアを中心に飛翔速度がマッハ5以上に達する極超音速ミサイルの開発や配備が進んでいることへの懸念が繰り返し強調されている。元々、多くの弾道ミサイルの終末速度は極超音速であるが、2019MDRで特に懸念されているのは、極超音速巡航ミサイル（HCM）と極超音速滑空体（HGV）と呼ばれる新たな脅威である。

従来、トマホークのようなジェットエンジンを使用した巡航ミサイルの飛翔速度は、基本的に亜音速（時速800キロメートル程度）で、迎撃には航空機への対処と同じように、防空レーダーと対空ミサイル/近接防護火器システムを用いればよいとされてきた。ところが近年、ロシアや中国はラムジェットないしスクラムジェットエンジンを搭載した飛翔速度の非常に速い超音速・極超音速巡航ミサイルの開発や配備に力を入れるようになっている。巡航ミサイルは弾道ミサイルと異なり、飛翔経路・高度を変更出来る他、爆撃機や艦船に搭載できるものであれば、理論上目標の360度から発射することが可能であり、防御側は全方位を常時警戒しなければならない。極超音速巡航ミサイルへの対処方法は、通常の巡航ミサイルと

理論上同じであるものの、速度が速い分、飛翔経路の正確な追尾と、その速力と機動に追随しうる迎撃ミサイルが必要となるため、多方面から複数かつ同時発射された場合の対処がより難しくなる。そのため対抗手段としては、高速のミサイルが発射される前に、発射母体である爆撃機や艦艇、指揮統制と誘導を司るレーダーなどを攻撃できるようにする必要性が自ずと高まってくる。

　一方HGVは、弾道ミサイルや巡航ミサイルなどの既存の兵器とはまったく異なる飛翔特性を有する。HGVはブースターによって打ち上げられた後、飛翔体自体の空力学的揚力によって大気圏上層で跳躍・滑空を繰り返し、高速で目標に突入する。HGVの飛翔高度は、使用するブースターの射程によって変化するが、射程1,800キロメートル以下の戦術級であれば20‐40キロメートル、射程5,000キロメートルを超えるICBM級でも30‐60キロメートル地点を飛翔、滑空するため、迎撃高度を600‐1,770キロメートルに設定している既存のミッドコース迎撃システム（SM‐3およびGBI）では迎撃できない。またHGVは、大気圏上層を高速滑空する際に生じる摩擦に耐え得る熱防護が施されている可能性が高く、高出力レーザーのようなエネルギー兵器による迎撃も有効な解決策とならないとされている。これまで米国防関係者は、中露によるHGVの実戦配備時期を2025年頃と見積もっていたが、2018年12月26日にはプーチン大統領が「アヴァンガルド」と呼ばれるHGVの試射および開発が完了し、2019年には実戦配備する方針を示した。また中国でも、DFシリーズの弾道ミサイルに搭載可能なHGVとされる「DF‐ZF（WU‐14）」の実験をすでに複数回実施しており、配備時期が早まる可能性がある。

　現在のところ、HGVに対する有効な迎撃手段は存在しない。米国防高等研究計画局（DARPA）は、HGVを大気圏上層で迎撃することを目指す「グライドブレイカープログラム」を立ち上げたものの、その詳細は不明である。理論上、HGVに対処するためには、ブースター切り離し後の滑空体を正確に追尾し、大気圏内での急激な機動に対応するキネティック迎撃体を用いる必要がある。

　つまり、既存の弾道ミサイルや巡航ミサイル、さらにはHGVのような新たな脅威に対抗するために、いずれの場合でも高精度の発見、追尾、識別を行いうるセンサーシステムが必要となる。ところが、これまで米国のミサイル防衛関係センサーは（早期警戒衛星を除き）すべて洋上か陸上に配備されており、その探知範

第2章　米　国

囲に限界を抱えていた。そこで2017年頃から強調されはじめたのが、宇宙配備センサーである。すでにFY2019国防授権法では、宇宙配備センサー計画の検討に7,300万ドルの拠出が許可されており、現在は研究開発に参画する企業を3社に絞り込み、FY2020予算を通じて開発を具体化するものと見られている。ルード政策担当国防次官はMDR公表後の会見で、「2021-22年のうちに各種センサーの軌道上での試験を行い、2020年代半ばから後半にかけての運用システムの構築を目指す」と述べている。

　従来、地上・洋上配備型センサーや迎撃ミサイルなど目立ちやすいアセットへの投資が優先されていたところ、あらゆるミサイル防衛に有効な基盤である宇宙配備センサー網の強化が図られる方針であることは好ましいと言える。ただ、これらへの投資をねじれ状態にある米議会がどの程度承認するかは注意が必要だろう。米国防省は、1990年代から静止軌道に配備する大型衛星SBIRS-Highと低軌道に複数配備する小型衛星SBIRS-Lowからなる宇宙配備センサー網を構築する計画を進めていたが、大幅な予算増加などから頓挫した経緯がある。また、米空軍には3億ドル以上の予算を投じて、静止軌道の次世代早期警戒衛星を開発する計画も存在する他、国防予算の増大に反対するスミス下院軍事委員長は「実証されていないミサイル防衛システムの調達と配備には断固反対する」と厳しい姿勢を示している。MDRでは、宇宙配備センサー計画の具体的なコスト見積もりは示されてないものの、このような宇宙関連予算をめぐる米国内の攻防は、宇宙軍設立の動きとも相まって、同計画の在り方を大きく左右していくものとみられる。

（ハドソン研究所研究員　村野将）

コラム 女性と外交

米国が後れを取る『軍事外交』での女性進出

　今年6月1日、シンガポールで開かれたアジア安全保障会議「シャングリラ・ダイアローグ」。午前中のセッションでは、壇上に英仏両国の国防大臣が並んだ。いずれも女性だった。午後の南太平洋をめぐる分科会では、正面に座った司会者を含めた5人のうち、男性はフィリップ・デビッドソン米インド太平洋軍司令官一人だけ。翌日に登壇したオーストラリアの国防大臣も女性だった。シャングリラ・ダイアローグは、インド太平洋地域の「軍事外交」のひのき舞台と言えるが、今年は例年にも増して女性の活躍が目立った。なかでも、空母打撃部隊を率いて参加したフランスのフローレンス・パーリー国防大臣は会場の注目を集めていた。

　一方、米国である。実質2日間の会議全体を通じて、パトリック・シャナハン国防長官代行を始めとして、計3人が登壇したが、女性はゼロ。この対比は際立った。ちなみに米国の国防長官は、シャナハン氏が順調に就任すれば27代目となるが、すべて男性だ。米軍制服組のトップ、統合参謀本部議長も女性が就任した例はない。

　「外交」分野での女性進出はどうか。これまで女性の国務長官は、マデレーン・オルブライト、コンドリーザ・ライス、ヒラリー・クリントンの3氏がいる。国連大使では、歴代30人のうちオルブライト氏をはじめとして、昨秋辞めたニッキー・ヘイリー氏まで、計5人だ。駐日大使に、キャロライン・ケネディー氏が就いていたことは、日本人の記憶に新しい。

　「防衛」分野よりは、女性に開かれているように見えるが、実際はどうなのだろう。

　初代女性国務長官のオルブライト氏は、2012年のインタビューでこう語っている。「私の名前が国務長官候補としてあがった時、女性には務まらない、他国は女性の国務長官を相手にしないという声があった」。同氏はその前に国連大使を務めていた。「アラブ諸国の大使は、『オルブライト大使に問題はない』と言っていた。問題があったのは、米国政府内の男性とだった」。昨年10月に突然、国連大使をやめたヘイリー氏はその理由を語らなった。しかし、トランプ大統領に辞意を伝えたのはその半年前。ヘイリー氏も候補に名前が上がっていた国務長官に、マイク・ポンペオ氏が指名されたすぐ後だったという。トランプ政権の「安全保障チームのスター」と呼ばれ、将来の大統領候補にも擬せられるヘイリー氏にしても、やはり「ガラスの天井」を感じたのだろうか。

加藤洋一

一般社団法人　アジア・パシフィックイニシアティブ研究主幹

第3章　中　国

概　観

　米中の「競争的共存」の展開は、米中新時代の始まりを象徴していたといえよう。中国は、予想外に急激に悪化した米中の紛争を経済分野に封じ込めようとし、その経済紛争を朝鮮半島、南シナ海や東シナ海など、中国が関わるアジアの紛争に大きく波及させないことに成功した。しかし、伝統的な武力紛争にはならなかったものの、経済や科学技術の主導権をめぐる争いは激化し、緊張の変動こそあれ、競争から形を変えた新たな「対立的共存」の時代が本格的に始まったと見るべきであろう。将来の国際的な覇権は、軍事と経済の二つの領域にまたがり、それらの覇権は科学技術に大きく依存すると考えられる。

　一方で、中国経済は明らかに下降局面に入り、米中交渉の早期妥結が必要となる中、中国側の面子を潰さない方法が模索された。しかし一時的妥協と「ちゃぶ台返し」が繰り返され、絶対権力が確立したかに見えた習近平の立場は、崩壊はしないものの影を落とした。国際的にも、米中の摩擦が他国の貿易を縮小させ、さらに企業マインドの急速な悪化を引き起こすなど、悪影響が全世界に広まりかねない懸念が増大した。米中関係に決定的悪影響を及ぼさないよう留意しつつ、中国は香港・マカオ、また台湾に対する態度を硬化させた。

内政

低調だった2019年の全人代

2019年3月5‐15日、第13期全国人民代表大会（全人代）第2回会議が開かれた。米国との貿易摩擦、中国経済の停滞により、経済政策や外商投資法の採択が注目された。他方、前年の第1回会議で第2期習政権の人事が確定し、習近平党総書記への権力集中が進んだことから、第2回会議は政治的争点に欠けた。

その中で最高人民法院活動報告に対して、非賛成票数（反対票と棄権票を合わせた数）が223票に達したことが注目された。2018年に汚職により起訴された省部級幹部は18人にすぎず、反腐敗闘争も一段落着いたにもかかわらず、非賛成票数が前年の155票から大幅に増えたのは、2019年1月にネット上で広まった周強同院長が巨額利権に絡む民事訴訟に不正に介入したとされる疑惑が影響したものとみられる。

習近平の盤石な政権基盤

習近平総書記の第2期政権運営を支える党機関が始動した。中央全面深化改革委員会の主任に習近平、副主任に李克強、王滬寧、韓正、中央財経委員会の主任に習近平、副主任に李克強、中央サイバーセキュリティ・情報化委員会の主任に習近平、副主任に李克強、王滬寧、中央国家安全委員会の主任に習近平、副主任に李克強、栗戦書、中央外事工作委員会の主任に習近平、副主任に李克強、中央全面依法治国委員会の主任に習近平、副主任に李克強、栗戦書、王滬寧がそれぞれ就いた。習近平氏がすべての主任に就き、習への権力集中が見られる。

このうち新設の中央全面依法治国委員会は2018年8月の第1回会議で「マクロを管理し、全局を謀り、大事をつかみ、当面の突出した問題を事細かく説明し、長期的な工作を計画し、主要なエネルギーをトップダウン設計に置く」とされ、党の指導の制度化・法治化を担う重要な役割を果たすとみられる。

2018年3月以降の省レベルの人事は、党委員会書記の交代が4件（四川省の彭清華、広西チワン族自治区の鹿心社、河南省の王国生、青海省の王建軍）、同政

第3章　中国

府首長の交代が3件（黒龍江省の王文濤、江西省の易煉紅、青海省の劉寧）に留まった。

　2018年7月に入り、習近平氏への過度の権力集中の動きや米中貿易摩擦への対応のまずさなどを理由に、江沢民や胡錦濤らの長老や学者らによる習個人や習政権への批判が起きていることを中国国外のメディアが集中的に報じた。しかし、これらは8月の共産党の重要会議である「北戴河会議」を前にしての誇張された記事であり、習政権も一時的に習個人を持ち上げるような宣伝工作を止めたが、批判による影響はほとんどなかった。習近平氏の権力基盤は安定しているといえる。

ウイグル族の強制収容問題

　2018年8月、国連の人種差別撤廃条約に基づき設立された人種差別撤廃委員会において、米国の人権活動家らが「中国のウイグル族ら100万人以上が新疆ウイグル自治区の再教育施設に強制的に収容されている」と指摘した。これに対し中国政府代表団は収容施設の存在を否定し、「軽微な罪を犯した者を職業技術訓練センターで学ばせている」と説明したが、同委員会は不当に拘束されたウイグル族を解放するよう勧告した。これに端を発し、国際人権団体「ヒューマン・ライツ・ウオッチ」や米国議会、海外メディアなどが大きく取り上げ、国際的な関心が高まった。

　新疆におけるイスラム教徒の取締りは2014年4月の習近平総書記の視察直後に発生したウルムチ南駅でのテロ事件後に強化された。そして2016年8月に新疆の党委員会書記に任命された陳全国が前任地のチベット自治区で展開したチベット族の監視・管理システムを導入し、取締りをさらに厳格化した。

　ただ、こうした新疆の状況は当時より周知のことである。このタイミングでの中国批判の国際的な高まりの背景には米中貿易摩擦のエスカレートがあり、米国が中国に譲歩を迫る意図もあったと思われる。こうした批判を受け、新疆の人民代表大会は2018年10月に「過激化排除条例」を改正し、「再教育施設」の設置を合法化する条項を加えるなど、習政権は正当化に追われた。

社会管理の厳格化

2015年7月に300人以上の人権派弁護士が一斉に拘束された事件で、そのうちの1人、王全璋氏の初公判が2018年12月になってようやく開かれた。そして翌2019年1月には早くも国家政権転覆罪で懲役4年6カ月の実刑判決が言い渡された。初公判まで3年半ものあいだ拘束した当局は、人道的な観点から非難されたが、反体制活動を厳しく取り締まる姿勢を示した。

インターネット管理も厳しくなっている。2018年4月20・21日に開かれた全国サイバーセキュリティ・情報化工作会議は、プラスの宣伝を強化すること、サイバーセキュリティを強化し、情報分野のコア技術のブレークスルーを推し進めること、サイバー・情報分野の軍民融合を強化することを挙げ、反政権的な言論の拡散を防ぐための宣伝工作、技術革新の強化を指示した。実際に当局が人工知能（AI）技術を利用した一般民衆の管理システムを構築していることを中国国内外のメディアがたびたび報じた。会議はさらにサイバー空間のグローバルガバナンスに主導的に参加することを指示した。こうしたサイバー主権の強調の背景には、インターネットを通じた国外勢力の中国社会への影響力に対する警戒がある。

2018年4月に発表された中国の宗教政策に関する白書は、宗教を党の絶対的な統制下に置く「宗教の中国化」、法に基づく宗教管理の正当性の確保の他に、宗教を利用して浸透する国外勢力への警戒を主張した。

このように習政権は、米国を中心とする国外勢力の社会浸透による「和平演変（平和的体制転覆）」を警戒し、少数民族やインターネット、宗教などの管理を強化している。習への権力集中が進み、習政権は安定を得たかに見えるが、引き続き社会管理を強めていくものと思われる。

（防衛大学校准教授　佐々木智弘）

経済

米中貿易戦争と中国経済への影響

2018年3月の第13期全国人民代表大会（全人代）第1回会議で正式に2期目に入った習政権を待ち構えていたのは、トランプ政権との経済貿易摩擦であった。

第3章　中　国

ここ数年の中国経済は、経済成長率が逓減する「新常態」の時期にあるが、米中の経済貿易摩擦を受けて、構造改革や国有企業改革、軍民融合などによる技術革新、国内市場重視が一層明確になった。

米国は、対中貿易赤字の改善や中国の「不公正な貿易慣行」の見直し、中国による先端科学技術の窃取に対する取締りの強化、さらには中国の戦略的新興産業の育成や製造業の発展計画である「中国製造2025」の見直しを迫っている。それは単なる貿易摩擦に留まらず、経済貿易面での包括的な対立であることから、「貿易戦争」と称されるに至っている。

特に、2018年4月以降、中興通訊（ZTE）や華為（ファーウェイ）をはじめとする次世代（第5世代）通信技術をめぐる米中間の対立が表面化した。そうした中、12月1日に開かれた首脳会談で、トランプ大統領と習近平国家主席は、翌1月実施予定であった追加関税強化を90日延期することで合意した。これにより、米中の「貿易戦争」は一時「休戦」となった。

追加関税強化をはじめとする米中「貿易戦争」は、中国の一部の経済に大きな影響を及ぼした。そのため、党および政府内で経済政策の大幅な見直しが求められることとなった。秋に予定されていた5年に一度の経済政策が議論される場である中国共産党第19期中央委員会第4回全体会議（4中全会）が行われなかったこともその影響によるものと見られる。

その後、2018年末に行われた中央経済工作会議では、複雑で厳しい外部環境のもとで経済に下押し圧力が働いているとの現状認識が示された。7月に対中追加関税措置が発動されて以降、中国政府が繰り返し言及している「雇用、金融、対外貿易、外資、投資、期待」の「六つの安定」と、そのための国内の消費刺激策や国内のインフラ投資などが改めて強調された。

「改革・解放」40周年と「自力更生」

とりわけ、習近平国家主席は「自力更生」によって米中の貿易摩擦、貿易戦争を乗り切ろうとしており、2018年12月31日に行った新年の挨拶でも「100年に一度の大きな変化」の中、中国には「自力更生」が必要だと強調した。「自力更生」とは、「抗日戦争」や西側諸国との対立、中ソ対立などの困難な時期に繰り

-115-

返し用いられてきたフレーズである。ただし、他国に依存せずに主として自らの力によって近代化や改革を遂行することを指しており、経済的に鎖国することを意味するものではない。

2018年は「改革・開放」から40年目に当たる節目の年であり、習近平氏もこの「改革・開放」路線を堅持、「改革は永遠に途上である」と宣言した。そもそも中国の指導者にとって近代化や改革は、なぜ必要であると認識されるようになったのであろうか。最大の理由は、中国の指導者たちの「レゾンデートル（存在意義）」に関わる党や国家存続に対する危機意識である。

中国は、1978年末の中国共産党第11期3中全会において、階級闘争による革命路線から生産力発展を目指す近代化路線へと転換した。それ以降、「工業、農業、科学技術、国防の近代化を達成し、高度の民主と文明をもった社会主義国を築き上げる」ことを目指してきた。この目標を実現するために打ち出された政策が「改革、対外開放、活性化」であった。

中国が「改革・開放」、WTO加盟による自由貿易体制の受益者として経済を大きく拡大してきたことは疑い得ない事実である。しかし同時に、ハイテク技術や戦略的新興産業をはじめとする自国の産業に対して保護主義的な産業政策をとるとともに、人民元の管理フロート制、通貨バスケット制および為替レートへの介入により為替の変動を抑制する通貨政策をとってきた。

そのため、2018年5月8日、米通商代表部（USTR）のシェイ副代表は、ジュネーブでの世界貿易機関（WTO）総会で中国の通商政策について、「世界で最も保護主義的で重商主義経済の国が、自由貿易とグローバル貿易システムの擁護者であると自ら述べる姿を見るのは驚きである」と批判した。

「軍民融合」による新興産業の発展

一方、中国政府は、軍民両用分野を含む新興産業に関する様々な施策を打ち出している。米中の貿易戦争が「休戦」している期間中も、次世代通信技術（5G）やロボット、AI、ビッグデータ、クラウドコンピューティング技術に代表されるハイテク技術や戦略的新興産業分野の研究開発は秒進分歩の目覚ましい勢いで進められている。

第3章　中国

　例えば、2018年3月2日には、2期目に入った習政権下で初となる第19期中央軍民融合発展委員会第1回全体会議を開催し、同委員会の「2018年工作要点」や「軍民融合発展戦略綱要」、「国家軍民融合創新示範（イノベーション模範）区建設実施方案」および第一次創新示範区建設リストを審議、可決した。

　2019年3月5日、李克強国務院総理は、第13期全国人民代表大会（全人代）第2回会議における政府活動報告で、「国内総生産（GDP）は6.6％伸び、規模は90兆元を突破した」、「米中経済貿易摩擦により、一部の企業の生産経営などが影響をこうむった」、「ただ、国を挙げて努力した結果、わが国の経済発展は高い水準で安定を保ちつつ前進した」と総括した。

　その上で、2019年予算案の国防費（中央政府分）が前年比7.5％増の1兆1,898億元となったと明らかにした。伸び率は前年（8.1％増）を下回ったものの、GDP成長率の目標である6.0 - 6.5％よりも高い水準となった。これは、経済成長が鈍化する中においても、中国の国防と軍隊の近代化建設が継続されることを示している。

　しかし、それだけではない。政府活動報告では、政治主導の軍隊建設を推進することなどに加えて、「軍民融合発展戦略」を実施して国防科学技術革新のペースを加速させることが掲げられた。この「軍民融合」による国防科学技術に関する研究開発費用は、公表国防費には含まれていないとみられ、軍民融合で真の「国防費」はますます見えづらくなっていくと言えよう。

（京都先端科学大学准教授　土屋貴裕）

外交

外交レトリックの変化

　2018年の初め、習近平国家主席に外交の大権が集中したが、年末までには外交の様相が変化を見せ、レトリックも穏健になった。「命運共同体」というレトリックはその代表例である。「一帯一路」構想は人類命運共同体構築のプラットフォームであるとされ、10 - 11月に展開した改革開放40周年記念行事の各種報道では、包容、開放などのキーワードが散りばめられ、それらをまとめるレトリックとして「人類命運共同体」が使われた。中国の宣伝家から見て挑発的な性格

が弱く共通の利益を強調する表現を使うようになったと考えられる。

　このような中国の態度変化の背景には、「債務の罠」論が広まり、国際社会の対中警戒感が強まったこと、米中間に起こった摩擦の大きな影響がある。6-9月、米中間の制裁関税の相互掛け合いというパターンが繰り返し見られた。争点は、貿易や投資だけでなく知的財産権も含み、科学技術におけるリーダーシップ争いが表面化したように、覇権をめぐる争いとしての性格を備えていた。

　2019年3月のボアオ・アジアフォーラムでは、習近平氏が「アジア文明対話」の創設を提唱した。同年4月の「一帯一路」国際協力サミットフォーラムでは、中国の「発展理念」の一つであるエコロジーが強調された。一方で、五四運動100周年記念の宣伝では愛国主義がそれぞれ強調されたように、中国の宣伝方向は多様性を増している。

米中関係

　2018年の米中関係は、内外の予想を超えて急速に緊張が増した。習近平指導部は、米中関係悪化をある程度覚悟していたが、トランプ政権の行動は予想外に早く、強硬で、しかも動きも速かった。それは確立したかに見えた習近平氏の権力に陰を落とした。中国では、米中間の対立は原理的で容赦がなく、予想できる将来長く続くと考えられるようになった。4月、国務院発展研究センターの丁一凡氏は、米国が仕掛けた経済戦争によって日本はバブルが弾け、20年以上にわたる長期停滞に陥ってしまってまだ抜け出られていないと分析し、中国が同じ轍を踏まないよう強く警告した（『観察者』サイト、2018年4月26日）。

　7月の中央政治局会議では、経済情勢が討議され、習近平氏は、世界経済政治情勢はさらに錯綜し複雑さを増し、明らかな変化が生じたと論じた。この頃、米国軍艦が台湾海峡を繰り返し通過しており、中国側はこれを米国の東アジアにおけるプレゼンス維持の強い決意の表れと見なしたようである。中国共産党機関紙『人民日報』（8月9日）は、米国がその覇権に挑戦したと見たソ連や日本を押さえ込んだ歴史があり、今回は中国を標的にしていると分析した。

　米中関係は、中国の対日・対欧政策にも広く影響を及ぼした。中国は、トランプ政権の「保護主義」に対する諸外国の懸念を利用し、これらの国々との接近を図

−118−

り、中国の政策の正当性を強調し、米国の影響力を弱めようとした。中国が進める「一帯一路」構想にもこのような性格がある。2019年3月、習近平氏はイタリアを訪問し、中伊は「一帯一路」構想協力に関する覚書に署名した。EU主要国の対中接近という事例とともに、4月に開かれた第2回「一帯一路」国際協力サミットフォーラムとその関連行事も、大々的に宣伝された。

12月、『香港経済日報』（12月10日）の報道によると、中国内部では対米外交に関する「21字方針」が定められたと言う。「対抗せず、冷戦をせず、順をおって開放し、国家の核心的利益は譲らない」という内容で、中国語では21文字である（「不対抗、不打冷戦、按歩伐開放、国家核心利益不退譲」）。

外交部門の再編と日中関係の位置づけの変化

2018年、外交部門の領導体制の再編が行われた。これは他の部門も含む広範囲な領導体制の再編の一環であった。主な特徴は、まず「中国の特色ある大国外交」と中国の積極的な役割の発揮が謳われたこと、習近平氏を頂点とする権限の集中が強調されたことがある。名称はこれまでの小組から委員会に変わり、形式上格上げされが、実質はまだよくわからない。5月15日、中央外事工作委員会第1回会議が開かれた。委員会は李克強、王岐山、王滬寧、韓正など政治局常務委員を中心に構成され、政治と安全保障以外に、貿易、投資、金融と気候変動など「複合型外交」を統一的に管理し、小組の時よりも広い範囲をカバーし部門をまたぐという（『光明網』2018年5月22日）。

6月には、中央外事工作会議が開かれた。李克強が司会し、栗戦書、汪洋、王滬寧、趙楽際、韓正、王岐山などが出席した。報道によれば、中央宣伝部、中央対外連絡部、外交部、国家発展改革委員会、商務部、中央軍事委員会連合参謀部、広東省などのほか、中央政治局委員、中央書記処書記、全人代常務委員会の主要メンバー、さらには中央国家安全委員会委員、中央会議工作委員会委員、金融機構や国有大型企業、大使、総領事、国際機構代表などまでもが出席リストに上がっている。

習近平氏は、「新時代における中国の特色ある社会主義外交思想」を打ち出し、「民族復興」などナショナリスティックな側面とともに、「人類の進歩という

主線を促進」、「人類命運共同体の構築を推進」というリベラルな性格を強調し、両者を統合する形で「積極的にグローバルガバナンス・システムの改革に参加しリードする」ことと「より一層立派なグローバルパートナーシップ関係ネットワークの形成」を進めることとした。大きな流れからは、中国外交の「韜光養晦」から「大国外交」への転換を謳ったと読み取ることはできるが、習近平氏も実際の外交はそう簡単ではないことも分かっていたようである。『人民日報』（6月22日）は、政権交代による外交方針の頻繁な変化がないことを「高度な連続性と安定性」を示すとした。これは、民主主義国による外交の動揺と対照させて中国式の政治の優位を主張したと考えられる。

　この頃、日本の位置づけがいわゆる「大国」から「周辺国」の一つに変化した（『人民日報海外版』5月14日）。日本の「周辺国」への転換は、宣伝部門が使うレトリックが最高レベルの決裁手続きを経て公式に決まった結果と考えられる。中国の『外交白書』2018年版では、米露のみを大国とし、かつて大国としていた日本をASEAN諸国や韓国などとともに周辺国として記述した。12月の外交政策演説で王毅外相は日本を周辺国のうち北東アジアの一国と位置づけた。

　この変化には、日中のパワーバランスが決定的に中国に有利になったとする見方が中国でほぼ定着したことが背景にある。この見方によって、一時的な譲歩は後で取り戻すことができるという論理で国内を説得できるようになった。2018年に進んだ日中関係の改善に際して中国による譲歩を国内に受け入れさせる仕掛けともなったであろう。それとともに、米国と衝突して全面敗北し屈従するに至った日本を歴史の鑑としなければならないと、中国社会にある米国に対する勇ましい意見をなだめる事例も提供していた（張蘊嶺、『愛思想』サイト、2019年2月22日）。つまり、感情に任せて米中関係の緊張を進めれば、中国は回復不可能なほど多くを失うことになりかねないので、気は進まなくとも譲歩と妥協はしなければならないという警告である。なお、前述の中央外事工作会議で外交当局者による「韜光養晦」への言及が増大したのは、習近平氏が勇ましい外交政策をこれまで通り掲げていると、現場が過度に反応するリスクあったので、組織の末端まで方針を伝える必要があったからだという（『日本経済新聞』2018年7月11日）。

第3章　中　国

北東アジア情勢

　2018年は、米朝関係に中国が関わる展開が見られた。多くの人々の関心が初の米朝首脳会談に集まり、朝鮮半島情勢の急展開に期待が高まる中で、中国はその役割を目立たせなかった。3月、米朝首脳会談の開催がほぼ決まると、金正恩朝鮮労働党委員長は訪中し、習近平国家主席と会談した。4月には南北首脳会談が続き、5月に大連で習近平氏と金正恩氏が再び会談した。その直後に習近平氏はトランプ氏に電話し、非核化プロセスの仲介役を申し入れ、ZTEへの制裁緩和も要求したとされる。同月、第2回南北首脳会談の後、6月にシンガポールで初の米朝首脳会談が行われ、同月に中朝首脳会談が持たれた。6月に中露は国連安保理に北朝鮮制裁の緩和案を提出したが、米国の反対で実現していない。2019年1月、金正恩氏は訪中し、中朝首脳会談が行われ、2月にハノイで第2回米朝首脳会談が持たれたが決裂し、金正恩氏は中国に立ち寄らず直接帰国した。

　米中間の経済摩擦が進行する一方、米朝関係の改善が見られ、中国は孤立感を覚えたが、金正恩氏が中国を訪問して、それまで冷却していた中朝関係の改善を演出できた。中朝ともに対米交渉を有利にするための歩み寄りであった。しかし、米朝首脳会談は物別れに終わり、中朝関係の改善も進まず、米中関係も期待通りにはならかった。

日中関係

　2018年、日中関係は一定程度の改善が見られた。これは、2012年の尖閣諸島国有化当時の関係悪化からの脱却の始まりと考えられている。5月、李克強首相が訪日し、日中韓首脳会議に参加した。中韓首脳会談に続き、日中首脳会談が持たれた後、日中条約締結40周年記念行事に参加した。中国の首相の訪日は、2010年の温家宝首相（当時）訪日以来であった。中国は第5の日中文書を検討し、「一帯一路」構想、習近平の外交思想、人類命運共同体などを書き込みたかったが、文書自体が見送られたという（『日本経済新聞』8月12日）。しかし、この時、第三国における日中民間経済協力に関する覚書を締結し、中国側は、第三国における日中韓協力の推進を、「一帯一路」構想への日本の事実上の参加とみなした（『中国網』5月12日）。

—121—

7月の盧溝橋事件81周年では、習近平氏は記念行事出席を見合わせた。12月、安倍首相が訪中し、栗戦書氏、李克強氏、習近平氏ら中国首脳と会談した。日中首脳の相互訪問は、日中関係の改善に双方がコミットする態度を示した象徴的な意味があったとされる。しかし、8月、日中条約締結40周年では特に大々的な行事は行われず、李克強氏と安倍氏の間で祝賀電報が交されるに留まった。

ASEAN諸国との関係

中国とASEAN諸国の関係は、接近とバランシングの相反するベクトルを持つ局面が展開し、複雑な様相を見せた。

5月、マレーシアで90歳代のマハティール氏が再び首相に就任し、中国との事業見直しを進めた。しかし、8月にはそのマハティール氏が訪中して習近平氏との会談を持ち、その後マレーシア東海岸鉄道の再開など中国企業とのプロジェクトを再開したように、中国との距離感をはかった外交を展開した。

他方、中国側の基本的な態度はほとんど変わらなかった。南シナ海をめぐる中国とASEAN諸国との交渉が引き続き行われ、中国による行動規範（COC）の骨抜きが明らかとなった。8月、シンガポールで開かれた中国・ASEAN外相会議で、COCについて単一の協議文書草案で一致したと報道された。11月、シンガポールで行われた中国・ASEAN関連首脳会議で、李克強氏は3年以内にCOC協議を完成させると発言した。

しかし、中国は南シナ海における域外国との軍事演習は、すべての関係国の承認を必要とするようCOCに書き入れ、中国が事実上の「拒否権」を持てるような提案を行ったことからも分かるように（National Interest, January 3）、中国の態度を簡単に穏健と見なすことはできない。中国は、本来は法的拘束力を持つべきCOCを「南シナ海における関係国の行動宣言（DOC）」の単なる実務的手続きと位置づけて骨抜きにし、さらにその中で域外国の介入排除をASEAN側に承認させようとしていたと考えられている。これは、米国に対して直接強い態度をとりにくい事情があり、米国の影響の弱い部分で、南シナ海における米国軍の行動を牽制し排除しようとしたということである。

10月には広東省湛江で中国とASEAN諸国の間で海上合同軍事演習が行われ

−122−

た。8月に実施の合意後、中国メディアは両者の緊密さをアピールした。また中国の報道は軍事演習と印象づけようとしたが、実際には演習は偶発時の対処、海難救助の連携の確認などであった（『日本経済新聞』10月19日）。なお、10月にはマティス米国防長官と魏鳳和国防相の会談も持たれた。ASEAN側は翌年に米国側とも同様の演習を行うと表明し、米中間でバランスをとる姿勢を明らかにした。これは、中国が、対米国を念頭に、ASEAN加盟国に「域外国」と演習を行わないよう要請したことに対してのASEAN側からの拒否回答であった（『朝日新聞』8月5日）。中国も米国との衝突を回避しており、スカボロー礁の軍事拠点化を始めてはいなかった。オバマ政権がスカボローに手を出したら行動に出ると表明したことを考慮している可能性が指摘されている（『日本経済新聞』6月28日）。

11月、習近平氏はパプアニューギニア、ブルネイ、フィリピンの3カ国を訪問し、パプアニューギニアでは太平洋島嶼国8カ国の指導者たちとの「合同会談」、同地で開かれたAPEC非公式首脳会議に出席した。中国はパプアニューギニア、バヌアツ、フィジー、トンガに軍事拠点を構築し、米国海軍の行動を監視し牽制するほか、対豪包囲網を形成中との見方もある。

（同志社大学教授／平和・安全保障研究所研究委員　浅野亮）

軍事

米中新冷戦の構造化

米中大国間のゲームは、パブリックディプロマシー（PD）などのソフトな領域から、経済、さらには安全保障といったハードな領域へと移行しつつある。また、米中貿易戦争と呼ばれる二国間の経済的な対立は、国際社会に拡大して、米中新冷戦の構造化が進んでいる。

冷戦とは、「直接武力を用いず、経済、外交、情報などを手段として行う国際的対立抗争」を言い、狭義には「第二次世界大戦後の米国を中心とする資本主義・自由主義陣営と、ソビエト連邦を盟主とする共産主義・社会主義陣営との対立構造」を指す。現在の米国と中国は、軍事衝突を避けながら、貿易摩擦等の経済問題と安全保障問題を絡めながら対立を深めており、新冷戦とも言うべき

状況にある。また、「米中新冷戦の構造化が進む」とは、世界市場が、市場原理によってではなく、政治的に分割され、米国と中国の間で、他の国家を巻き込んでブロック化が進むことを指している。

米国の圧力の影響は中国の内政にも及んでおり、中国の対米政策や経済政策に変化が見られる。中国国内の権力闘争が複雑になることは、中国の行動の意図が読みにくくなることでもある。特に、習近平国家主席が完全な掌握を試みる人民解放軍との関係は微妙である。

中国は、米国との衝突を避けるべく譲歩の姿勢を示しているが、一方で急速な軍備増強を図っている。米国が中国に対して軍事力を用いた妨害を行う場合に、これを排除する能力が必要だと考えるからだ。中国共産党中央が米国との対決姿勢を見せたくないとする一方で、軍備装備品の開発状況を大々的に報道するなど、中国は軍事力を誇示している。また、米国の積極的な台湾支持の姿勢に対抗して、台湾に対する軍事的圧力を強めている。

中国は、米国の軍事行動を抑止し排除することを目的に軍備増強していると主張するが、米国との戦争を準備すること自体、中国の意図に対する疑念を米国に抱かせる。中国には米国が許容できない行動を採る意図があると認識されるのだ。そのため、米国は、軍事的にも中国への対抗姿勢を明確にし始めている。米国と中国は、典型的な安全保障のジレンマに陥っていると言うこともできる。

覇権に結び付く5G支配

中国は、米国が中国の発展を妨害すると信じており、その手段には軍事力の行使が含まれると考えている。しかし、現段階で米国との戦争に勝利できないことを理解している中国は、米国との軍事衝突を避けるため、軍事力以外の手段を用いてきた。

中国は、ソフトパワーを用いてPDを展開し、米国の世論等に働きかけて、対中警戒感を緩和するよう努めてきた。米国では、こうした状況をもって、中国が米国に対して冷戦を仕掛けてきたと認識されている。そして、米国では対中警戒感の高まりとともに、中国のソフトパワーがシャープパワーと呼ばれ、中国PDが排除され始めた。

—124—

第3章　中　国

　米国の警戒感の高まりの背景には、経済および安全保障上の理由がある。2015年5月19日に中国国務院が公布した、習近平氏肝いりの「中国製造2025」に対して、米国は警戒感を露わにした。特に、次世代移動通信システム（5G）が問題である。中国が自国製の電子デバイス等を用いて5Gネットワークを支配すれば、世界中の情報を支配することを可能にし、米国の軍事的優位および経済的利益を脅かす事態になりかねない。また、5Gを制する者が次の産業革命を制すると言われる。そして、過去に産業革命を起こした英国および米国は覇権的地位を獲得した。経済力だけでなく、産業革命によって開発された技術が圧倒的な軍事的優位を生んだからである。

　「中国製造2025」の、「18世紀半ばに工業文明が始まって以来、世界強国の盛衰および中華民族の奮闘の歴史は、強大な製造業がなければ、国家と民族の強盛はないことを証明している」という文章は、中国が「屈辱の100年」を覆して中華民族の偉大な復興を実現し、米国から覇者の地位を奪おうとしていると、米国に理解される。

習近平国家主席の権力掌握の努力と人民解放軍

　2018年8月に成立した米国の国防権限法2019には、輸出規制を強化する輸出管理改革法（ECRA）と外国投資リスク審査近代化法（FIRRMA）とが盛り込まれている。米国は、中国を念頭に置いた技術流出防止を理由に、貿易および投資を法的に規制し始めた。国際的な市場を政治的・法的手段を用いて二分化する試みは、米中新冷戦を構造化する動きであるとも言える。

　米国の圧力は習近平氏の権威を揺さぶり、2018年後半には、習近平氏の権威低下の兆候が見えたが、人民解放軍に対する締め付けは継続されている。8月19日、習近平氏は中央軍事委員会の会議において、人民解放軍に対する不正取締り強化の必要性を強調した。実際に、10月16日、国営新華社は、中央軍事委員会委員であった房峰輝・前統合参謀部参謀長と張陽・前政治工作部主任が、贈収賄容疑および不正な手段で巨額蓄財を行った容疑で、党籍剥奪の処分を受けたと報じた。張陽氏は、すでに2017年11月に自殺している。

　人民解放軍に対する「反腐敗」の強化は、習近平氏の人民解放軍掌握の努力

－125－

であるとも言える。また、2017年12月、中国共産党中央は『中共中央の中国人民武装警察部隊領導指揮体制の調整に関する決定』を発布し、2018年1月1日0時をもって、人民武装警察部隊（武警）が党中央および中央軍事委員会の統一指揮を受けることとされた。この改革により、中央軍事委員会から武警への指揮系統が一本化されたことになる。国営新華社は、3月21日、中国海警局が武警に編入されると報じた。武警が中央軍事委員会のもとに編成替えされたことも、海警局が武警隷下の組織となったことも、習近平氏の武装力量掌握の努力の一環である。

中国から発せられる二つのシグナル

中国国内で習政権に対する批判が一部表面化したことは、習近平国家主席の権力掌握が完全でないことを示唆するものだ。7月に李克強首相が、習政権の方針とは異なる経済政策を公言したことだけでなく、軍事力に関しても二つの異なるシグナルが発せられている。

中国は、開発中の兵器に関する報道を通じて軍事力を誇示している。2018年10月10日、中国中央電視台（CCTV）は、中国空軍がH-20ステルス戦略爆撃機を開発中であると報じた。CCTVが開発中の航空機の状況を報じることは、きわめて異例である。

また、CCTVは、2018年8月には、「星空-2」極超音速飛翔体の飛行実験の成功を報じた。さらにCCTVは、2018年9月、風洞実験の様子や極超音速飛翔体の特徴や性能を細かく紹介した。中国が開発中の極超音速飛翔体は、中距離弾道ミサイルに搭載して運用することを想定したものだ。そのターゲットは、グァム島の米軍基地であり、中国に近接する米海軍艦隊である。中国の中距離弾道ミサイルによる攻撃能力の向上は、米国の中距離核戦力（INF）全廃条約脱退に影響を及ぼしている。

中国は、米国の軍事力行使を排除する能力だけでなく、経済活動を保護するためとして、世界各地への軍事プレゼンスの強化も図っている。その最たる兵器が空母である。

中国国営メディアは、2018年5月および8月、中国初の国産空母の試験航海の内容などを報じた。さらに11月には、中国海軍3隻目となる空母について、「順調

に建造中だ」と報じた。中国国営メディアが建造中の空母について公式に報じるのは初めてのことである。同報道は、大連で試験航海中の2隻目についても、「就役間近だ」と強調した。

しかし同時に、中国から異なったシグナルも出ている。香港の英字メディアは、11月27日、「米中貿易摩擦の影響などで、中国の新空母の建造に遅れが生じている」と報じた。また、習政権は、トランプ政権への刺激を避けるため、4隻目の建造計画を延期したともいう。この報道は、軍事力を誇示する報道とは異なり、米国に対して配慮しているというシグナルである。

国産空母の建造状況

戦力投射能力誇示のために報道される中国の国産空母ではあるが、実際には深刻な問題を抱えている可能性がある。

初の国産空母である002空母は、4月の航海から戻った直後にドライドックに入渠した。この状況は、002空母が推進装置等に問題を抱えていることを示唆する。中国国防部は、002空母は、ウクライナから購入して修復された訓練空母「遼寧」を基に設計されたとしており、「遼寧」と同様の不具合を抱えている可能性がある。報道によれば、同空母の排水量は7万トンで、35機のJ-15戦闘機を搭載できる。通常動力型の推進機構を備え、スキージャンプ台を備えた飛行甲板を持ち、カタパルトは装備しない。

同艦は5月の試験航海でも問題が発生した可能性がある。米国メディアは同月9日、大連で準備が進められていた新型空母に問題が発生した可能性があると報じた。遼寧省海事局が、同月10日、渤海湾および黄海北部海域における航海禁止の期間を、4日から11日という期間から、11日から18日という期間に変更したことも、002空母に問題が起こったことを示唆するものだ。

また、中国は003空母を建造中である。同艦は、2017年3月末に上海江南造船所で建造が開始され、ブロック化された各部分の組立て段階にある。建造状況に鑑みれば、2019年に進水し、2020年に試験航海を開始する可能性がある。

同艦に搭載予定の電子装備品等は、武漢に建設された空母技術陸上試験プラットフォームにおいて試験が実施されている。同艦は、米海軍空母と同様、フ

-127-

ラットで発艦用と着艦用に角度をつけた飛行甲板を有する空母となると予想される。装備されるカタパルトは、蒸気カタパルトとなると見られる。

同艦の排水量は8.5万トン程度になるとされる。搭載可能な艦載機の機数は大幅に増加し、各種艦載機を最大約70機搭載可能とする分析もある。4月には、武漢の空母技術陸上試験プラットフォームの飛行甲板上に艦載早期警戒機KJ－600の模型が確認されている。

現在、上海江南造船所では、003および004空母が同時に建造中であるという情報もある。米国の圧力によって空母建造計画に大きな変更がなければ、中国海軍は、2020年までに初の空母打撃群を完成させ、2025年前後に3個空母打撃群を形成する可能性がある。

その他の艦艇の状況

空母打撃群を形成する055型駆逐艦の建造も進んでいる。2018年10月、中国メディアが、7隻目となる055型駆逐艦が大連造船所で建造中であると報じた。また、8隻目の同型艦が上海江南造船所で建造中である。

055型駆逐艦は、満載排水量12,300トンと、米海軍のズムウォルト級に次ぐ大きさを誇り、中国空母打撃群の指揮艦となる可能性がある。055型駆逐艦は、8隻の建造をもって建造計画が終了するとされるが、同型艦にはいまだ多くの改善すべき点があるとされ、中国海軍は、改良型である055A型駆逐艦の建造を計画していると言われる。055A型駆逐艦は、レールガンや弾道ミサイル防御兵器を搭載する可能性がある。

中国海軍水上艦艇の主力である「052D型／旅洋Ⅲ型」駆逐艦は、8月に14番艦が進水した。同駆逐艦は、2012年に1番艦が進水して以降、毎年平均2隻を進水させてきたことになる。同型艦は、満載排水量7,500トン、Z-9Aヘリコプター2機を搭載し、対空戦、対潜戦、対水上戦に対応可能な汎用艦である。同型艦は、現在、訓練空母「遼寧」が行動する際の随番艦となっている。今後、同型艦は、055型駆逐艦とともに、002空母以降の空母を中心とした空母打撃群を構成することになると考えらえる。

「054A型／江凱Ⅱ型」フリゲートの建造も急ピッチで進んでいる。8月に、同

－128－

型艦の28番艦が進水した。さらに、29番艦および30番艦の建造が確認されている。中国海軍は、2006年9月に同型艦の1番艦を進水させて以来、年平均約3隻を進水させてきたことになる。同型艦は、満載排水量3,963トンで、「052D／旅洋Ⅲ型」駆逐艦と同様、対空戦、対潜戦および対水上戦すべてに対応できるよう、バランスのとれた兵装となっている。同型艦は、近海防御を担うとともに、「055型」駆逐艦および「052D型／旅洋Ⅲ型」駆逐艦の不足を補って、空母打撃群の一部として行動すると考えられる。

そして、近海防御の主力となる「056型／江島型」コルベットの建造速度が尋常ではない。3月、同型艦の46番艦が進水した。現在、70隻の同型艦建造に関する契約が結ばれているが、将来的には100隻を配備するともいわれる。同型艦は、満載排水量1,500トンであり、強力とは言えないものの、個艦防空、対潜戦、対水上戦能力をすべて有している。中国海軍では、建造費用が安くバランスの良い戦闘能力を有する同型艦を「コストパフォーマンスに優れ、取り回しがしやすい艦」と評されている。

中国海軍は、原子力潜水艦として、「094型／晋型」原子力弾道ミサイル潜水艦および「093型／商型」原子力攻撃潜水艦、さらに、それぞれ雑音低減等の改良を施した「094A型」「093A／B型」を運用している。

また、9月に5番艦となる071型揚陸艦が進水した。071型揚陸艦は、満載排水量は29,000トン余りとされている。同艦には、ホバークラフトが装備されており、800名の海軍陸戦隊員および大型・小型装甲車両を搭載できる。

軍備増強を加速する中国

10月4日のペンス副大統領のスピーチは米国の本気度を示すことになった。米国との衝突回避を図るために、過度に米国を刺激したくない習政権は、譲歩の姿勢を示している。しかし米国の経済問題と安全保障問題を絡めた圧力に危機感を覚える中国は、米国を抑止し、それでも軍事力を行使された際に備えて軍備増強を加速せざるを得ない。

習政権の思惑とは異なるシグナルが出ていることは、中国国内の政治状況が必ずしも安定していないことを示唆している。中国が、過度に米国を挑発するか

のように軍事力を誇示すれば、米国の危機感を煽ることになる。米国が圧力を強めれば、今度は中国が警戒感を高める。

　ストックホルム国際平和研究所（SIPRI）によれば、2018年の世界の軍事支出は、前年より2.6％増え、1988年の統計開始以来で過去最高であった。米国と中国がそれぞれ前年比約5％増で総額を押し上げている。米国と中国の軍備増強は今後も継続すると予想される。特に、現段階で劣勢である中国の軍備増強はさらに加速するだろう。

（笹川平和財団上席研究員　小原凡司）

香港・マカオ

　「粤港澳大湾区（グレーター・ベイエリア）」（香港、マカオ、広東省9市：深圳、広州、仏山、肇慶、東莞、恵州、珠海、中山、江門の11都市による連携構想）が動き出した。科学技術、通信、金融など幅広い分野についての連携が推進されるなかで、香港とマカオの中国への社会統合が加速している。この粤港澳大湾区構想は、中国の「一帯一路」構想の重要拠点としても位置づけられている。そのため、同地域のコネクティビティは、インフラの相互連結やプラットフォームの建設に留まらない。広東省発展改革委員会の葛長偉主任は、2019年1月29日の記者会見で、粤港澳大湾区の計画実施では「広東・香港・マカオの3地域におけるルールの融合」を最も重視していると明らかにした。中共中央委員会と国務院が2019年2月18日に公表した計画綱要は、香港、マカオ、広州、深圳を同構想の4大中心都市と位置付け、香港とマカオの「一国二制度」のもと、2020年までに粤港澳大湾区計画の基礎固めを行い、2022年までに広東・香港・マカオの3地域のルールを統合し、2035年までに世界一流のベイエリアとして全面的に完成させるとしている。

　中国と香港政府は同構想を積極的に進めているが、市民や民主派からは、一体化はビジネスチャンスよりもむしろ香港の経済的優位や「一国二制度」を後退させるのではないのかと懸念する声があがっている。香港とマカオでは、社会主義の制度と政策を実施せず、資本主義制度と生活方式を返還から50年間維

持するはずの「一国二制度」の形骸化が進んでいる。特に、香港では、林鄭月娥
（Carrie Lam）行政長官のもと、香港政府が「香港の独立」を主張する勢力に
圧力を強め、中国中央と香港の両政府が「一国」の原則を「二制度」の前面に押
し出しているため、反発が高まっている。

　香港保安局は、2018年7月17日、「香港の独立」と「香港共和国の建国」を主
張する政治団体「香港民族党」に活動禁止命令を出すと警告した。9月24日に
は、香港政府は「国家の安全への明らかな危害」を理由に香港民族党へ即時活
動禁止を命じた。香港民族党は2014年の民主化運動「雨傘運動」に参加した
陳浩天らが2016年に設立した政党である。香港民族党は国内外での活動が禁
止され、同党への寄付や活動場所の提供も違法となり、違反者には最大禁錮3
年の刑事罰が科されることになった。香港政府が政治団体の活動を禁止したの
は1997年の返還以来初のことであった。また、「香港の自決権」と「暴力に頼ら
ない民主化路線」などを掲げ2016年に設立された「香港衆志」のメンバーは、
2018年11月25日の立法会補欠選挙へ出馬することさえも認められなかった。香
港衆志はポスト「一国二制度」となる2047年以後の香港の在り方について住民
投票で決定することを主張してきた。

　中国中央による香港への影響力が増しているだけでなく、香港当局による自
制によっても、香港の自由が失われている。2019年3月31日には、香港政府が身
柄を拘束した犯罪容疑者を行政長官の判断で中国本土へ引き渡すことが可能に
なる「逃亡犯条例」改正案の審議入りを直前に控え、香港で反対デモが行われ
た。民主派が主催した同デモへの参加者は、主催者発表で12,000人、警察発表
でも5,200人に上った。人権活動家らの拘束に同条例を中国が利用するのではな
いか、中国本土では引き渡される容疑者が公正な審議を受けられないのではな
いかと民主派や市民は危惧し、同年7月の立法会休会前までの成立を目指す香
港政府に対して、同改正案の撤回を求めた。

（駒澤大学教授　三船恵美）

台湾

台湾海峡における緊張の高まり

　中国は「両岸経済文化交流協力の促進に関する若干の措置」（通称「恵台31条」）に見られるような、台湾民衆や野党に焦点を定めた交流促進の一方で、台湾に対する軍事的な圧力を強め続けている。2018年4月、人民解放軍は福建省や浙江省における実弾軍事演習や、台湾を周回する海空軍の訓練を立て続けに実施した。中国軍機が4月18日から3日間連続で台湾を周回する訓練を行い、同時期に航空母艦「遼寧」を中心とする海軍艦隊も台湾を周回する航行を行った。また、4月26日午前にもH6-K爆撃機を含む中国軍機多数が台湾を周回した。同日の中国国防部の定例記者会見において、国防部スポークスマンは初めて中国軍機の台湾周回を認め、それが「台湾独立」を牽制する行動だと明言した。さらに、5月に入ると、中国の最新型戦闘機であるSu-30が初めて台湾を周回する訓練に参加した。

　2018年後半、中国海空軍の台湾周辺における活動は一旦停止した。その背景としては、11月に台湾統一地方選挙の投票日が控えていたこと、台湾海峡、南シナ海、フィリピン海での米軍の活動が抑止力として作用したことなどが指摘される。ところが、2019年1月以降、台湾周辺における中国海空軍の活動は再び活発化した。とりわけ、3月31日に中国のJ-11戦闘機2基が台湾海峡の中間線を越えたことは、大きな波紋を呼んだ。同機は台湾側の空域に10分間以上留まり、台湾空軍のF-16戦闘機による緊急発進を受けてようやく同空域から退出したという。

　国際社会における中国の対台湾圧力も継続している。2018年5月にはドミニカ共和国とブルキナファソが、8月にはエルサルバドルが中国と外交関係を樹立し、台湾と断交した。これを受けた米国務省はエルサルバドル政府に対して遺憾の意を表明し、近年台湾と断交した中米カリブ諸国3カ国（ドミニカ、エルサルバドル、パナマ）の大使を協議のために呼び戻した。中国の外交攻勢はさらに継続しており、その顕著な例がバチカン共和国との接近である。中国とバチカンは、中国が独自に任命した司教7名をローマ法王が認めることについて暫定的な合意に達し、今後外交関係樹立への歩みを加速させると見られている。さらに、中国

－132－

第3章　中　国

は世界保健総会（WHA）をはじめとする国際機構や国際協力からの台湾の締め出し、海外の航空会社やホテルなどの民間企業が台湾を「国」のように扱うことへの抗議なども繰り返し行っている。

米台関係の強化

　中国が台湾への圧力を強める背景には、蔡英文政権の動向を警戒していることに加え、米国の対台湾政策に対する懸念も存在すると見られる。トランプ政権は、2017年末以降、中国をロシアと同様の「戦略上の競争相手」と位置付け、対中姿勢を硬化させる一方で、台湾への関与を強化している。

　中国海空軍による台湾周辺での活動に対し、米海軍も艦艇の台湾海峡通過などを行い、その内容を公表することによって中国の軍事行動を抑制しようとしている。2018年7月7日に米海軍のアーレイバーグ級ミサイル駆逐艦2隻が台湾海峡を北上したのを皮切りに、米艦艇の台湾海峡通過は2019年2月までに5度確認されている。台湾への武器売却も継続しているが、その内容は意外と抑制的であるという指摘も存在する。9月24日、トランプ政権はF-16など主力戦闘機の部品やプログラム支援など総額約3億3,000万ドル分の武器売却を決定した。さらに、同政権は2019年4月15日、台湾軍のパイロットの訓練プログラムなど総額約5億ドル分の武器売却も決定した。これで、トランプ政権発足後、台湾への武器売却は4度決定されたことになる。

　米台間での要人の往来も頻繁に行われている。2018年3月にトランプ大統領が台湾旅行法に署名すると、同月中に陳菊高雄市長が訪米し、ソーントン国務次官補と面会したと報じられた。続いて、ウォン国務次官補代理、ステフ商務次官補代理が台湾を訪問した。6月の米国在台湾協会（AIT）新事務所落成記念式典では、ボルトン大統領補佐官やシュライバー・アジア太平洋担当国務次官補の出席は見送られたものの、教育・文化担当のロイス国務次官補が出席した。台湾からは、7月に陳明通・行政院大陸委員会主任委員が訪米し、8月には蔡英文総統が中南米訪問の際のトランジットとして往路ではロサンゼルス、復路ではヒューストンを訪れた。

−133−

台湾統一地方選挙と総統選挙への展開

　2018年11月24日、台湾では統一地方選挙が行われた。この選挙は、現政権への信任を問う「中間選挙」とも、次の総統選挙への「前哨戦」とも位置付けられるものであったが、結果は与党の民進党の惨敗であった。統一地方選挙の要である県市長選挙において、民進党は総得票率39.2％しか獲得できず、48.8％を獲得した国民党に大敗を喫した。特に、県市長選挙の中で最も注目される6直轄市の市長選挙において、民進党は接戦が予想された台中市を大差で落とした。また、長らく民進党による市政を継続してきた高雄市においても同党の若手ホープである陳其邁氏が国民党の落下傘候補であった韓国瑜氏に敗れた。さらに、台北市においても民進党は無党派の柯文哲氏との協力関係を築けず、独自の候補者を立てて敗北した。選挙後、蔡英文総統は責任を取って民進党の党主席を辞任した。

　統一地方選挙後、2019年1月2日に開催された「台湾同胞に告げる書」40周年記念会において、習近平国家主席は対台湾政策に関する重要演説を発表した。その内容は、これまでの政策の蓄積を継承しつつも、胡錦濤政権期の対台湾政策と決別し、「統一」促進へと舵を切ろうとする意思が随所から感じ取れるものであった。習近平演説の特徴は、①台湾への「武力使用の放棄は承諾しない」と明確に述べ、②「台湾における『一国二制度』モデルを模索する」ことも明確に掲げ、③「海峡両岸がともに一つの中国に属し、国家の統一を求めてともに努力する」という枕詞を「92年コンセンサス」に付したところにある。

　台湾では、翌2020年1月11日に総統選挙と立法委員選挙が同日実施される。2019年は各政党の候補者選出に始まり、選挙戦が佳境を迎える中で終わる、まさに「選挙イヤー」である。米中関係を中心とする国際情勢がこの台湾内政のうねりと相互に影響しあい、台湾海峡の緊張がさらに高まる可能性も考えられる。

（法政大学教授　福田円）

第3章　中国

| コラム 外交と女性 | 中国外交部の女性報道官 |

　中国は女性の社会進出が早くから進んでいる国である。外交の分野も同様で、女性外交官の登用が比較的進んでいる。最近の中国の女性外交官と聞いて多くの人が思い浮かべるのは、華春瑩ではないだろうか。華は、新聞局局長の陸慷、副局長の耿爽とともに、今日の中国外交部の報道官を務めている。

　華は1970年4月生まれの49歳、江蘇省淮安市出身であり、南京大学外国語学部を卒業して外交官となった。以後、外交部西欧局、シンガポール大使館、EU中国政府代表部、外交部欧州局での勤務を経て、2012年8月に姜瑜の後任として外交部新聞局副局長に就任した。そして、11月に外交部の報道官（「発言人」）になり、今日に至るベテラン外交官である（「外交部発言人華春瑩簡歴」）。

　なお、中国では女性報道官は華が初めてではない。1983年に中国外交部が正式に報道官制度を発足させて以来、華は27人目の報道官になるが、そのうち女性は、李金華、範慧娟、章啓月、前任者の姜瑜、そして華の5名である。

　中国外交部では毎週月曜日から金曜日の午後3時より定例会見が開催される。中国の記者会見と言えば、報道官が無表情で中国政府の公式見解を一方的に説明するイメージが強い。華はメディアの厳しい質問への手堅い受け答えで知られるが、時には「失敗」することもある。

　2017年12月19日の定例会見で、日本人記者が英語で質問し、上野動物園で一般公開されたパンダの「シャンシャン（香香）」についてコメントを求めたところ、華は杉山晋輔外務事務次官（当時）についての質問だと誤解し、「日本と中国がしっかり向き合い、日中間の4つの共通認識、4つの共同文書に基づいて関連問題を適切に処理することを望む」とちぐはぐな回答をした。中国人記者の「パンダのシャンシャンですよ」との一声で、華の硬い表情が一瞬にして崩れて笑顔となり、会場も笑いに包まれた（「中国外交部の女性報道官が勘違い！」Record China, 2017年12月21日）。中国語で「香香」は "xiangxiang"、「杉山」は "shanshan" と発音が非常に近いため、華は聞き違えたのだが、中国の報道官がカメラの前で笑ったこと自体がニュースになった。

　外交部の報道官には、後に外交部長となった李肇星や国務院副総理にまで出世した銭其琛など、有能な者が多い。今後、華春瑩をはじめとする中国の女性外交官がどのような活躍をすることになるのか注目に値する。

渡辺紫乃
上智大学教授

第4章　ロシア

概　観

　安全保障の観点からプーチン大統領の内外政策を考える時、重要なことがある。それは、プーチン政権が国外を「敵性世界」と見ていることである。このことは大統領がアレクサンドル3世皇帝を称賛し、事実上武力で併合したクリミア半島にこの皇帝の大きな記念碑を建立したことからも窺える。同皇帝は、ロシアは敵国に包囲されている、最良の同盟国でも裏切る、ロシアにとって信頼出来る同盟者は自国の軍隊のみと述べたことで有名だ。プーチン氏は今年2月の年次教書演説では、例年の2倍の時間を使い、延ばした時間はロシアの軍事力強化の誇示に使った。

　内政では、80％台だったプーチン氏の支持率が20％も下落したことが目に付く。与党も地方選挙で苦戦した。直接の原因は、年金受給年齢や付加価値税の引き上げであるが、その背景には、一般国民の苦しい生活状況と、腐敗、汚職の蔓延による若い人たちを中心とした閉塞感がある。これらのことは、社会や政治、経済の構造改革が進まないこと、つまりシステムが機能せず、個人に頼る「手動政治」が続いていることと関係がある。

　経済は、油価の持ち直しなどにより、公式的にはおおむね良好に推移したとされた。しかし、資源依存経済から脱却できず、貧富の差の拡大により、国民の大部分は、公式発表の経済安定を信用していない。頼みのエネルギー輸出も、パイプライン建設をめぐり欧州連合（EU）や米国と摩擦を生んでいる。ただ、資源輸出は外交の道具であり続けており、近年も欧州へのガス輸出は増加している。また穀物輸出は近年伸びて、世界最大の小麦輸出国となった。

　対外政策では、プーチン氏はロシアを旧ソ連諸国の指導国として復活させたいと考えているが、多くの国はロシアの支配を警戒している。米国とは、米国内の「ロシア疑惑」も関連して最悪の関係に陥っており、ベネズエラ問題でも対立が深刻化している。G7の対露制裁も緩和されるどころか、継続・強化されている。ただ、5月に米露首脳対話の動きも生じた。中国との関係は、公式的には「過去最高の関係」を謳って、軍事面での共同演習なども拡大した。しかし「良好な関係」も、欧米から制裁を受ける国同士の戦術的連合の性格が強く、真の意味での信頼関係が成立しているわけではない。北朝鮮問題ではロシアは蚊帳の外に置かれていたが、2019年4月にようやく露朝の首脳会談が実現した。日露関係では、ロシアは日米安保条約や在日米軍などを口実に、北方領土問題でも強硬姿勢を強めている。

-136-

内政：プーチン体制長期化に閉塞感

　ロシアのプーチン大統領は2018年3月18日の大統領選で76.69％の高い得票率を得て当選を決め、5月7日の就任式で通算4期目に入った。メドベージェフ首相以下、主要閣僚は続投し、3期目から変化のない布陣となった。一方で、経済の低成長や国民の実質所得減、欧米の経済制裁に伴う国際的孤立など、内憂外患が拡大しつつある。後継者問題もしだいに浮上するとみられ、2024年までの任期終了までに波乱も予想される。

W杯の陰で年金改革

　2018年6月14日、ロシアが初めて主催するサッカーワールドカップ（W杯）ロシア大会が開幕、1カ月にわたりロシアの11都市で開催された。フランスの優勝となったが、開催国のロシアは開催前の予想を覆してベスト8に進出するなど大健闘し、国民の喝采を浴びた。

　しかし、メドベージェフ首相は開会式の直後、男性の年金受給年齢を60歳から65歳に、女性の受給年齢を55歳から63歳に引き上げる改革案を発表し、反対運動を招いた。年金改革は、財源の年金基金、福祉基金が経済難で枯渇したためだが、政府は高齢者に充てる国家予算を削減し、その分をインフラ建設や医療、教育に回して労働市場に弾力性を与えるとし、構造改革の一環だと説明した。

　メドベージェフ氏はまた、財政赤字を削減するため、現在18％の消費税を20％に増やし、ガス・水道・電気などの公共料金を値上げするとあわせて発表した。これに対し、年金受給を控えた中高年層らから不満や反発が続出し、世論調査では約9割の国民が年金改革に反対した。

　抗議行動を受けて、プーチン大統領は女性の受給年齢を政府案の63歳から60歳に引き下げる妥協案を示し、国民に理解を求めた。1人当たり月平均の年金受給額は現在、14,000ルーブル（1ルーブルは約2円）で、2024年には20,000ルーブルに増額すると約束した。年金改革はプーチン提案に沿って議会を通過し、今後10年かけて段階的に移行する。年金法案は2018年10月に議会を通過し

て成立。スターリン時代の1928年に年金受給年齢が決まって以来、90年ぶりの
大幅修正となった。

　消費税増税と年金改革は、国民がW杯のお祭り気分で浮かれる中、「どさく
さに紛れて国民の痛みを増す政策を断行した」（独立新聞）などと批判された。
80％台を誇ったプーチン氏の支持率は2018年夏以降60％台へ約20ポイント下落
した。

統一地方選で与党不振

　政権への不満は、9月の統一地方選で選挙結果に反映された。極東のハバロ
フスク地方とモスクワ東方のウラジーミル州では、大統領与党の統一ロシアの候
補が敗れ、いずれも極右政党の自由民主党の候補が大差で当選を決めた。

　また、極東の沿海地方知事選では、与党候補が決選投票で共産党候補を上
回ったが、選挙結果に抗議するデモが広がり、地元選管は結果を取り消す異例
の事態となった。このため、与党は候補をサハリン州のコジェミャコ知事に差し
替えてやり直し知事選に臨み、コジェミャコ氏は61％の得票で当選した。ウラジオ
ストクは伝統的に反政府機運が強く、政権側は極東連邦管区の拠点都市をハバ
ロフスクからウラジオストクに移す決定をするなど、露骨な肩入れを行った。

　ロシアでは、地方の疲弊が深刻化し、知事ら地元権力機関への住民の批判が
根強い。プーチン大統領は2017年以来、15人以上の知事を更迭し、若手や実力
者を配して選挙に臨むなど地方対策に腐心している。

　プーチン政権はまた、インターネット規制を強化し、情報統制を拡大している。
ロシア議会は2019年3月、「国民の生命や健康、財産に害をもたらしたり、社会
秩序を乱す恐れがある不確実な情報」をネットで発信、拡散することを禁止する
法案を可決、成立させた。大統領は、ネット上で社会や国家、国家の象徴に対し
「敬意を欠いた表現」を行うことを禁じる不敬罪法案にも署名した。ソーシャルメ
ディアの規制を強化し、反政府運動を未然に防止するねらいがあるとみられる。

成長率を意図的に上乗せ

　ロシア経済はウクライナ領クリミアを併合した2014年以降、欧米の厳しい経

第4章　ロシア

済制裁や原油安を受け、成長率が年平均1％以下という低成長時代に入った。しかし、連邦統計局は2018年末、2016、17年の経済成長率を突然上方修正し、2018年の成長率も2.3％と予想を大きく上回る数値を発表した。W杯に伴う好景気などを理由に挙げたが、独立機関だった国家統計局は2018年12月に機構改革され、統計局長官も交代したことから、データを意図的に改ざんしたのではないかとの疑惑が出た。

　プーチン大統領は4期目の就任直後に発令した大統領令で、戦略課題として「世界平均を上回るテンポで経済を成長させる」ことを約束した。世界経済の平均成長率は3％であり、ロシアの数値はそれを大きく下回る。経済閣僚らが政権を忖度して不自然に高い数字を発表したか、あるいは、プーチン政権が支持率回復のため、経済立て直しが順調であることを国民に偽った可能性も憶測された。

　こうして「3％成長」が政権の最重要目標となる中、オレシキン経済発展相は2019年3月、下院での経済政策報告で、2019年の成長率は1.3％と再び低迷すると発表した。これに対し、大統領側近のウォロジン下院議長は、「1.3％なら目標の3％に程遠い。どこに発展があるのか」と批判し、報告をやり直すよう要求した。経済が低迷する中、政権内で経済政策をめぐる対立があることが示された。

　一方、プーチン氏は2019年2月、年次教書演説で、自らの支持率低下を踏まえ、社会福祉の向上など内政問題に力点を置いた。プーチン氏は、出生率向上に向けて子どもが多い家庭への減税を行うとし、貧困層への支援、社会問題となっているゴミ処理などへの対策拡充を政府に指示し、予算を増やす方針を表明した。労働生産性の向上やビジネス環境の改善を優先課題に挙げ、国内産業の育成を後押しするとも訴えた。「初めて外貨準備高が対外債務を上回った」と述べ、財政政策の成果もアピールした。

　従来の教書演説では、安全保障問題を中心に据え、新型兵器開発を強調したが、国内では外交、安全保障よりも生活環境改善や景気回復を求める声が強いことに配慮した模様だ。

プーチン「手動政治」の限界

　各種の統計を見ると、国民の生活苦は確実に高まっている。実質可処分所得

－139－

は5年連続で前年割れが続き、生活向上の実感が得られない。大統領が過去の年次教書演説で強調した経済改革や投資環境の改善も看板倒れだ。

全ロシア世論調査センターが2018年7月公表した調査では、18 - 24歳の若いロシア人の3人に1人が外国への移住を希望していることが分かった。出国先は、ドイツ、米国、スペインの順という。

統計局の報告でも、ロシア人の3分の1以上が年に2足の靴も買えないという。国民の12%が在宅時に戸外か共同トイレを使い、半数近くが年に1週間の休暇さえ取る余裕がない。ロシアの上位3%の富裕層が国内の全金融資産の89%を保有していることも、経済高等学院の報告書で判明した。貧困層は2,000万人規模に膨らんだ。世論調査では、国が間違った方向に進んでいるとの答えが45%に上り、これは2007年以来最高の水準だ。

大統領周辺の新興財閥が主要産業を支配し、汚職が横行している。欧米の経済制裁が強化され、内外の投資も縮小している。クリミア併合など対外強硬策によって愛国心に訴える手法の効果が薄れつつあるようだ。

プーチン氏の任期は2024年までだが、2024年に憲法を改正して続投するのではないかとの質問に、「これまで憲法を変えなかったし、自分の利害のためにそうするつもりはない」、「続投は考えていない」などと述べ、一貫して改憲による任期延長を否定した。

一方で、ゾリキン憲法裁判所長官が2018年10月、国営ロシア新聞に「終身大統領」を可能にする憲法改正を求める長大な論文を発表し、暗にプーチン氏の権力恒久化を訴えた。憲法を改正して国家評議会といった強力な機関を設置し、プーチン氏がその議長に就くといった案や、忠実な後継者を擁立して院政を敷くといった案もメディアに出ている。

ロシアは2019年のプーチン時代を経て、大統領があらゆる問題に直接関与する「手動政治」がすっかり定着してしまった。「プーチン後」という空白に向け、内政の動揺も予想される。

（拓殖大学海外事情研究所教授　名越健郎）

第4章　ロシア

経済

　2018年のロシア経済は、西側による制裁にもかかわらず、国内、対外関係とも
おおむね良好に推移した。政府はこれまでの引き締めから民生の向上、インフラ
投資を中心とする成長政策の時期に入ろうとしている。しかし右政策の実効度
はいまだ不明、かつ原油輸出価格の上下に振り回される経済構造には、是正の
兆しが見られない。

国内の経済動向

　2014年のクリミア併合を機とした原油価格の急落でマイナス成長を示したロシ
ア経済は、2017年には1.6%とプラスの成長を回復、2018年には2.3%と回復傾向
を固めた（集計方法が変更されたため、この数字を水増しと見なす者も多い）。
2017年の回復は原油価格の上昇と、高水準の軍需支出に支えられたものであっ
たが、2018年には軍需支出は頭打ち、あるいは微減となって、原油価格の上昇
による輸出の増加と住宅ローンの急増による建設の増加に支えられたものとなっ
た。またインフレ率は通年で5%を割り、利下げを可能とする環境になっている。

　これは、ロシアの財政・金融が引き締め気味に推移してきたからで、他の先進
国が財政赤字、金融緩和に安易に流れているのとは対極にある。それでも2018
年国家財政はGDPの1.3%相当の赤字を予定していたが、実際には輸出増等に
よる歳入の増加で黒字で終わり、そのトレンドは2019年にも続くものと予想され
ている。

　金利は中央銀行の誘導で高めに推移し、ルーブルの下落を食い止めてきた
が、他方、中小企業を中心に資金不足を招いて、経済の活力を殺いでいる。ま
た、人口の3%相当の高所得層が金融資産の89.3%を占有する等、格差は一向に
是正されていないし、実質賃金は上昇しているものの公共料金の上昇等で実質
可処分所得はこの5年、減少（2018年はマイナス1%近辺）の一途をたどっている
ことは、社会の閉塞感を強める要因となっている。

　2018年5月、プーチン大統領は2期目の就任と同時に布告を発し、任期終了の

-141-

2024年までの経済政策目標を示した。それはいまだ具体性を欠いているが、生活水準を上げて「健康寿命」を67歳に引き上げること、IT化のため官民の支出を対GDP比で3倍以上にすること、天然資源以外の輸出をGDPの20％以上にすること、地方の道路網充実を柱とする総額27兆ルーブルものインフラ投資で経済を刺激することを柱としている。しかし今のところ、大統領府、首相府、そして民間大資本の間の思惑は調整されておらず、具体的なプロジェクトは二転三転して決まらない。

　また2012年以来重点的に進められてきた軍の装備更新は一段落し、国民の生活向上に予算を向ける条件は整いつつあるが、宇宙・軍事面の技術力の低下が続く等、資源配分のさじ加減は相変わらず難しい。6月には年金支給開始年齢を5年引き延ばす方針を発表し、大統領や首相の支持率を大幅に低下させてもいる。

　さらに電子産業分野の投資額は全投資額の0.6％に過ぎない等、第四次産業革命への対処ではお寒い状況にある。原油価格が長期低落の趨勢にある今、資源輸出依存のロシア経済は断崖に向かって流れる川のような状況にある。

　ただし、モスクワ等の大都市におけるスマホの活用ぶりでは、ロシアは世界の先頭グループに入る。原発設備輸出でもロシアは世界一の座にあるし、カマスのトラックは、ダカールのラリーで連続して一位を占めている。ソ連時代の立ち居振る舞いしか知らない旧世代が退場するにつれて、ロシアにも新しい芽が台頭する可能性はある。

対外経済関係

　2018年の貿易収支は2,100億ドル強の黒字、外貨準備は年末時点で4,800億ドル強と、対外経済関係は資本の流れも含めてロシアの黒字で推移した。

　クリミア併合による西側の制裁は続いているが、ロシアの原油・天然ガス輸出を制限したり、貿易のドル決済や西側各国の中央銀行を介さない銀行送金システム（SWIFT）の使用を禁ずるものではないので、貿易上はほとんど響いていない。また対外経済銀行等は西側金融市場での起債を禁じられているが、その他企業の起債、ロシア政府の国債発行は禁じられていない。

　また政府の諸手続きの電子化や許認可手続きの簡素化の努力が実り、世界銀行の『Doing Business Report』では、ロシアは「ビジネスのやり易さ」で世界

−142−

第4章　ロシア

31位となった。2016年は40位、2017年は35位であった。そして2018年、ロシアは世界最大の小麦輸出国となり、9月時点で60億ドルの収入を得ている。これまでの資源、兵器、原発輸出への過度の依存を破る、明るい材料である。

　他方、貿易決済の多くをドルで行っていることは、ロシアの弱みである。ロシアの貿易の約75%はドルで決済されているが、米国が制裁を強化し、米国の銀行にロシアとの取引を禁じれば、ロシアは輸出入のドル決済ができなくなるからである。ロシアはルーブルでの決済を広げようとしているが、互いにドルの駆逐を誓う中国との間でさえ、ルーブルでの決済は13.6%分にしか及んでいない。

　なお、ロシアは2018年前半、その外貨準備で保有していた米国債約1,000億ドルをほぼ全額売却したとされ、外貨準備に占めるドルの比率は22%に低下した。これは、新たな制裁を課された時に米国で資産を差し押さえられるのを防ぐためとも言われる。なお、売却時に米国での国債利回りはほとんど上下していない。

　米国との貿易額は小さい（約250億ドル）が、昨年程ではないものの2018年も増加を続けた。その関連では、ロシアが輸出を開始したヤマル半島産液化天然ガス（LNG）が、フランスを経由して米国にも輸出されていることは注目される。

　EU諸国との貿易額は19.3%増加して2,942億ドルと、ロシアの対外貿易額の42.5%を占め、相変わらず第1位の貿易相手（国単位では中国が一位）である。ロシアは、ウクライナを回避してEUに天然ガスを流すパイプラインをバルト海、および黒海に建設しており、前者についてはトランプ政権がドイツに対して執拗に停止を迫るも、聞き入れられるところとなっていない。

　中国との貿易は2018年、27.1%増加して1,070億ドル強に達し、国家ベースでは中国がロシアの最大の貿易相手となった。中国への原油パイプラインの2本目が完成し、原油輸出が増加したことが主因である。他方、中国の「一帯一路」構想に基づく中国・欧州間の鉄道輸送は、中間のロシアがボトルネックとなっており、南方の海運航路の貨物量にはるかに及ばずに推移した。

　北朝鮮とは、すれすれの制裁くぐりを続けている。北朝鮮の労務者約10,000名がロシアに滞留し続けていると報じられているし、北朝鮮の石炭はロシア経由で「ロシア産」として中国、ベトナム、韓国等に輸出されている。旧ソ連諸国との間では、敵対するウクライナとの貿易が昨年の25.6%に引き続き16.5%も増加して

－143－

約150億ドルに達していることが注目されるが、これは親ロシア勢力が支配する東ウクライナ（ウクライナの工業中心地）の石炭・鉄鋼がロシア経由で間接的にウクライナに流入していることが、大きな要因になっているものと思われる。

なお、NIS諸国からの出稼ぎ労働者の帰国数が増えており、右純増分は1‐9月、昨年同期比42.5％減少して66,000人となったことが注目される。

日本との間では、北方領土問題解決の雰囲気醸成のための「八項目提案」、北方4島での共同経済開発とも大きな進展は見られなかった。他方、貿易額は1‐9月で160億ドルで、対2017年比18.6％の増加を見せた。

当面の見通し

ロシア経済は小康状態にある。2019年には財政黒字すら予想されている。しかし世界で石油代替が進む中、ロシアは資源輸出に依存する経済構造から脱却するシナリオを描けていない。2024年に向けてのインフラ大投資も、資金の浪費とインフレの亢進に終わる可能性がある。そして対米関係を根本的に改善しなければ、先端技術の流入が規制され、ソ連が対共産圏輸出統制委員会（COCOM）によって数十年の技術的な後れを運命づけられたのと同様のこととなろう。

もっとも石油・天然ガスの供与、そして右資源開発での協力は、ロシア外交の道具であり続けているし、海外での原発建設受注額、小麦の輸出額ではいずれも世界一となっているので、ロシアの経済力を不当に軽視するべきものでもない。

（Japan‐World Trends代表　河東哲夫）

対外政策

ロシアの対外政策について、以下の項目に分けて概観する。「近い外国」との関係、対欧米政策、中近東との関係、対東アジア政策。ただし対東アジア政策、日露関係に関しては別項に譲り、概略的な記述に留める。

「近い外国（旧ソ連諸国）」との関係

プーチン大統領は2015年発足の「ユーラシア経済連合」を基礎に、将来的に

第4章　ロシア

はロシアが主導して旧ソ連諸国を共通の通貨や軍隊などによって一国のような連邦の形で統合する「ユーラシア同盟」の理念を有していた。しかし、2014年3月の「クリミア併合」とその後の東ウクライナの親ロシア派支援（事実上はロシアの軍事介入）が、旧ソ連各国のロシアへの警戒心を一挙に強めた。旧ソ連諸国は、エネルギー関係、その他経済的にはロシアとの関係を重視しながらも、今日でもロシアの干渉やロシア主導の統合を警戒している。ウクライナでは、2019年4月21日の大統領決選投票でコメディアンのゼレンスキー氏が当選した。彼はクリミア併合を批判しているが、ポロシェンコ前大統領よりロシアとの対話を重視している。ただ、政治経験はなくロシア側も今年10月から7月に繰り上げられた議会選挙の結果と新大統領の実力をみるまでは様子見の状況だ。

　ロシア側から見ると、最も警戒するのは、NATO、EUに加盟したバルト三国に続いて、ウクライナ、ジョージア、モルドバ、アゼルバイジャンなどにNATOやEU、西側の影響が強まることである。さらに、ウズベキスタンのミルジヨーエフ大統領が中央アジア諸国間の対立を克服する全方位外交を展開しているが、ロシアとしては、中央アジア諸国がイスラム国家としてのアイデンティティを共有しロシアに対抗することも警戒している。

　カスピ海諸国との関係も複雑である。2018年8月12日に、カザフスタンで第5回カスピ海サミットが開催され「カスピ海の法的地位に関する協定」が締結された。これにより、カスピ海は法的には海でも湖でもなく、特別な大陸内水域とされた。その結果、これまでロシアが反対していた、トルクメニスタンとアゼルバイジャンなど関係する二国間の合意での海底ガスパイプライン敷設も可能とされた。しかし、ロシアを迂回するエネルギー回廊を望まないロシアは、環境問題を理由に海底パイプライン敷設を阻止する構えだ。カスピ海を通じてのNATOの軍事物資輸送に関しても、ロシアと他国は見解が分かれている。カスピ海沿岸諸国の利害対立は克服されておらず、各国は現在もカスピ海での軍事力を強化している。

対欧米関係

　米露関係は、トランプ政権の登場で改善されるとの期待に反して、冷戦終結後最悪という状況に陥った。G7の対露制裁も強化されてきた。トランプ大統領は個

－145－

人的にはプーチン大統領を評価し好意を抱き、首脳会談にも意欲を持っている。しかし、米国内では大統領選挙時のトランプ陣営のロシアとの協力疑惑（ロシアゲート問題）が深刻化し、トランプ氏も対露強硬姿勢を保持してきた。2018年7月16日に初めて正式な米露首脳会談が開催されたが（ヘルシンキ）、プーチン氏は強気で臨み、ロシアメディアは、ロシア側の圧勝と報じた。トランプ氏は2019年2月初めに、中距離核兵器（INF）全廃条約をロシアが遵守していないとして離脱を表明し、それに強く反発したロシアは、米国こそが違反しているとして直後に離脱を表明した。両国はともに中国の中距離核ミサイルを念頭に置いており、中国が加盟する形の新たなINF条約の枠組みを提案している。

　2018年3月には英国在住の元ロシア諜報員暗殺未遂事件が原因となり、欧米を中心に25カ国とNATOが外交官ら約140人を追放した。ロシアはこの事件への関与を否定し、欧米に対抗して、200人超の欧米の外交官を国外追放した（2018年3月末現在）。この事件が、ロシアと欧米の最悪の関係を象徴している。

　現在プーチン政権が対欧米政策として重視していることが二つある。第一は、米国と欧州あるいはNATOの切り離しであり、第二は、EUの分断である。トランプ氏はNATO諸国の対米輸出が米国の対欧州輸出とバランスしていないこと、またNATOの米国負担が大きすぎることに強い不満を抱いており、欧州諸国を強く批判している。もちろんロシアにとってこの米・欧州対立は地政学的な絶好の機会である。第二についてだが、英国のEU離脱あるいはその問題をめぐる紛争と混乱もロシアにとって有利な機会と見ている。対露批判の姿勢が最も厳しい英国のEU諸国への影響力低下を期待しているからだ。さらに、EUの分断に関しては、ロシアは欧州で急速に台頭している右派、極右の民族派ポピュリズム政党や権威主義政権との関係を強化している。また、ロシアからのエネルギー輸入政策でも、欧州諸国の対露政策や欧州委員会の立場などに亀裂が生じており、ロシアは非公式ながら、この亀裂を最大限利用する政策をとっている。

　フランスの極右マリーヌ・ルペン氏の政党国民連合（旧国民戦線）がプーチン氏を高く評価し、ロシアもこの政党を支援してきたことはよく知られている。2018年6月にはイタリアにコンテ首相の親ロシア政権が成立した。この政権は極右政党「同盟」とポピュリズム政党「五つ星運動」の連合政権で、対露制裁解除の

政策をEU委員会やドイツ、フランスなどと事前調整なく表明した。ハンガリーやオーストリア、チェコ、ポーランドなどでも、民族主義的でEU委員会と対立するポピュリズム政権が成立し、その多くが親ロシア的な態度を示している。ロシアにとって、欧州のこのような状況は、欧州分断の地政学的な機会である。2019年5月下旬の欧州議会選挙で欧州委員会や欧州の協力関係の保持に関心を抱く国や政党が強く警戒したのは、ロシアの欧州分断策であり、またこの議会選挙への介入である。

　ロシアから欧州へのエネルギー輸出も、欧米とロシアの関係において様々な問題を生んでいる。ドイツはウクライナ問題ではロシアを批判しながら、経済的な観点からG7の対露制裁中にもかかわらず、バルト海海底に敷設する2本目のガスパイプライン「ノルドストリーム2」を推進している。トランプ氏はこれを厳しく批判した。欧州委員会も以前からエネルギーの対露依存が過大にならないよう、輸入先の多様化政策を打ち出している。エネルギーの上流（生産）・中流（輸送）・下流（消費）の分割を求める「第三次エネルギーパッケージ」も、ロシアのガス大手「ガスプロム」の行動を強く制限する。ロシアは黒海海底のパイプライン「サウスストリーム」を断念した後は、ウクライナを迂回するルートとしてこの新パイプライン建設に力を入れており、現在生じているパイプライン建設に対する諸ハードルをいかに打破するかが重要な課題になっている。

中近東との関係

　イスラム過激派イスラム国（IS）の勢力が打破されたため、トランプ大統領はシリアなど中東からの米軍引き揚げを声明した。シリアやイランだけでなく、かつて米国と関係の深かったサウジアラビア、トルコ、イスラエル、エジプトなどは、現在はロシアと特殊な関係を維持している。ただ、米国内には中近東からの米軍引き揚げについて批判や懸念も強い。ロシアにとって、この状況は、中近東への影響力拡大の絶好の機会でもある。具体例としてトルコを例に考えて見よう。

　トルコはNATOの一員であるが、2016年7月のクーデタ未遂事件以後、エルドアン大統領が独裁権力を強め、欧米諸国と対立した。この状況の中でロシアはトルコと接近し、ロシアの最新ミサイルS400の供給契約に成功した。米国や

NATO諸国はこれに強い懸念を抱き、米国は2019年4月初めに、トルコがロシアからS400を調達するなら、最新鋭戦闘機F - 35の引き渡しや共同開発を凍結するとの声明を出した。これに対し、トルコはS400の調達は断念しないとし、もし米国がF - 35を引き渡さないならロシア製戦闘機を調達する可能性を示唆した。

ロシアは、天然ガス輸出問題でも、断念した「サウスストリーム」に代わる「トルコストリーム」に力を入れている。現在ロシアが努力しているのは、ウクライナを迂回しトルコ経由で欧州にガスを輸出する「トルコストリーム2」である。

対東アジア政策

プーチン大統領は2019年4月25日に、ウラジオストクで初めて金正恩朝鮮労働党委員長と首脳会談を行い、翌日4月26日に北京で習近平国家主席と首脳会談を行い、「一帯一路」国際協力サミットフォーラムに参加した。

ロシアにとってアジアで最も重要なのはもちろん中国との関係である。現在ロシアと中国の関係は、公式的にはこれまで最も良好だと宣伝されている。ロシアはG7から経済制裁を受けており、中国も米国と「貿易戦争」中で、やはり米国やいくつかの国から制裁を受けている。この状況の中でロシアが中国と政治的に接近するのは自然だ。経済的にも、2018年の両国の貿易額は目標を超えて1,070億ドルに達した。

といっても、中国の対外貿易に占めるロシアの割合は非常に小さく、2014年の2.1%から2.8%になっただけである。ただ、問題はその貿易構造で、中国からのロシアへの輸出は大部分が工業製品だが、ロシアから中国への輸出は石油、ガス、木材、石炭などが圧倒的に多く、ロシアは「中国の資源部門」になったとさえ言われている。「一帯一路」構想に関しても、ロシア紙は次のように報じている。「中露間には近い将来実現する大プロジェクトはない。中露協力の目玉として宣伝されたモスクワ・カザン間の高速鉄道計画は中止となったが、中国が利益の上がらない計画に投資しないのは当然だ。プーチン氏は中国から主賓として迎えられたが、シルクロード計画ではロシアは脇役に過ぎない。」(『独立新聞』2019.4.25)

金正恩氏との初首脳会談だが、プーチン氏の目標は大国ロシアの復活だ。つまり国際的に重要な問題がロシアの関与なく決定されることは絶対に許せない。

-148-

国際的に注目された北朝鮮の核問題に関しては、ロシアは完全に蚊帳の外に置かれていた。したがって、ロシアの専門家は「金正恩と並んで写真に写るだけでプーチンは目的を達した」と述べているほどだ。北朝鮮問題では段階的な非核化と6者協議の復活を支持しており、米国と対立している。

日露関係では、プーチン氏は平和条約交渉について「日本が日米安保条約から脱退することが条件」とさえ述べた。日本側が受け入れる筈がないことを百も承知の発言だ。これが意味することは、北方領土問題を解決する意思がないこと、および米軍のアジアにおけるプレゼンスへの強い懸念である。

（新潟県立大学教授／平和・安全保障研究所研究委員　袴田茂樹）

極東政策

対中政策

2014年のウクライナ危機以来、欧米と鋭く対立するロシアのプーチン政権が対外政策上、最も重視する中国の習政権との戦略的パートナーシップ関係は2018年、外交、経済および軍事面の各分野において、一段と強化された。背景にはトランプ政権が中国との本格的な対決路線に転換するという国際関係上の地殻変動がある。

習近平国家主席は、ロシア極東ウラジオストクで9月に行われた、プーチン大統領肝いりの第3回「東方経済フォーラム」に官民1,000人の代表団を引き連れて、初めて参加した。プーチン氏は東方経済フォーラムに合わせて行われた習近平氏との首脳会談で中露は「政治、安全保障、防衛の分野で信頼関係を構築している」と強調し、習近平氏は「中露は大国関係の模範になった」と自画自賛した。ロシアが主導する「ユーラシア経済連合」と、中国が推進する「一帯一路」構想とを結びつける方針を再び確認した。

これとほぼ同時期に、極東やシベリアの広大な地域で、ロシア軍が4年に一度行う大規模な軍事演習「ボストーク2018」が実施され、極東ザバイカル地方にあるロシア軍のツゴール演習場では、人民解放軍の部隊が「ボストーク」に史上初めて参加した。同演習での「仮想敵」は従来、海上演習では日米、シベリア・内

−149−

陸では中国だけに、ごく小規模ながら人民解放軍が同演習に参加したことは新たな中露関係を象徴づける政治的メッセージとなった。人民解放軍は装備の近代化は目覚ましいが実戦経験が乏しく、シリアやウクライナ東部に介入するロシア軍の知識と経験を少しでも吸収するねらいも中国にあったようだ。

　表向きの友好姿勢とは裏腹に中国への警戒意識も相変わらず根強い。プーチン氏は東方経済フォーラムに合わせて地元行政幹部を集めて開いた重要会議で、様々な施策を講じても人口減が続いているとして不満を表明した。プーチン氏が極東開発に本腰を入れた真のねらいは人口減傾向を反転させ、中国北東部からの人口圧力に対処するという地政学的なねらいがあった。

　2018年秋には、中国に売却したミサイル防空システム「S400」を、中国と国境紛争を抱えるインドにも供与し中国一辺倒でないことを示した。中露関係は「便宜的な枢軸」と表現されるように、本格的な同盟関係に発展する可能性は今も乏しい。連携強化の実態を客観的かつ冷静に分析することが求められている。

対朝鮮半島：プーチン、金正恩初会談

　北朝鮮の核・ミサイル問題をめぐる2回目の米朝首脳会談が物別れに終わり、米朝交渉が膠着状態に入る中、金正恩朝鮮労働党委員長が2019年4月25日、極東ウラジオストクでプーチン大統領と初めて首脳会談を行った。露朝首脳会談は、2011年8月にメドベージェフ前大統領が金正恩氏の父親、故金正日総書記と行って以来、約8年ぶりとなった。

　国際的な孤立から脱却したいロシアは、北東アジアで中国と並ぶ大国として影響力を示したいとの思惑から、4年前の2015年からプーチン氏と金正恩氏の首脳会談実現を模索。ソ連と北朝鮮の国交樹立から70年の節目にあたった昨年は、ラブロフ外相が5月末、平壌を訪問し、金正恩氏との会談でいったんは2018年中の首脳会談開催で一致した。9月初旬にマトビエンコ上院議長が、10月には議会代表団も相次いで訪朝したが、結局実現しなかった。トランプ大統領との直接交渉で制裁解除や体制保証を取り付けたい金正恩氏にとってプーチン氏との会談を急いで行う必要はなかったからだ。

　しかしトランプ氏との2回目の米朝首脳会談が事実上決裂したのは金正恩氏

第4章　ロシア

にとって誤算だった。今後の対米交渉を有利に運ぶため、中国に加えて伝統的な友好国で国連常任理事国でもあるロシアを「後ろ盾」として、米国を牽制する緊急の必要性が出てきたのである。

露朝首脳会談では、核問題や地域情勢などでの連携で一致。プーチン氏は記者会見で、「北朝鮮の体制保証が必要だ」と強調し、非核化をめぐる北朝鮮の主張に一定の理解を示した。しかし北朝鮮に対する人道支援も含め、いかなる具体的な支援策も提示しなかった。そればかりか核・ミサイル問題をめぐる双方の温度差も垣間見えた。北の核・ミサイル問題で事実上、蚊帳の外に置かれているロシアは影響力回復のため6者協議の再開を主張してきた。プーチン氏は会談後の記者会見でも、「北朝鮮の安全を保証するためには6者協議の枠組が必要だ」と強調した。だが会談の内容を伝えた北朝鮮の国営朝鮮中央通信は、6者協議には一切触れず、「金正恩氏は朝鮮半島の平和と安全は完全に米国次第であり、我々はあらゆる状況に対応する」として米国との直接交渉を最優先する方針を改めて明確にした。

首脳会談前日も含め、露朝首脳会談の一連の行事では、祖父の故金日成主席以来の伝統的な友好関係が演出されたが、金正恩氏がウラジオストク到着時に出迎えたのが格下のコズロフ極東・北極圏発展相だったように、友好国元首の初訪問に相応しい最大級の歓迎とは言い難かった。

金正恩氏は会談翌日の26日、ウラジオストクで予定されていた観劇などの行事を突然キャンセルして、予定を早めて帰国した。プーチン氏から非核化の進め方や制裁解除、食糧支援などでの重要課題で、期待したような全面的支援を得られなかったことへの失望感の表れとの見方もある。

プーチン氏としては、欧州や中東、さらには南米ベネズエラ情勢でも米国と対立するなかで、優先順位の低い北朝鮮問題でトランプ氏とあえて対立するのを望んでいない。金正恩氏はプーチン氏の真意を読み違えた可能性があり、露朝関係が今後急速に進展するかはなお不透明といえよう。

対日政策

日露間の最大の懸案である平和条約締結交渉は、2016年12月のプーチン大

－151－

統領訪日での首脳合意を受け、2017年以降、北方領土交渉が事実上、棚上げされ、北方領土での共同経済活動の実施をめぐる協議が焦点となっていた。しかしロシア側は共同経済活動の前提となる法的な枠組をめぐって厳しい姿勢をとり続け、交渉は難航を余儀なくされている。

　安倍首相は2018年5月26日、ロシアを訪問しプーチン氏とクレムリンで会談を行い、共同経済活動の事業の具体化に向けた作業の加速で一致したが実質的な進展にはほど遠く、共同経済活動の実施時期すら見通せなかった。

　膠着した状況の中で、プーチン氏は9月9日、安倍氏らが出席して極東ウラジオストクで行われた東方経済フォーラムで「いかなる前提条件も抜きに年末までに平和条約を締結しよう」と安倍氏に突然、呼びかけた。これは、日本と択捉・国後・色丹・歯舞の北方4島の帰属交渉を行わず、ロシアが不法占拠する現状のまま国境線を画定させようという提案にほかならない。プーチン氏は前日に行われた首脳会談では共同経済活動の実施に向けたロードマップの作成で安倍氏と合意したばかりで、予想外のプーチン発言が安倍氏等、日本政府に強い衝撃を与えた。1993年のエリツィン大統領（当時）の訪日で署名された「東京宣言」の作成を主導したギオルゲ・クナーゼ元外務次官は、ウクライナ紙に、「これほどまでに侮辱的な提案は、（ソ連の）ブレジネフ時代ですら日本に行わなかった」と批判したほどである。

　プーチン発言から約2カ月後となる11月14日、シンガポールで23回目の首脳会談が行われた。両首脳は平和条約締結後の歯舞、色丹の引き渡しを明記した1956年の日ソ共同宣言を基礎にして平和条約締結交渉を加速させることで合意した。特筆すべきは、合意は安倍氏からプーチン氏に提案して成立したという事実だ。

　「シンガポール合意」は、ソ連崩壊以降の北方領土問題の歴史において、否定的な意味で最大級の転換と言っても過言ではない。プーチン氏の対日領土交渉の要諦は、硬直した領土観を脱却し4島帰属交渉を行う姿勢を「東京宣言」で明記したエリツィン政権の対日政策を完全に「精算」することだった。プーチン政権は、両国の国会が批准した日ソ共同宣言こそが交渉の基礎だと主張。安倍政権に対し平和条約締結には積極的な姿勢を示しながら、北方4島の帰属交渉には相変わらず応じない強硬姿勢を貫いた。

第4章　ロシア

　そのうえで飛び出したプーチン提案は、安倍氏ら日本政府中枢に、「このままでは2島返還すら、不可能になりかねない」との危機感を抱かせ、安倍氏が択捉、国後の大きな2島を事実上放棄することに繋がる「2島プラスアルファ」での決着を目指し決断した。ロシア側は、交渉の基本的枠組を抜本的に転換させる譲歩を日本側から引き出したのは、一貫した強硬かつ巧妙な対日政策の成果だと確信しているだろう。国際的孤立が続き大国主義や愛国主義にますます傾斜するプーチン政権は、日本側の宥和姿勢を逆手に取り、面積にしてわずか7%の2島引き渡しをめぐる交渉にも応じない。そればかりか、4島のロシア帰属の無条件での承認や、米国に北方四島を日米安保の適用除外とさせるなど法外な要求を示し、交渉は再び暗礁に乗り上げている。さらにラブロフ外相らは日本政府が国内で北方領土問題という言葉を使用すること自体をも強く批判。プーチン氏は米軍基地問題を口実に事実上、歯舞、色丹の返還も拒否、2019年3月には日米安保条約からの日本の離脱が今後の平和条約交渉の前提だとも述べた。冷戦時代のソ連政府以上の強硬な対日姿勢に日本政府の当惑は深まるばかりである。

（東京新聞外務部次長　常盤伸）

軍事

人員充足

　従来、ロシア連邦軍の定数は100万人ちょうどであったが、2017年3月にプーチン大統領が発出した大統領令第127号により、101万3,628人へと増加した。公式の理由は明らかにされていない。これに伴い、文民職員や軍属まで加えたロシア国防省全体の定数は190万2,758人となった。

　ただし、以上は定数であり、実数は明らかにされていない。毎年12月に1年間の総括として開催される国防省拡大幹部会議では、人員充足率が公表されるのが通例であり、これによって実際の兵力をある程度推し量ることが可能であったが、2017年以降、これが公表されていない。

　そこで、ロシア軍を構成する徴兵、契約軍人（志願制で勤務する兵士および下士官）、将校の各カテゴリーについての個別の公開情報を見ていきたい。毎年の

-153-

徴兵者数は大統領令によって規定され、2018年の場合は春季徴兵が12万8,000人、秋季徴兵が13万2,500人の合計26万500人であった。これは10年前の2008年当時と比較してほぼ半分であり、過去最低であった2017年（27万6,000人）をさらに下回った。

契約軍人については2019年3月の時点で39万8,000人であることがショイグ国防相の議会向け報告で明らかにされており、2018年末時点の38万5,000人と比較してやや増加している。徴兵の減少と合わせて高練度化が依然として志向されていることが窺われよう。ただし、ショイグ氏は2018年12月、有事の動員予備を確保するために徴兵を廃止することはないとも述べている。

将校数については定数が22万人であることは明らかにされているが、実数については公式の発表が見られない。仮に将校が定数一杯に配属されているとしても徴兵および契約軍人との合計は88万3,000人であり、充足率は90％以下ということになる。英国際戦略研究所（IISS）の年鑑『ミリタリーバランス』2019年版でも、ロシア軍の実勢は90万人と見積もられている。

なお、2018年9月にゲラシモフ参謀総長が述べたところによると、近年のロシア軍では連隊ないし旅団を構成する3個大隊のうち2個を契約軍人で充足し（この2個部隊は上級司令部の直轄兵力を常時分遣され、常設の大隊戦術グループ［BTG］として常時即応体制を取る）、残る1個大隊を徴兵で充足するという方針が取られている。また、この発言ではBTGの総数が126個とされていたが、前述のショイグ発言では136個とされた。契約軍人の増加により、戦闘即応体制の高いBTGも増加傾向にあるものと考えられよう。

装備近代化

ロシア軍は2011年以降、「2020年までの国家装備プログラム（GPV-2020）」に基づいて装備近代化を進めてきたが、2018年にはこれが新たな「2027年までの国家装備プログラム（GPV-2027）」へと発展解消された。GPV-2027では10年間の総予算が19兆ルーブル（この他に軍事インフラ整備費用1兆ルーブル）とされており、額面ではGPV-2020（19兆ルーブル）とほぼ同水準であるが、インフレ率を考慮すると実質購買力は低下しているとみられる。これは後述する軍事

—154—

第4章　ロシア

支出の抑制傾向を反映したものであろう。

　GPV - 2027では具体的な調達項目やその数的目標が明らかにされていないが、2018年12月の国防相拡大幹部会議では、同年中の装備調達実績および2019年の見通しが次のように報告された。

戦略核戦力およびミサイル防衛突破戦力

● 戦略核戦力の近代化比率を82％とする2017年の目標は完遂された。

● 移動式大陸間弾道ミサイル（ICBM）ヤルスを装備する一連のロケット連隊が実戦配備についた。

● 近代化されたTu - 160戦略爆撃機1機とTu - 95MS戦略爆撃機4機が配備された。

● キンジャール空中発射極超音速ミサイルが試験戦闘配備についた。黒海およびカスピ海では同ミサイルを搭載して89回の哨戒飛行が実施された。

● 新型レーザー兵器ペレスウェートが12月1日から試験戦闘配備についた。

通常戦力

● 陸軍の部隊に新型および近代化改修型の装備品2,900点が配備され、装備近代化率は48.3％に達した。

● 10個の連合部隊および軍事部隊が新編された。

● 航空宇宙軍は近代的な航空機およびヘリコプター126機、人工衛星9機、防空機材120点を受領した。

● 航空宇宙軍の装備近代化率は74％となり、このうち空軍（宇宙部隊等を除く旧空軍部隊）は64％であった。

● 海軍の装備近代化率は事前の目標を上回る62.3％となった。

● 14隻の艦艇および戦闘艇、11隻の支援船舶、バールおよびバスチョン地対艦ミサイル4個コンプレクスが配備された。

● 空挺部隊は基本装備品・軍用装備品・特殊装備品300点以上、個人用空挺装備品・武器・貨物1万1,000点以上を受領した。

● 空挺部隊の装備近代化率は63.7％となった。

－155－

- 中距離無人偵察機の開発が完了し、2019年から配備される。
- 国家国防発注の枠内において、毎年300機以上の短距離および近距離用無人機（UAV）が配備されている。その総数は2,100機である。
- 自動指揮システムの改善が優先課題として実施されている。そのソフトウェアは初めてすべて国産化された。
- 2018年には3万1,000点の通信機材が配備され、指揮システムの近代化比率は66%となった。

2019年の見通し

- 2019年にはヤルスICBMおよびアヴァンガルド極超音速滑空飛翔体の発射装置31基、近代化改修型のTu-95MS戦略爆撃機4機、955A型SSBNの1番艦クニャージ・ウラジーミルが配備される。
- 陸軍に11個連合部隊および軍事部隊が新編されるとともに、陸軍・海軍沿岸防衛部隊・空挺部隊に近代的な装甲戦闘車両719両、イスカンデル-M戦術ロケット・システム1個コンプレクス、S-300V4長距離防空システムおよびブーク-M3中距離防空システム2個旅団が配備され、装備近代化率は50.8%となる。
- 航空宇宙軍には新型および近代化改修型の航空機およびヘリコプター143機、S-400長距離防空システム2個連隊、S-350中距離防空システム1個連隊、パンツィリ短距離防空システム7個大隊が配備され、装備近代化率は81.8%（空軍に限っては65%）となる。
- 極超音速滑空飛翔体アヴァンガルドを装備する初の連隊が実戦配備につく。
- 海軍には艦艇および戦闘艇12隻、潜水艦2隻、支援船舶12隻、バールおよびバスチョン地対艦ミサイル4個コンプレクスが配備され、装備近代化率は64%となる。
- 2019年度国家国防発注の実施を通じ、ロシア軍全体の装備近代化率は67%となる。

軍事支出

当初、2018年度連邦予算における国防費は2兆7,720億ルーブル（GDP比

2.8%）とされており、2020年まではおおむねこの程度の支出額を継続する計画とされていた。また、GDPが2017年から緩やかなプラス成長に回帰したことで、対想定GDP比は2020年までに2.5%とグルジア戦争以前の水準まで低下する見込みとされ、おおむね軍事支出を「平時モード」に収束させていく計画であったと考えられる。

　しかし、2019年度連邦予算法の審議過程において下院の「国防・安全保障・法執行活動に関する連邦予算の支出検討委員会」が発出した決議文書によると、2018年度の国防費は最終的に3兆327億ルーブル（同3%）まで増額されたことが読み取れる。

　さらにこの決議文書によると、2019年度以降の国防費は3兆ルーブル内外（同2.7‐2.8%）で推移することになっており、2018年度予算で打ち出された国防費の抑制傾向がやや緩和されたことが窺われる。以下の表‐1ではこの点を国防費の支出内訳とともに表にして比較したが、2018年度連邦予算法の想定に比べて各年度の国防費が1,500‐2,000億ルーブル強程度の増額傾向となっていることが見てとれよう。

　主な増額項目は本体予算である「ロシア連邦軍」であり、2018年度連邦予算法の想定に比べて800‐1,300億ルーブル程度が積み増しされた。これはGPV‐2027向け予算が連邦予算法の策定時点における想定（17兆ルーブル）よりも3兆ルーブルほど増加したことを反映したものと考えられる。

　なお、GPVは国家国防発注（GOZ）という形で各年度の予算に盛り込まれるが、ショイグ氏によると2019年度のGOZは1兆4,400億ルーブル以上であり、このうち71%が新型兵器の量産に投じられる。ちなみにロシア国防省において装備行政を担当するクリヴォルチコ国防次官によると、2018年のGOZは総額約1兆5,000億ルーブルであり、このうち約7割が装備品の量産費用であった。

　もっとも、これまでの経緯を考えれば、連邦予算法の記載額はのちの補正によって増額されるのが常であり、さしあたっては2019年度の国防費が実際にどこまで膨らむことになるのかが注目されよう。前述のようにGPV‐2027は10年間でおよそ20兆ルーブルとされているので、これを完遂しようとすればGOZは本来、年平均で2兆ルーブル程度とならざるを得ない。こうなると国防費は年間3兆

－157－

5,000億ルーブル程度にまで膨らむ筈であり、現状では（多少の増額を見たとはいえ）まだ不足である。プーチン政権がはたしてこれほどの軍事負担を許容するのかどうか、それとも経済的な制約を受け入れて現実路線を取るのかは、2020年代に向けてのロシアの大きな課題となろう。

表‐1：2018‐2021年の国防費（単位：ルーブル、1ルーブル／1.7円／0.015米ドル）

| | 2018年 | | 2019年 | | 2020年 | | 2021年 |
	2018年度連邦予算法	実績	2018年度連邦予算法	2019年度連邦予算法	2018年度連邦予算法	2019年度連邦予算法	2019年度連邦予算法
国防費総額	2兆7,720億	3兆327億	2兆7,985億	2兆9,142億	2兆8,080億	3兆195億	3兆1,602億
対GDP比	2.8%	3.0%	2.7%	2.8%	2.5%	2.7%	2.7%
対連邦予算比	16.8%	17.6%	17.1%	16.2%	16.8%	16.3%	16.6%
ロシア連邦軍	2兆1,384億	2兆2,625億	2兆1,469億	2兆2,270億	2兆2,304億	2兆3,627億	2兆4,410億
動員準備および軍外部での訓練	70億	73億	72億	75億	73億	75億	76億
経済の動員準備	34億	32億	32億	32億	32億	32億	32億
核兵器コンプレクス	444億	451億	463億	463億	450億	449億	445億
軍事技術協力に関する国際的義務の履行	99億	105億	100億	96億	101億	96億	96億
国防の分野における応用科学研究	3,641億	3,784億	2,700億	2,958億	2,865億	2,980億	3,409億
国防に関するその他の諸問題	3,148億	3,256億	3,150億	3,248億	2,255億	2,935億	3,134億

出所：2018年度連邦予算法および2019年度連邦予算法の審議過程における決議文書より作成

（東京大学先端科学技術研究センター特任助教　小泉悠）

第4章　ロシア

コラム　外交と女性
ロシアの女性外交官

　筆者は外交官としてロシアに11年在勤したが、その間女性外交官にはあまり遭遇したことがない。ロシアでは、外務省は軍、警察、そして諜報機関と並んで「力の省庁」とされるので、男性優位のロシア社会では、女性が外交に携わることは少なかったのだ。スパイ活動の現場は、美貌のロシア女性の独壇場だが。

　もっとも強い女性はいつの世にもいるもので、古くは10世紀、ロシアの前身キエフ公国の大公妃オリガは夫を殺害した周囲の蛮族を気丈に殲滅、当時の大国ビザンチンとも対等の外交を繰り広げ、また18世紀の皇帝エカテリーナ2世は、オスマン・トルコ等と戦って領土を拡張したし、革命直後のソ連ではアレクサンドラ・コロンタイが政治歴から転じて（と言うか遠ざけられて）、メキシコ、北欧諸国で大使として高い声価を得た。

　現代に転じ、1991年ソ連が崩壊すると、外交官の待遇が低下して男性の志望者が減ったことが原因なのか、2004年外務省に新たに採用された189名の外交官のうち50％以上が女性という、様変わりの状況となる（https://krsk.mid.ru/zensiny-v-diplomatii）。既に1991年にはヴァレンチーナ・マトヴィエンコ（現上院議長）が共産党官僚職から在マルタ大使に転じていたし、2003年には外務第一次官に生え抜きの女性外交官エレオノーラ・ミトロファノヴァが就任した。現在では在インドネシアの大使を筆頭に、女性外交官は当たり前の存在となってきた。

　筆者自身が遭遇した女性外交官は、ソ連外務省でユネスコを担当していたローザ・オトゥンバエヴァ（後にキルギス大統領）等、文化交流、あるいはマスコミ担当の分野に多かった。2010年代初頭になると、ロシア外交では「ソフト・パワー」の重要性が語られるようになり、女性外交官もその先鋒として重宝されるようになったが、筆者の知るマスコミ担当の女性外交官は強面の人ばかり。エリツィンの時代、外務省でマスコミ担当を務めた女性（名前を失念した）もそうで、外相会談の冒頭に立ち会える日本人記者の数を強引に絞ってきた。筆者は彼女が目を離した隙に、日本人記者全員を会談場に招き入れ、彼女は大声を出すこともできず、ただ唖然としていたものだが。

　2014年のクリミア併合以来、ロシアも「ソフト・パワー」を語ることはなくなり、軍事力、そして「傭兵」を多用している。現在の外務省マスコミ担当のマリヤ・ザハロヴァは、「米国がしていることをロシアもして何で悪いのよ」という攻撃的な口ぶりでロシアの正当性を主張する。「ハード・パワー」なのだ。

河東哲夫
Japan-World Trend代表

-159-

第5章　朝鮮半島

概　観

　文在寅大統領は、南北および米朝の融和を推進する姿勢が評価され、その支持率は、南北首脳会談直後は83%（2018年5月2・3日）、米朝首脳会談直後は79%（同年6月14日）という高さを維持し、2018年6月の統一地方選挙および国会議員補欠選挙で与党は大勝した。しかし、2019年2月の第2回米朝首脳会談が合意発表を見送る形で終了し、経済分野でも成果が乏しいことから、支持率は、2019年に入り44%（4月23・25日）まで低下した。そうしたなか、文在寅氏は、難局打開のため、同年4月に国内行事を犠牲にして訪米したが、成果は得られなかった。

　日韓関係は、「旭日旗」、旧朝鮮半島出身労働者（徴用工）、慰安婦、レーダー照射事案、竹島をめぐって対立を深めた。中韓関係は、中国が反対していた2016年の在韓米軍へのTHAAD配備決定以降、対立を深めたが、2017年10月以降、徐々に回復している。

　韓国軍は「全方位の安全保障脅威への対応」を目標に、遠距離の監視・打撃能力の強化を図っている。国防費は、2020年または2021年頃に、日本の防衛予算を上回ることが見込まれている。米韓連合軍は、戦時作戦統制権の移管後に韓国軍大将が司令官を、米軍大将が副司令官を務める「未来連合司令部」を創設することで合意した。米朝対話の進展を受け、米韓合同軍事演習は中止または縮小された。

　金正恩朝鮮労働党委員長は、2019年4月の最高人民会議で再び朝鮮民主主義人民共和国国務委員長に推戴された。改正された憲法によって国務委員長の権限は強化され、金正恩氏は名実ともに「国家元首」の地位に就くことになったものと考えられる。2018年6月12日に実現した史上初の米朝首脳会談実現により、北朝鮮の前には、長らく求めてきた米国との関係改善という千載一遇の機会が訪れた。しかし、北朝鮮は、米国への根深い不信感から、非核化とともに米朝関係の改善や平和体制の議論を並行して段階的に進めることに固執した。その結果、米国の求める非核化の議論が深まることはなく、2019年2月にハノイで行われた第2回米朝首脳会談は、合意発表を見送る結果に終わった。

　米朝交渉が停滞し、国連安保理の制裁が解除される見通しが立たない状況下において、南北経済協力を進めて韓国の進歩政権の政治的基盤を確実なものとし、南北協力関係の長期的な安定を実現しようとする北朝鮮側の目論見は奏功していない。金政権が打ち出した「経済集中路線」も、外部からの投資、とりわけ韓国からの直接投資を受ける見通しが立たない現状では、大きな成果を期待できず、北朝鮮はひたすら「自力更生」を強調して人民の期待値を抑制することに腐心している。

　金正恩氏は2018年に3回、そして2019年1月にも中国を訪問し、習近平国家主席と首脳会談を持ち、ここ数年悪化の一途をたどってきた中朝関係を完全に修復することになった。また、2019年4月にはロシアのプーチン大統領とも初めての首脳会談を持ち、活発な首脳外交を展開している。

韓国（大韓民国）
内政

　2018年6月13日、韓国統一地方選挙および国会議員補欠選挙が実施され、与党「共に民主党」が広域自治体の首長選（道知事、特別市・広域市長選）17カ所のうち14カ所、国会議員補欠選挙で12選挙区のうち11議席を獲得し、大勝した。多くの韓国メディアは1995年に統一地方選挙が始まって以来の最大の勝利と報じた。選挙は初の米朝首脳会談の翌日であった。文在寅大統領は、平昌冬季オリンピック、南北首脳会談、米朝首脳会談を通じて南北および米朝の融和を推進する姿勢が評価され、その支持率は、南北首脳会談直後の83％（5月2‐3日）、米朝首脳会談直後の79％（6月14日）という高い支持率を維持した。野党は、朴槿恵前大統領の弾劾から約1年が過ぎたとはいえ、朴槿恵氏を支えた保守勢力に対する国民の反感が根強く残っており、さらに分裂して存在感が大幅に低下していた。最大野党「自由韓国党」の洪準杓代表と、野党「正しい未来党」の劉承旼共同代表は、大敗の責任をとって辞任を表明した。

　文政権による「積弊清算」は、李明博元大統領、朴槿恵前大統領の逮捕に続き、保守政権を支えた国家機関にまで拡大した。2018年6月15日、ソウル中央地裁は、朴政権期に、情報機関「国家情報院」が大統領府に秘密資金を上納していた件で、歴代の院長3人に実刑判決を言い渡した。また、別の軍情報機関「機務司令部」は解体され、9月1日、「軍事安保支援司令部」となった。「機務司令部」は、インターネットでの世論操作、政権に批判的な「左派勢力」やセウォル号沈没事故の遺族等に対する監視のほか、朴槿恵氏の弾劾を阻止するため、戒厳令を敷く計画を作成していたことが明らかとなっていた。同計画には、市内中心部および国会議事堂前への装甲車・特殊部隊の配備、言論統制、インターネット遮断、集会・反政府活動の禁止、違反国会議員の拘束が含まれていたことが7月20日の大統領府報道官の発表で明らかにされた。

　文在寅氏の支持率は、2019年に入り44％（4月23‐25日）まで低下した。2019年2月の第2回米朝首脳会談が合意なく終了したことに伴い、南北対話も停滞し

たことが関係したとみられる。また、否定的評価の理由のトップとして「経済・民生問題の解決不足」（36%）が挙げられており、国民が豊かになったと感じられる成果を出せていないことがある。2019年1-3月期の韓国の実質GDP成長率はマイナス0.3%であった。韓国経済を牽引してきた財閥企業の業績不調、中国経済の成長減速等が懸念材料として残っている（※以上の支持率はすべて韓国ギャロップの調査による）。

外交

米韓関係

　文在寅大統領は2018年4月19日、南北首脳会談および米朝首脳会談を前に、マスコミ各社社長との昼食会において自らの考えを明らかにした。文在寅氏によると、南北首脳会談の成功はその後に開かれる米朝首脳会談の成功にかかっていることになる。その理由は、南北首脳会談を通じて「朝鮮半島の非核化」、「恒久的な平和体制の構築」、「持続可能な南北関係の発展」へと繋げる必要があるが、これらは「南北間で合意できるものではなく、米朝の合意が必要であるため」である。文在寅氏は「米朝首脳会談まで成功してこそ、対話の成功を語ることができる」と説明し、米朝対話の成功をカギと考えていることを明らかにした。

　このような考えのもと、文在寅氏は米朝の仲介役を務めた。文在寅氏は2018年5月23日にワシントンでトランプ大統領と会談した。トランプ氏は、シンガポールでの米朝首脳会談が開かれるかはまだ様子を見なければわからないと述べたが、文在寅氏は非核化とその見返りとしての金正恩体制の保証について米朝間で協議する必要性を強調し、北朝鮮との終戦宣言についても協議した。文在寅氏は9月25日にも国連総会が開催されていたニューヨークでトランプ氏と会談し、平壌訪問の結果を説明するとともに、トランプ氏との再会談を望む金正恩氏のメッセージを伝達した。11月30日にはG20が開催されていたブエノスアイレスにてトランプ氏と30分間会談し、第2回米朝首脳会談の開催等について話し合った。

　しかし、合意なくして終了した第2回米朝首脳会談を境に、文在寅氏の仲介外交は厳しい状況となった。文在寅氏は大々的に執り行おうとしていた2019年4月

−162−

第5章　朝鮮半島

11日の「大韓民国臨時政府100年記念行事」に参加せず、予定を変更し、ワシントンでトランプ氏と会談した。文在寅氏が国内行事を犠牲にしてまで訪米した理由はトランプ氏と直接会って話し合うことが何よりも重要と考えていたためとみられる。文在寅氏はトランプ氏と単独会談、拡大会議、ワーキングランチを含めて約2時間会談したものの、単独会談ではトランプ氏が予定の30分間のうち26分間、記者の質問に答えたため、通訳の時間を考慮すると実質2分で終わった。文在寅氏は、制裁解除、人道支援、第3回米朝首脳会談の必要性を訴えたが、トランプ氏から積極的な回答は得られず、訪米は成果の乏しいものとなった。

　他方、米軍が保有する韓国軍の戦時作戦統制権の移管および移管後の体制についての協議には進展が見られた。米韓両国防長官は2018年10月31日にワシントンで開かれた第50回米韓安全保障協議会議（SCM）において、2017年6月に米韓両首脳間で合意された「条件に基づく韓国軍への戦時作戦統制権の移管が早期可能となるよう」緊密に努力することとした。また、戦時作戦統制権の移管後も米国が強力な連合防衛体制を保証する「連合防衛指針」に署名した。戦時作戦統制権の移管後の「未来連合司令部」については、「両国の国家統帥機構の共同指針を受ける軍事協議機構から戦略指示と作戦指針を受ける」形で、韓国軍大将が司令官を、米軍大将が副司令官を務めることで合意した。移管時期は2019年に韓国軍主導の連合防衛体制に対する基本運用能力の評価を行い、判断することにした。

日韓関係

　日韓関係は、2018年の日韓間の往来者数が初めて1,000万人を上回るなど、国民間の交流は堅調であったが、様々な問題により悪化の一途をたどった。

　第一に、「旭日旗」問題である。2018年10月に韓国の済州島沖で開催された国際観艦式で、海上自衛隊の艦船が自衛艦旗を掲げて参加することに韓国内で批判が高まった。韓国で「旭日旗」は「軍国主義の象徴」とされ、感情的に許せないと反発が強くなっている。韓国政府は日本以外の全参加国にも国旗を掲げるよう要請する形で、日本側に自衛艦旗を掲げないよう求めた。そのため、日本政府は自衛艦の派遣を見送った。観艦式当日、軍艦旗を掲げた国もあった

−163−

が、韓国はそれを問題にすることはなく、韓国自身も国旗を掲げず、李氏朝鮮時代の水軍隊長旗を掲げるなど、矛盾した行動をとった。

　第二に、旧朝鮮半島出身労働者（徴用工）問題がある。日韓両国は1965年のいわゆる「日韓請求権協定」（財産および請求権に関する問題の解決ならびに経済協力に関する日本国と大韓民国との間の協定）において韓国に対して無償3億ドル、有償2億ドルの経済協力を約束するとともに「請求権に関する問題が完全かつ最終的に解決」されたことを確認していた。しかし2018年10月30日、韓国の最高裁判所は、新日鉄住金の上告を棄却し、70年以上前に働いていた労働者4人にそれぞれ1億ウォン（10ウォン≒約1円）の「慰謝料」を支払うよう判決を下した。その理由は、未支給の賃金や保証金の要求ではなく、「日本政府の朝鮮半島に対する違法な植民地支配および侵略戦争の遂行と直結した日本企業の反人道的な不法行為を前提とする強制動員被害者の日本企業に対する慰謝料請求権」であり、この権利は日韓請求権協定の適用対象に含まれないという点に求められた。11月29日、韓国の最高裁判所は、同様の理由から、三菱重工業に対しても8,000万ウォンの支払いを命じたほか、地裁や高裁でも日本企業への賠償判決が続いている。

　第三に、慰安婦問題である。朴槿恵政権期の2015年12月28日の外相会談において、日韓は慰安婦問題が「最終的かつ不可逆的に解決される」ことで合意した。同合意に基づき、元慰安婦への支援を目的とした「和解・癒し財団」が2016年7月28日に設立され、日本政府が8月末に10億円程度とされる資金を提供した。しかし、文政権は2017年12月27日、被害者との意思疎通が不足した状態で朴政権が日本と合意したとの「検証結果」を発表し、2018年11月21日には「和解・癒し財団」の解散を推進すると発表した。また、2019年2月7日、文喜相韓国国会議長がブルームバーグとのインタビューで「（謝罪は）一言でいいのだ。日本を代表する首相かあるいは、私としてはまもなく退位される天皇が望ましいと思う。その方は戦争犯罪の主犯の息子ではないか。そのような方が一度おばあさんの手を握り、本当に申し訳なかったと一言いえば、すっかり解消されるだろう」と語り、日本側の反発を招いた。

　第四に、韓国海軍艦艇による火器管制レーダー照射事件をめぐる対立であ

—164—

る。2018年12月20日午後3時頃、能登半島沖で警戒監視中の海上自衛隊P‐1哨戒機が、韓国海軍駆逐艦「広開土大王（クァンゲト・デワン）艦」から火器管制レーダーの照射を受けた。火器管制レーダーは、ミサイルや砲弾を命中させるために、目標の位置や速度等を正確に把握するために用いるものである。照射の事実を否定し続ける韓国に対して、日本政府は危険な行為であるとしてこれに抗議し、動画を公開した。これに対して韓国政府も北朝鮮漁船に対する「人道主義的救助作業」中に自衛隊の哨戒機が低空飛行をするなどして妨害したとする動画を公開した。

　防衛省は2019年1月21日、韓国側が事実とはまったく異なる主張を繰り返しているとし、これ以上実務者協議を継続しても、真実の究明に資するとは考えられないとする最終見解を発表した。

　第五に、竹島問題がある。竹島およびその周辺での軍事訓練や海洋調査、韓国国会議員による竹島上陸が行われた。

　この間の首脳同士の関係を振り返ると、日韓両首脳は、2017年7月7日にドイツの首脳会談で互いに相手国を頻繁に訪問する「シャトル外交」を再開させることで合意し、文在寅氏は2018年5月9日、東京で開催された日中韓首脳会談を機に就任後初めて、韓国大統領の訪日としては約6年半ぶりに日本を訪問した。日韓両首脳は同年9月25日にもニューヨークでの国連総会を機に首脳会談を行った。しかし、11月のASEAN関連首脳会議（シンガポール）やAPEC首脳会議（パプアニューギニア）では同じ場に居合わせたが、首脳会談は実施されず、首脳間の交流も停止した。

　文在寅氏は2018年9月の会談の際、安倍首相に、慰安婦問題について、被害者と国民の反対を理由に「和解・癒し財団」を解散する意向を伝え、旧朝鮮半島出身労働者問題についても前政権が司法に介入したことが国内で問題になっているとし、司法の判断を尊重する旨伝えた。

　さらに文在寅氏は2019年1月10日の新年記者会見で、「（1965年の日韓基本条約によって）すべて解決されなかった」、「これらの問題がまだ少しずつ続いている」、「これは韓国政府が作った問題ではない」、「過去の不幸だった長い歴史のため作られている問題である」、「日本政府がこれについてもう少し謙虚な

立場を持たなくてはならない」、「日本の政治家や指導者がむやみやたらに政治争点化し、問題を論争の材料とし、私は賢明な態度ではないと思う」などと非難し、「司法が日韓基本協定をもってまだ解決しなかったと判断した問題」と「被害者の苦痛を治癒してあげる問題」について、両国が知恵を出し合わなければならないと述べた。文在寅氏は、大統領就任後のの2017年5月11日、安倍氏との電話会談で、日韓の安全保障協力と関係発展については、歴史問題と切り離す意向を明らかにしていたが、2年もたたずして完全に行き詰まることになった。

中韓関係

　北朝鮮による2016年1月の第4回核実験および2月の長距離弾道ミサイル「光明星（クァンミョンソン）」発射を受けて、中国が反対していた終末高高度防衛ミサイル（THAAD）の在韓米軍への配備を韓国政府が推進して以来、中韓関係は悪化していた。しかし2017年10月に康京和外相が①韓国は米国のミサイル防衛（MD）に参加しない、②THAADを追加配備しない、③日米韓の安全保障協力は軍事同盟に発展しない、と言及したことを機に徐々に回復した。2017年12月の文在寅氏による訪中で両国は政治・外交・安全保障分野の戦略的対話を活性化していくことで合意した。安全保障分野では、2018年5月に国防政策実務会議が再開され、10月にはASEAN拡大会議を機に国防長官が会談し、交流拡大等で一致した。また、韓国政府は朝鮮戦争時の中国軍の遺骨返還を通じて、関係改善を図ろうとしている。

　しかし中韓関係は完全に回復したわけではない。THAAD配備用にゴルフ場の敷地を提供したロッテは、不買運動や建設中止命令等により中国からの撤退を余儀なくされている。韓国観光公社の統計によると、中国人の韓国入国者数は2017年に団体観光が事実上禁止されるなどしたため、2016年の807万人から約417万人にほぼ半減したが、団体観光の緩和により2018年は約479万人に回復した。2019年はさらに回復する見込みだが、2016年の水準には回復しないとみられ、チャーター機やクルーズ船による韓国観光、そしてロッテ免税店等のロッテ関連施設への立ち寄りについて、中国側は依然として許可していない。

　また、中国軍機の「韓国防空識別区域（KADIZ）」侵入および韓国周辺での

第5章　朝鮮半島

活動が増加しており、韓国軍は防空識別会議の再開や空軍間のホットラインの追加開設等を推進している。

軍事

韓国軍

2018年7月27日、韓国国防部は「国防改革2.0」の概要を明らかにした。その情勢認識は、「朝鮮半島の非核化と平和体制の進展に対する高い熱望と可能性」つまり、2018年前半に見られた南北・米朝対話の進展への期待にもかかわらず、北東アジア地域において「戦略的競争と軍備増強」等、「地域の安全保障の不安定性がこれまでより高まっている」とするものであった。そして「全方位の安全保障脅威への対応」が目標の一つであり、「北朝鮮の現存の脅威はもちろん、潜在的脅威と非軍事脅威等、多様化する軍事脅威と不確実性に対応できる我々主導の」つまり米軍主導ではない韓国独自の「全方位安全保障脅威対応能力が要求されている」とした。その要求に応える「先端科学技術に基づく（軍・防衛産業の）精鋭化」と改革推進のため、2023年まで年平均7.5%の国防費の増加、特に兵器の購入・開発費増が必要であるとした。

2019年1月15日、韓国国防部は『国防白書2018』を発表した。前回の2016年の白書では「核・ミサイルなどの大量破壊兵器、サイバー攻撃、テロ」による威嚇を続ける「北朝鮮の政権と北朝鮮軍は我々の敵」と表記されていたが、今回の白書においては、北朝鮮を敵とみなす表現はなくなり、「わが軍は大韓民国の主権、国土、国民、財産を脅かし、侵害する勢力を我々の敵とみなす」に変更された。また、韓国はこれまで北朝鮮の核・ミサイルに対し、「韓国型3軸体系」、すなわち、①ミサイル発射の兆候捕捉から30分以内にミサイルの移動式発射台や関連施設を先制攻撃して破壊する「キル・チェーン」、②破壊されずに発射されたミサイルを迎撃する「韓国型ミサイル防衛（KAMD）」、③北朝鮮が核兵器で攻撃を加えた場合、北朝鮮の指導部を狙って報復する「大量膺懲報復（KMPR）」の三つで対抗することを明らかにしていた。しかし、今回、「キル・チェーン」と「大量膺懲報復」は、まとめて「戦略的打撃体系」に呼び名を変え、「戦略的打撃体

－167－

系」と「韓国型ミサイル防衛体系」との2軸となった。「戦略的打撃体系」は、北朝鮮の指導部を狙って報復するといった北朝鮮を刺激する説明は避けられ、「全方位の非対称脅威に対する抑止および対応のため、拒否的抑止と膺懲的抑止を統合具現する」ものであるとした。また、「戦略的打撃体系」構築のため、「遠距離の監視能力」と「精密打撃能力基盤の戦力を拡充している」と明らかにした。

このように韓国軍は遠距離の監視・打撃能力の強化を目指しているほか、国防部の資料や報道等によると、海・空軍はより広範囲での活動を目指している。

陸軍は、遠距離の精密打撃能力の強化のため、弾道ミサイル「玄武（ヒョンム）2A」（射程300キロメートル）、「玄武2B」（同500キロメートル）、「玄武2C」（同800キロメートル）のほか、地対地巡航ミサイル「玄武3A」（同500キロメートル）、「玄武3B」（同1,000キロメートル）、「玄武3C」（同1,500キロメートル）、戦術地対地誘導兵器（KTSSM、同120キロメートル以上）、230mm多連装ロケットの増強を推進している。

海軍は、遠洋での活動を拡大するため、機動戦団を機動戦団司令部に改編し、強化する。2020年代後半までに7,400トン級の新型イージス艦3隻を追加し、イージス艦6隻体制とし、三つの機動戦隊に2隻ずつ配備する。3,000トン級の新型潜水艦を2028年までに9隻配備する。これらの艦艇・潜水艦には艦対地巡航ミサイル「海星（ヘソン）2」（射程1,000キロメートル）、潜対地巡航ミサイル「海星3」（同1,000キロメートル）が搭載される。また、航空戦団を航空司令部に改編し、P‐8哨戒機やヘリを追加する。

空軍は、敵地攻撃力、ミサイル防衛、宇宙空間の監視を強化する。敵地侵入に有利なステルス戦闘機（F‐35A）40機の獲得を予定しているほか、地下破壊力に優れたバンカーバスター、長距離空対地巡航ミサイルSLAM‐ER（射程270キロメートル）および「タウルス」（同500キロメートル）をF‐15、F‐16等各種戦闘機に搭載し、遠距離の打撃能力を強化する。また、弾道ミサイル迎撃のための監視強化、パトリオット性能改良、国産迎撃ミサイルを開発、強化する。高高度偵察無人機等を運用する偵察飛行大隊の創設のほか、衛星監視統制隊を創設する。

なお、韓国軍は各種弾道および巡航ミサイルを保有、開発中であるが、北朝鮮による2019年5月4日の「約70‐240キロメートル」飛行した「発射体（飛翔体）」

－168－

第5章　朝鮮半島

（韓国軍発表）について、韓国政府は2018年9月19日の南北の「軍事合意の趣旨に反する」「緊張を高める行為を中断することを要求する」と発表した。また、続く5月9日の「約270キロメートル、420キロメートル」飛行した「短距離ミサイル」（同）についても、文在寅氏が対話局面を難しくすると警告した。70 - 240キロメートルの発射が南北の合意に反すると主張するのであれば、韓国自身も今後、ミサイルの訓練・試験発射を控える必要性が生じる。韓国軍は能力低下の可能性を受け入れるのか、あるいは対北朝鮮ではなく、日本や中国等からの「全方位の安保脅威の対応」のためとの説明を強め、引き続き能力を強化していくのか注目される。

　国防費は、2018年比8.2％増の46兆6,971億ウォンとなった。北朝鮮の核・ミサイル能力への対応、米韓連合防衛体制を主導する軍事力、周辺国の潜在的脅威に対応する能力を確保するため、無人機、ステルス戦闘機、艦艇、誘導兵器の購入・開発費が増加している。増加の背景には、装備を強化して戦時作戦統制権の移管の条件を早期に満たそうとする政権の考えも反映されているとみられる。

　国防費は、2023年まで年平均7.5％の増加が計画されている。計画通り増加されれば、2019年46兆ウォン、2020年50兆ウォン、2021年54兆ウォン、2022年58兆ウォン、2023年62兆ウォンとなる。韓国の国防費は、2020年または2021年頃に、日本の防衛予算（約5兆円）を上回るとみられる。

　なお、兵力は少子化の影響を受け、現在61.8万人の兵力を22年までに50万人に削減する（陸軍が11.8万人削減される）。兵役期間も短縮される（陸軍・海兵隊21カ月→18カ月、海軍23カ月→20カ月、空軍24カ月→22カ月）。

表1：韓国の国防費

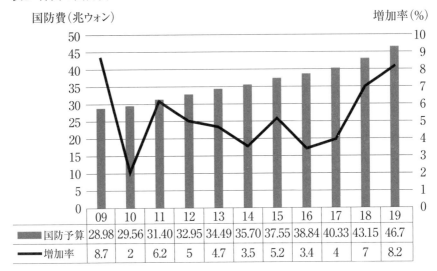

出所：韓国国防部HP

表2：各国国防費比較（2017年）

	国防費	GDP比	一人当たりの国防費
韓国	351億ドル	2.33%	678ドル
米国	6,028億ドル	3.11%	1,845ドル
日本	460億ドル	0.94%	364ドル
ロシア	456億ドル	3.10%	321ドル
中国	1,505億ドル	1.26%	108ドル
英国	507億ドル	1.98%	783ドル
ドイツ	417億ドル	1.14%	518ドル

参考：韓国の国防費は、米、中、サウジアラビア、印、英、仏、日、露、独に次ぐ10位
出所：韓国国防部HP

在韓米軍・米韓連合軍

　米朝首脳会談の結果を受けて、米韓両政府は、北朝鮮が毎年強く反発していた定例の米韓演習を中止または縮小する決定を下した。

第5章　朝鮮半島

　米韓国防省は2018年6月18日、毎年8月に実施してきた軍事演習「フリーダムガーディアン」を停止すると発表した。また、韓国政府は同年7月10日、同演習に合せて韓国政府、軍、民間が共同で実施してきた「乙支 (ウルチ) 演習」も停止し、韓国軍単独の演習である「太極 (テグク) 演習」と合わせた「乙支太極 (ウルチテグク) 演習」を2019年から実施すると発表した。「乙支太極 (ウルチテグク) 演習」は外部からの武力攻撃だけでなく、テロ、大規模災害等を含む包括的な民・官・軍の合同訓練に発展させる計画であるという。

　毎年3-4月に行われる指揮所演習「キーリゾルブ」および野外機動演習「フォールイーグル」は2019年3月2日、米韓国防長官の電話会談の結果、「外交的取り組みを引き続き後押し」するため、「終結」すると発表された。「キーリゾルブ」については、それに代わる新たな指揮所演習「同盟」が3月4日-12日まで実施された。野外機動演習は特別な名称を使わずに大隊級以下に規模を縮小した訓練を年間を通して行うこととした。

　なお、演習中止の背景には、演習費用に対するトランプ大統領の不満もある。トランプ氏は、かつてより同盟国を守るために米国が払い続ける費用に不満を繰り返し表明してきていた。トランプ氏は、2019年3月4日にツイッターで、演習には多大な費用がかかるため、かなり前から決定していたものであると明らかにし、同年2月の金正恩朝鮮労働党委員長とのハノイ会談において演習の中止について話し合った結果との見方を否定した。また、2019年以降の在韓米軍の駐留経費である防衛費分担金をめぐる協議は、より多くの負担を求める米国と可能な限り費用を軽減したい韓国の間で交渉が難航し、年を越した2019年2月10日に1兆389億ウォン (8.2%増、韓国国防費の増加に合わせた数値) で仮署名した。5年分で合意されていたこれまでとは異なる1年分のみの合意であり、2020年以降の分担金をめぐり、米韓の対立が続くとみられる。

　ソウル中心部の龍山 (ヨンサン) にあった在韓米軍司令部および国連軍司令部は2018年6月29日、米韓連合司令部を残して、ソウル南方約80キロメートルにある平澤 (ピョンテク) に移転した。

（防衛省　平田悟）

－171－

北朝鮮（朝鮮民主主義人民共和国）
内政

金正恩の国務委員長再推戴

　北朝鮮は、2019年3月、立法機関である最高人民会議の代議員選挙を5年ぶり
に実施し、4月11日に最高人民会議第14期第1回会議を開催して第14期の国家指
導機関を構成した。今回の国家指導機関の構成については、金正恩氏が北朝鮮
の最高指導者としては初めて代議員選挙に立候補せず、代議員から外れたこと
から、国家指導機関の再編が行われるのではないかとの観測も出されたが、結
局、金正恩氏は前期に続き国務委員会委員長に推戴され、国家指導機関の組
織再編も行われなかった。

　ただし、従前と異なるのは、今回の人事で金永南に代わって最高人民会議常
任委員会委員長に就任した崔竜海が国務委員会に引き続き在任し、国務委員会
第一副委員長に昇格したことである。これによって、「共和国の最高指導者」で
ある国務委員長と対外的な「国家代表」である最高人民会議常任委員長との上
下関係が明確になった。また、同会議以降、金正恩氏に対して「全朝鮮人民の
最高代表者」、「共和国武力最高司令官」との呼称が使われ始めたほか、米国
の大統領章のような「国務委員長」章が作られた。これらは、金正恩氏の国家
首班としての権威をいっそう高めるねらいとみられる。

　このほか、今回の人事では、内閣総理が朴奉珠から前慈江道党委員長の金才
竜に交代した。ただし、朴奉珠は引き続き国務委員会副委員長に留任し、金才
竜は国務委員に止まった。朴奉珠は、最高人民会議前日に行われた党中央委員
会第7期第4回全員会議において党中央委副委員長に選出されており、経済政策
等の面で引き続き役割を果たすものとみられる。また、外務省で対米交渉を担
当する崔善姫外務次官が第一外務次官に昇進の上、国務委員会委員に抜擢され
た。崔善姫第一次官が対米交渉の責任者として国務委員長である金正恩氏に直
結する形を示したと言え、第3回米朝首脳会談に向けた実務交渉への本気度を
窺わせる。

第5章　朝鮮半島

制裁長期化を見据え「自力更生」強調

　朝鮮労働党は、2018年4月20日の党中央委員会第7期第3回全員会議におい
て、核開発と経済建設の「並進路線」の「勝利」を宣布し、社会主義経済建設に
総力を傾けるとする「経済建設集中路線」を新たな戦略的路線として採択した。
当時、年初からの対話攻勢によって韓国、中国と関係改善を果たし、トランプ大
統領が米朝首脳会談を受諾していたことから、対米交渉が順調に進めば制裁が
緩和され、外部からの投資を呼び込めるとの計算が指導部にはあったとみられ
る。そうした計算を背景に、金正恩氏は「困苦欠乏に耐えて奮闘してきた人民の
闘争が立派に締めくくられ、我々の子孫が幸せな生活を享受できる確固たる担
保を持つようになった」と強調し、新たな路線のもと、すべての工場・企業所の
生産を正常化して「全国に人民の笑い声が高らかに響き渡る」ようにし、将来的
には「全人民に何もうらやむもののない裕福で文化的な生活を与える」ことが目
標であると表明し、人民の生活向上への期待値を高めたのであろう。

　しかし、米朝交渉は進展せず、国連の制裁が緩和されなかったため、南北間
の経済協力は進まず、貿易のほとんどを占める中国との2018年の貿易額は前年
のほぼ半額の約24.3億ドルに落ち込んだ。韓国銀行の推定によれば、制裁の影
響により、北朝鮮の2017年の経済成長率はマイナス3.5％と、2年ぶりにマイナス
成長に転落し、2018年以降も停滞が続くとみられている。北朝鮮では、金正恩
氏の指示で2018年に開始された大規模海岸リゾート「元山葛麻海岸観光地区」
の建設が遅延し、2019年4月の金日成生誕日を完工期限とする当初の目標が、
同年10月の党創建記念日に、さらに2020年4月の金日成生誕日へと2度にわたっ
て先延ばしとなっている。背景には、制裁の影響で必要な建材や設備等の調達
が困難になっていることがあるとみられる。

　国連安保理北朝鮮制裁委員会の専門家パネルの報告によれば、2017年1月か
ら2018年9月までの間に仮想通貨市場で北朝鮮とみられるサイバー攻撃が繰り
返され、約5億7,000万ドルが窃取されたほか、2018年には海上で船舶同士が積
み荷を移し替える、いわゆる「瀬取り」によって石油製品を入手したとみられる事
例が急増しており、北朝鮮が資金や石油類の調達に腐心していることが窺える。

　このような状況の中で、朝鮮労働党は、2019年4月10日の党中央委員会第7期

－173－

第4回会議において、社会主義建設を「自力更生」によって進める方針を打ち出した。報告を行った金正恩氏は、「最近行われた朝米首脳会談（第2回米朝首脳会談）の基本の趣旨と我が党の立場」について述べた。その上で、「我々の力と技術、資源に依拠した自立的民族経済に基づき、自力更生の旗を高く掲げて社会主義建設をさらに粘り強く前進させていく」ことにより、「制裁で我々を屈服させることができると誤断している敵対勢力に深刻な打撃を与えなければならない」と表明した。金正恩氏はまた、翌4月11日の最高人民会議第14期第1回で行った施政演説の中で、「米国が我が国の根本利益に反する要求を制裁解除の条件として持ち出しているという状況において、我々と米国との対立はどのみち長期性を帯びるようになっており、敵対勢力の制裁もまた継続されるようになる」と述べ、「長期間の核の威嚇を核で終息させたように、敵対勢力の制裁突風は自立、自力の熱風で掃き捨てなければならない」と呼び掛けた。一方、前年に語った「人民生活向上」には言及しなかった。制裁の長期化を見据え「自力更生」を強調することによって、人民の期待値を下げ、内部を引き締めるねらいがあったとみられる。

外　交

対米関係：史上初の米朝首脳会談が実現

　2018年4月20日、朝鮮労働党は、党中央委員会第7期第3回全員会議において、「並進路線の偉大な勝利を宣布することについて」と題する決定書を採択した。決定書は、①核の兵器化を実現したことを闡明する、②4月21日から核実験と大陸間弾道ミサイル試射を中止し、北部核実験場を廃棄する、③核実験の全面中止のための国際的な志向と努力に合流する、④核の威嚇、挑発がない限り、核兵器を絶対に使用せず、いかなる場合にも核兵器と核技術を移転しない、⑤人民生活を画期的に高めるための闘争に全力を集中する、⑥朝鮮半島と世界の平和と安定を守り抜くために周辺国と国際社会との緊密な連携と対話を積極化する、との6項目からなる。これは、1週間後の南北首脳会談、さらにはトランプ大統領が3月8日に受諾を表明した米朝首脳会談に向けて、非核化に取り組む意

－174－

思をアピールするものであった。

　同会議で演説した金正恩氏は、「今やいかなる核実験と中長距離、大陸間弾道ミサイル試射も不要となり、北部核実験場もその使命を果たした」と表明した。そして、北朝鮮は、2018年4月27日の南北首脳会談で「板門店宣言」を採択し、「完全な非核化を通じて核のない朝鮮半島を実現する」ことを南北共同の目標として明記した。また、5月24日には、北部の豊渓里（プンゲリ）核実験場に米英中露および韓国の記者団を招き、地下核実験用の坑道入口や観測所などの関連施設を爆破した。こうしたなか、金正恩氏は同年5月9日、訪朝した米国のポンペオ国務長官に対し、米国側が釈放を求めていた拘束中の米国人3人を引き渡した。これを受けてトランプ氏は5月10日、米朝首脳会談を6月12日にシンガポールで開催すると表明した。

　一方で、北朝鮮は、ボルトン大統領補佐官やペンス副大統領が、核兵器の米国内への移転など全面的な核放棄を先行させる、いわゆる「リビア方式」に言及したことに反発し、対米担当の金桂官第一外務次官（5月16日）と崔善姫外務次官（5月24日）が相次いで首脳会談開催を「再考慮」するとの談話を出して米国側を牽制した。しかし、これは、トランプ氏が5月24日、首脳会談を見送る旨の書簡を金正恩氏に送ったと発表することによって、逆に米国側の揺さぶりに遭うことになった。このため、北朝鮮は、金桂官氏が25日、「トランプ大統領を心のうちで高く評価してきた」などと釈明する談話を出すとともに、金正恩氏が26日、板門店で急遽韓国の文在寅氏と対応を協議し、米朝首脳会談に対する「確固たる意志」を表明して事態の収拾を図った。その後、北朝鮮は、金英哲党副委員長（党統一戦線部長）を米国に派遣し、6月1日、ホワイトハウスでトランプ氏に金正恩氏の親書を届け、親書を受け取ったトランプ氏は首脳会談を予定通りに開催すると表明した。

　こうして、史上初となる米朝首脳会談が6月12日、シンガポールのセントーサ島で開かれ、金正恩氏とトランプ氏は共同声明に署名した。米朝共同声明は、トランプ氏が北朝鮮の安全を保証し、金正恩氏が朝鮮半島の完全非核化の意志を確認したとした上で、①米朝は新たな米朝関係を樹立していく、②米朝は朝鮮半島における恒久的で強固な平和体制を構築するために共に努力する、③北朝

鮮は朝鮮半島の完全な非核化に向けて努力する、④米朝は戦争捕虜と行方不明者の遺骨を発掘し、送還する、との4項目合意を明示した。また、共同声明の履行に向けて、ポンペオ氏と北朝鮮側高官との後続協議を早期に行うことが明記された。

　会談後、記者会見を開いたトランプ氏は、詳細を詰めるには「時間が無かった」とし、北朝鮮のミサイルエンジン実験場の破壊について合意したが、それは共同声明の署名後であったと述べた。一方、北朝鮮側の報道機関によれば、会談において、金正恩氏がトランプ氏の要請に応じて米軍遺骨の発掘・送還を受諾したほか、トランプ氏が米朝間の交渉が行われる間、北朝鮮側が挑発とみなす米韓合同軍事演習を中止し、北朝鮮に安全の保証を提供し、関係改善の進展に合わせて北朝鮮に対する制裁を解除できるとの意向を表明した。これに対して金正恩氏が、米国側が信頼醸成措置を講じていくなら、それに相応した次の段階の追加的な措置を講じていくことができるとの立場を示したと伝えた。また、朝鮮半島の平和と安定および朝鮮半島の非核化を進める過程で段階別、同時行動の原則を順守することが重要であることについて、両首脳が認識を共にしたと指摘し、段階的な非核化が首脳間の合意であることをアピールした。

　米朝首脳会談の結果については、非核化の期限や具体的措置が示されていないとの批判もあったが、首脳会談の開催が先に決まるという異例の状況のもと、根深い不信感を持つ米朝が短期間のうちに「非核化」と「安全保証」の具体的内容と手順をまとめるのは、事実上、不可能であり、双方の主張を取り入れた原則的、抽象的な合意に留まらざるを得なかったと考えられる。ただし、共同声明の上記4項目のうち、①②④の実施主体が「米朝」であるのに対し、非核化に関する③の実施主体は「北朝鮮」となっており、非核化は専ら北朝鮮が行うものであることを明記した点は評価されるべきであろう。

「非核化」に集中する米国と「米朝関係改善」「平和体制」の並行を求める北朝鮮

　こうして、米朝共同声明の具体化は、ポンペオ国務長官による外相級の交渉に委ねられることとなり、ポンペオ氏が2018年7月6、7日の両日、平壌を訪問して金英哲氏らと交渉を行ったが、早くも米朝双方の思惑の相違が表面化した。ポンペ

—176—

第5章　朝鮮半島

オ氏が訪朝後、北朝鮮の完全に検証された完全な非核化に向けた諸措置について実質的な協議を行ったと発表したのに対し、北朝鮮側は、米国が「CVIDだの、（核の）申告だの、検証（の必要）だのと言って、一方的な強盗さながらの非核化要求ばかりを持ち出してきた」（7月7日、外務省報道官談話）などと強く反発したのである。同談話によれば、北朝鮮側は、米朝共同声明のすべての条項の「均衡のとれた履行」を主張し、①米朝間の多面的な交流、②朝鮮戦争休戦協定締結65周年に際した終戦宣言の発表、③大陸間弾道ミサイル（ICBM）の生産中断を実証するための大出力エンジン試験場の廃棄、④米軍遺骨発掘のための実務協議の開始などの行動措置を「それぞれ同時に講じる」ことを提案した。

　非核化の協議に集中したい米国に対し、北朝鮮としては、米朝関係の改善や平和体制に関する協議と非核化に関する協議を「段階的に、同時行動原則のもとに、解決できる問題から一つずつ解決する」（同談話）ことによって、米国の対北朝鮮敵対視政策の転換が置き去りにされるのを防ごうとするねらいがあったとみられる。外相級交渉の代表に対米核交渉に精通する李容浩外相ではなく、ポンペオ氏がCIA長官として事前交渉に当たった際の窓口であった金英哲氏をそのまま起用したのも、そうした思惑と関連しているとみられる。

　第1回の外相級交渉後、北朝鮮側は、休戦協定締結日の2018年7月27日に米兵らの遺骨55柱を米国側に返還したほか、金正恩氏の書簡をトランプ氏に送り、交渉の継続に意欲を示した。米国側もまた、北朝鮮担当特別代表に米自動車大手フォード社の副社長で元NSC上級スタッフのビーガン氏を起用するとともに、2回目の協議に向けて、ポンペオ氏が8月下旬に訪朝する旨発表した。しかし、中国の非協力的態度もあり非核化に向けた十分な進展が見込めないとするトランプ氏の指示により、ポンペオ氏らの訪朝は取りやめとなった。

　交渉の停滞に直面した北朝鮮は、再び金正恩氏の書簡をトランプ氏に送って2回目の米朝首脳会談の開催を要請するとともに、2018年9月19日の南北首脳会談において、東倉里ミサイル発射場のエンジン試験施設と発射施設を専門家の参観のもとで永久的に廃棄すると表明し、また米国側の「相応の措置」を条件に、寧辺核施設の永久的廃棄などの「追加的措置」を講じる用意があることを表明した。東倉里ミサイル発射場はICBM開発の主要施設の一つであり、特

－177－

に、エンジン試験場の廃棄は、米本土に到達し得るICBMを完成させないというメッセージと考えられる。北朝鮮はすでに7月下旬の一時期、エンジン試験施設と発射施設の構造物の解体に着手する動きを見せていた。また、寧辺核施設は、他に隠された施設が存在すると考えられるとはいえ、なお核物質の主要な生産施設であり、その廃棄は核兵器の生産力を大きく制限することを意味している。これら重要施設の放棄を表明することで、北朝鮮としては、米国の「見返り措置」が明確に具体化することを期待したと言えよう。

北朝鮮側の新たな提案を受けて、トランプ氏が第2回米朝首脳会談を開催する意向を表明し、金正恩氏は2018年10月7日、ポンペオ氏を平壌に迎え、第2回首脳会談に向けた実務協議を早期に開催することで合意した。ポンペオ氏は訪朝後、金正恩氏が東倉里に加え、豊渓里核実験場についても査察を認める考えを示したと明らかにした。しかし、その後、実務協議はなかなか開催されず、11月上旬に金英哲氏の訪米予定が発表されたものの、北朝鮮側の要請により、直前で取りやめになった。

合意発表が見送られた第2回米朝首脳会談

米朝間の外相級交渉は進展を見ることができずにいたものの、トランプ氏やポンペオ氏は2019年早々の首脳会談開催の可能性を繰り返し表明し、金正恩氏もまた、年末にトランプ氏に書簡を送るとともに、2019年元日の新年辞において「いつでも再び米国大統領と対面する準備ができている」と言明した。そして、1月18日、金英哲氏がホワイトハウスでトランプ氏と面談し、第2回米朝首脳会談を2月下旬に開催することで合意した。トランプ氏は2月5日の一般教書演説において、米朝首脳会談を2月27、28日の両日、ベトナムのハノイで開催すると発表した。

こうして第2回米朝首脳会談がハノイで開催され、2019年2月26日の夕食会に続き、27日に単独会談および拡大会合が開かれたものの、28日に予定されていた昼食会および署名式はキャンセルとなり、合意の発表がないまま終了した。追加の会合は開かれず、トランプ氏は記者会見後、直ちに帰国の途についた。トランプ氏は記者会見で、一定の合意文書が準備されていたものの、「署名するのは適切でなかった」と表明した。トランプ氏は、会談において金正恩氏が寧辺核施設の廃

第5章　朝鮮半島

棄に応じる代わりに全面的な制裁の解除を要求したと指摘し、これに対して、寧辺以外にも発見したものがあり、寧辺以上のものを放棄するよう求めたと明らかにした。同席したポンペオ氏は、寧辺の施設だけではミサイルや弾頭、兵器システムも含まれておらず、今回の会談ではこれらの問題に着手できなかったと説明した。一方で、トランプ氏は、金正恩氏がミサイル発射や核実験を行わないことを約束したとしてこれを評価し、その間は引き続き協議を継続すると表明した。

　これに対して北朝鮮側は、2月28日の深夜、李容浩外相と崔善姫外務次官が現地で記者会見を開き、北朝鮮側が寧辺核施設内のプルトニウムとウランを含むすべての核物質生産施設を専門家の立会いのもとで完全廃棄することを提案したと明らかにするとともに、米国側に要求したのは、北朝鮮が核実験とミサイル発射を繰り返した2016年から2017年の間に国連安保理が採択した5件の制裁決議のうち、民生経済や人民生活に支障を及ぼす項目にかかる制裁を解除することであって、制裁の全面解除を要求した訳ではなかったと主張した。

　第2回首脳会談の開催前に行われた実務協議は、2月6日から8日の間、平壌で、また同21日からハノイで行われた2回のみであり、米朝双方ともこの会談では大きな合意はなく、次回に繋がる最低限の成果があればよいと考えていたと思われる。段階的な非核化を求める北朝鮮側としては望ましい展開であったとみられる。しかし、会談当日、ワシントンの議会で、トランプ氏の個人弁護士であったコーエン氏の公聴会が開かれ、トランプ氏のスキャンダルを暴露する証言がなされたことから、トランプ氏側は、最低限の合意では国内で「悪い取引」として批判にさらされると判断し、むしろ合意しないことを選択したとみられる。金正恩氏が会談で核実験とICBM発射の中止を改めて表明したため、合意無しに終わっても事態の急速な悪化は避けられるとの判断もあったであろう。結果的にその選択は、米国内で一定の評価を受けることとなった。

　ハノイでの米朝首脳会談が合意見送りに終わった後、金正恩氏は、2019年4月の最高人民会議における施政演説で今後の対米方針に言及した。同演説の中で、金正恩氏は、ハノイでの米国側の対応に強い不快感を示しつつも、トランプ氏との個人的関係は敵対的なものではないと指摘し、第3回米朝首脳会談を行う用意を表明した。ただし、第3回会談の開催は、「米国が正しい姿勢を持ち、

—179—

我が方（北朝鮮）と共有できる方法論を見出す」ことが条件であるとも指摘し、「米朝双方の利害関係に符合し、互いに受け入れ可能な公正な内容が文書に記載されれば躊躇なく合意文に署名する」ものの、それは「米国側がいかなる姿勢で、いかなる計算法を持って出てくるか」にかかっており、「今年末までは忍耐心を持って米国の勇断を待つ」と表明した。

　これらの発言ぶりからは、北朝鮮が、第3回首脳会談における「ビッグディール」に向けた実務協議に本腰を入れて臨む可能性を見て取ることができよう。米朝共同声明の各項目の同時並行的な履行や米国の「完全な非核化」要求に対する言及がなかったのは注目に値する。また、「今年末まで待つ」との表明は、その間は核実験やICBM試験発射などを行わないことをも示唆するものであり、核実験やICBM発射がなければ協議を続けるとしたトランプ氏の発言に呼応したものと言える。同最高人民会議において、崔善姫氏を第一外務次官に昇進させ、国務委員会委員に登用したことも、米国との本格的な協議に乗り出すシグナルとも解し得る。ただし、「ビッグディール」となれば北朝鮮側の要求する見返りのハードルも高くならざるを得ない。民主党候補の乱立で2019年の秋にも本格化するとみられる米大統領選キャンペーンを前に、米朝が本格的な協議に臨み、合意を導くことができるかは予断を許さない。

　なお、韓国国防部の発表によれば、北朝鮮は、5月4日午前、東海岸の元山から飛翔体数発を発射し、70キロメートルから240キロメートル飛翔して日本海上に着弾させた。北朝鮮側が公開した報道写真から、これらの中にロケット砲に混じってロシアの短距離弾道ミサイル「イスカンデル」の外見に酷似したミサイルとみられる飛翔体があったことが明らかになった。また北朝鮮は、5月9日にも約270キロメートルと約420キロメートル飛翔した「短距離弾道ミサイル」（米国政府発表）を発射した。

対中、対露関係：米朝交渉を見据えて活発化した訪問外交

　2018年5月7、8日の両日、金正恩朝鮮労働党委員長は専用機で中国の大連市を訪問し、習近平国家主席と首脳会談を行った。3月下旬の初訪中から2カ月も経たない短期間での再訪中は異例のことであったが、北朝鮮側としては、4月の党

中央委員会全員会議で新たに採択した経済建設集中路線、および南北首脳会談の結果や米朝首脳会談に向けた方針などを中国側と共有することによって、中国首脳部との関係を強化する目的があり、合わせて、5月9日からのポンペオ国務長官の訪朝を前に中国との連携ぶりを米国側にアピールする狙いがあったとみられる。この会談については、トランプ大統領が2018年5月22日の米韓首脳会談で、中朝首脳会談後に北朝鮮の態度が強硬になったとして中国に失望を表明し、その後、米朝首脳会談の中止を発表するなど、米国の牽制を受ける契機となった。

　その後も金正恩氏は、6月12日の第1回米朝首脳会談の後、6月19、20日の日程で3回目の訪中を果たし、北京で習近平氏に米朝首脳会談の結果を報告するとともに、シンガポール入りに際して中国国際航空の旅客機をチャーターしたことなど、首脳会談開催に際して中国が支持と幇助を与えてくれたことに対して謝意を伝えた。さらに、2019年1月7日から10日の間、専用列車で北京を訪問して自らの誕生日（1月8日）を中国で祝うとともに、習近平氏と第2回米朝首脳会談に向けた意見交換を行った。

　一方、中国は、金正恩氏の初訪中時に習近平氏の訪朝要請を受けていたが、2018年9月の北朝鮮政権樹立70周年祝賀行事には、習近平氏ではなく、栗戦書全人代常務委員長を習近平氏の特別代表として送るに留めた。また、国連安保理の制裁決議を遵守する方針を維持し、制裁の緩和には応じなかった。中国としては、米中の貿易摩擦が激化した状況のもとで、北朝鮮問題でトランプ政権を過剰に刺激したくないとの思惑があったとみられる。

　こうしたなか、2019年2月の第2回米朝首脳会談が合意発表なしに終わった後に金正恩氏が向かった先は、中国でも韓国でもなく、ロシアであった。金正恩氏は2019年4月24日から26日の間、専用列車でウラジオストクを訪問し、25日、プーチン大統領と初めて会談したのである。会談後の記者会見でプーチン氏は、ロシアの国益は米国の国益と一致しており、完全な非核化に賛成すると表明した。一方で、非核化は北朝鮮の武装解除を意味するとして、北朝鮮には体制の安全を保証することが必要であり、北朝鮮が米国や韓国による安全の保証で不十分というなら、6者協議のような形態が必要になると主張した。また、金正恩氏から北朝鮮側の立場を米国に知らせるよう依頼されたと言及し、中国や米国と

－181－

の協議に意欲を示した。プーチン氏の会見内容や、北朝鮮側で首脳会談に同席したのが米朝交渉を担当する李容浩外相と崔善姫第一外務次官だけであったことなどから見て、北朝鮮側の目的は、対米交渉に関してロシアの協力を得ることにあったとみられる。

　金正恩氏は、2018年5月にロシアのラブロフ外相との間で年内の露朝首脳の対面を実現することで合意していたが、米国、中国、韓国の首脳と相次ぎ会談するなか、プーチン氏との会談には応じていなかった。一方、ロシアは、プーチン氏が2018年9月の東方経済フォーラムで「北朝鮮が非核化に向けた一定の措置をとっているのに何もしないというのはいけない」と述べて米国に譲歩を求めたのに続き、9月に開催された国連安保理の対北制裁に関する緊急会合で制裁の緩和を検討するよう主張し、10月にはモスクワで露中朝の外務次官級会談を開いて、適切な時期に安保理の北朝鮮制裁の見直しを開始する必要があるとする共同声明を発表するなど、北朝鮮の非核化に応じて制裁を緩和すべきとの立場を発信していた。

　北朝鮮としては、中国や韓国が米国から牽制されている状況のもと、第3回米朝首脳会談に向けた非核化交渉に臨むに当たって、中国と並ぶ国連安保理常任理事国であるロシアに北朝鮮問題に関与する名分を提供することで、米国への働きかけや安保理における制裁緩和の議論の主導などについてロシアの支援を得たい思惑があるものと考えられる。

対日関係：日本の姿勢変化を見極めようとする北朝鮮

　北朝鮮は、周辺国との対話攻勢に転じて以降、中国、韓国、米国、そしてロシアと首脳会談を行ったが、日本に対してはいまだに本格的な対話再開の姿勢を示していない。2018年は、4月と9月の南北首脳会談において金正恩朝鮮労働党委員長が日本側と対話の用意がある旨述べたことが韓国政府を通じて伝えられ、9月には国連総会の場で3年ぶりとなる日朝外相会談が行われた。また、第三国で日朝間の水面下接触が行われたことが一部報道から伝えられた。しかし、日朝政府間の本格的な対話が再開されることはなかった。

　この間、安倍首相は、4月の国会答弁において、過去清算に基づく国交正常化、国交正常化後の経済協力に言及したのに続き、6月の米朝首脳会談の後、

－182－

「次は私が金正恩委員長と向き合う番だと思っている」と述べた。さらに、10月の国会所信表明および2019年1月の国会施政方針演説においても、拉致問題の解決に向けて「相互不信の殻を破り」、「私自身が金正恩委員長と直接向き合う」、「不幸な過去を清算し、北朝鮮との国交正常化を目指す」と述べ、日朝首脳会談への意欲を重ねて表明したが、北朝鮮側は、依然として「拉致問題はすでに解決済み」との既存の主張を繰り返すに止まっている。北朝鮮は、かねてより日朝間の対話が拉致問題一辺倒になることを警戒しており、日本側がどこまで姿勢を変化するのか見極めようとしているものとみられる。

　2019年に入り、日本側では、2月に拉致被害者家族連絡会らがすべての拉致被害者の即時一括帰国が実現すれば国交正常化に反対しないとの方針を打ち出したのに続き、政府が国連人権理事会に対する北朝鮮非難決議案の提出を見送り、4月公表の2019年版『外交青書』から「北朝鮮に対する圧力を最大限まで高めていく」等の表現を削除して北朝鮮側に対話再開のシグナルを送った。その上で、安倍氏は、4月26日の日米首脳会談において、トランプ氏から日朝首脳会談実現への全面協力を取り付けたのに続き、5月2日付『産経新聞』に掲載されたインタビューで「条件を付けずに金正恩朝鮮労働党委員長と会って、率直に、虚心坦懐に話し合ってみたい」と述べた。これは、米朝交渉における日米の連携強化を確認した上で、前提条件のない対話の用意を表明することによって、対米交渉を最重要視する北朝鮮を日朝間の対話のテーブルに導く意図があるとみられる。ただし、対米従属論の日本観が根強い北朝鮮は、日本との対話はあくまで対米交渉に一定の道筋をつけ、日本側のさらなる譲歩を見極めてからと考える可能性もあり、なお慎重な姿勢を維持する可能性も否定できない。

南北朝鮮関係

米朝交渉停滞で足踏みする南北経済協力

　2018年4月27日の「板門店宣言」採択後、北朝鮮と韓国の間では、第18回アジア競技大会（8月、インドネシア）の開会式における南北選手団の合同入場や南北離散家族再会行事の実施（8月）など、スポーツや人道面での交流が実現した。

そのほか、軍事面でも、5月に軍事境界線付近の宣伝放送用拡声器を撤去したのに続き、7月から黄海における南北艦艇の無線交信を再開し、黄海および日本海側の南北軍当局の通信回線を8月末までに復旧するなど、一定の信頼醸成措置がとられた。また、同年9月14日には開城工業団地内に南北共同連絡事務所が設置された。その一方で、南北経済協力の「第一次的」事業として合意した南北間の鉄道連結と近代化については、7月下旬から北朝鮮側に試験列車を持ち込んで共同調査を行うことで合意したものの、非武装地帯（DMZ）の人員・物資の通過を管理する国連軍司令部の承認が得られず、共同調査が実施できない状況に陥った。これは、韓国側が持ち込むディーゼル機関車の燃料などが国連安保理決議に違反する疑いがあったためで、7月上旬のポンペオ国務長官の訪朝で非核化をめぐる米朝間の対立が表面化し、米朝間の交渉が中断したことが影響した。

　このように、米朝交渉の停滞で南北経済協力の実現が阻まれるなか、韓国の文在寅大統領が2018年9月18日から20日の間、平壌を訪問して金正恩朝鮮労働党委員長と同年3回目の首脳会談を行い、「9月平壌共同宣言」を採択した。同宣言では、「板門店宣言」の後続措置として、①「軍事分野合意書」の採択および履行（後述）、②南北鉄道・道路連結着工式の年内実施、③開城工業団地・金剛山観光の再開、④離散家族常設面会所の早期開設、⑤平壌芸術団のソウル公演実施、⑥2020年東京オリンピックなどへの共同参加および2032年オリンピックの共同開催誘致などが盛り込まれた。その他、朝鮮半島の非核化と関連して、北朝鮮が東倉里ミサイル発射場の永久廃棄や寧辺核施設の永久廃棄などの追加的措置を講じる用意があることを表明したことが明記された。また、金正恩氏が「近い時期」にソウルを訪問することで合意し、文在寅氏は「特別な事情がなければ年内に行われる」との見通しを表明した。

　同宣言の内容からは、南北首脳会談を通じて寧辺核施設の廃棄というカードを提示することによって、米朝の非核化交渉の突破口を開き、南北経済協力の道を開こうとする思惑が窺えたが、「寧辺」カードは完全な非核化を要求する米国の立場とはなお開きがあり、北朝鮮は対米交渉を前進させることはできなかった。韓国もまた、文在寅氏が10月の欧州歴訪時に安保理常任理事国であるフランスのマクロン大統領と英国のメイ首相に対し、北朝鮮に対する制裁の緩和を

働き掛けたものの、肯定的な反応は得られなかった。また、文在寅氏は2019年2月、第2回米朝首脳会談を前に行われたトランプ氏との電話会談において、南北間の経済協力を北朝鮮の非核化に対する見返り措置として活用することを提案したが、米朝首脳会談は合意見合せに終わった。トランプ氏は、2019年4月11日にワシントンで開催された米韓首脳会談において、冒頭取材の記者団を前に、南北経済協力は時期尚早と明言した。

　結局、「9月平壌共同宣言」の合意事項のうち、南北間の鉄道連結工事の年内着工式と東京オリンピックにおける南北共同参加を除き、ほとんどが進展していない。鉄道連結工事については、2018年11月にようやく安保理制裁委員会から制裁の例外とすることの承認を取り付け、試験列車を運行して現地調査を行った後、12月26日に着工式にこぎつけたものの、本格的な工事は開始されなかった。こうしたなかで、南北対話に対する北朝鮮の姿勢はしだいに消極的となり、2019年に入って南北対話は低調となっており、金正恩氏の訪韓も実現の目処は立っていない。

南北「軍事分野合意書」の採択

　2018年9月の南北首脳会談では、「9月平壌共同宣言」の付属合意書として「板門店宣言履行のための軍事分野合意書」の採択が合意され、随行した南北国防相が合意書に署名した。同合意書には、①敵対行為の全面中止、②非武装地帯（DMZ）の平和地帯化、③黄海の北方限界線（NLL）一帯の平和水域化、④南北間の交流・協力、接触・往来に対する軍事的保障などに対する各種対策が盛り込まれている。このうち①では、「南北軍事共同委員会」を稼働させることのほか、軍事境界線付近における野外機動訓練の禁止区域および飛行禁止区域などが設けられた。また、②では、相互の距離が1キロメートル以下となっている監視所の撤収や板門店共同警備区域（JSA）の非武装化、南北共同遺骨発掘の試験実施などが合意された。

　「軍事分野合意書」の採択を受けて、南北両軍は、2018年10月に板門店JSAと南北共同遺骨発掘を実施する韓国北部・鉄原の「矢じり高地」でそれぞれ地雷撤去作業を実施した。その他、2018年末までに、板門店JSAの非武装化や撤

－185－

去対象となった南北各10カ所の監視所（GP）の破壊、漢江河口の共同水路調査などを実施した。しかし、2019年に入ると、北朝鮮側の姿勢が消極的となり、韓国側が提案した3月中の南北軍事会談開催にも回答しなかった。このため、4月から開始予定であった南北共同遺骨発掘は、韓国側が事前準備として基礎的な発掘作業を先行する形で着手することを余儀なくされた。また、板門店JSAの公開も5月から南側地域に限って行われることになった。

（公安調査庁　瀬下政行）

第5章 朝鮮半島

コラム 外交と女性
女性活用は北朝鮮が先行

　儒教的価値観が色濃い朝鮮半島では、政治理念とは関係なく、女性が政治や外交に主導的に関与した例はきわめて少ない。歴史的にも新羅に女性君主がいた以外では、韓国で女性初の大統領を務めた朴槿恵氏が例外的な存在だ。韓国では2019年5月現在、康京和氏が外相を務めているが、外交は大統領府主導のため存在感は薄い。

　北朝鮮でも金正日総書記の時代までは女性の副首相や閣僚はいても、外交や南北対話で影響力を発揮することはなかった。だが、金正恩朝鮮労働党委員長の時代になり様相は一変してきた。

　まず、金委員長が最高指導者として登場した2012年、2人の女性が注目を集めた。1人は夫人の李雪主氏、もう1人は実妹の金与正氏だ。夫人の存在を公にしてこなかった父親の金総書記とは対照的に、金委員長は李夫人を視察活動に同行させ始めた。首脳外交でも、李夫人は中国や韓国との首脳会談に同行、核・ミサイル開発に奔走する「特異な国家」から「普通の国」への国家像転換を支えてもいる。

　金与正氏も党の要職（第1副部長）を務め、2018年2月の平昌冬季オリンピックでは特使として訪韓、同年4月の南北首脳会談開催への地ならしをした。この南北首脳会談や同年6月にシンガポールで初めて実現した米国との首脳会談では、共同声明の署名式で金委員長のそばで秘書のように立ち回った。同年9月に平壌で開かれた南北首脳会談では、前に出過ぎない抑制された振る舞いを見せ、父親ほどの年齢差がある韓国代表団の男性陣を取り込んだ。金総書記の妹、金慶喜氏も党活動で兄を支えてはいたが、外交に関与することはなかった。

　女性音楽集団の「モランボン楽団」も、国家像転換に大きな役割を果たしている。2019年1月には、中国で初の海外公演を実現させた。歌手でもある団長の玄松月氏は、2017年に党中央委員候補に抜擢され、南北交流行事や韓国経済人との接触などで政治家としての顔を見せている。

　対米交渉では崔善姫第一外務次官の存在が欠かせない。1990年代の4者会談で通訳として交渉の場に登場して以降、2000年代の6者協議や米朝協議で交渉実務者に浮上、2回の米朝首脳会談でも金委員長を補佐した。対米交渉を四半世紀にわたり担当しており、米国には手ごわい交渉相手だ。2019年には国の最高指導機関、国務委員会の委員にも女性として唯一登用された。外交での女性活用は、北朝鮮が韓国より先行しているようだ。

磐村和哉
共同通信社編集委員兼論説委員

−187−

第6章　東南アジア

概　観

　2018年の東南アジアでは、イスラムをめぐる社会の亀裂や、各国の民主的なガバナンスの安定性に注目が集まった。インドネシアではイスラム国 (IS) に忠誠を誓うグループによる連続テロが発生し、大統領選をめぐっても、かつてないほどに宗教的な要素に注目が集まった。フィリピンでは新法の制定を経て、ミンダナオにおける新たな自治政府の新設準備が進展した。

　国際関係においては、南シナ海における中国の人工島建設と軍事拠点化の動きはやまず、米国は「航行の自由」作戦などを通じこの海域に関与を続けている。係争国を含めた東南アジア各国は中国との関係悪化を恐れてか、表立った批判を控えている。中国のASEAN各国への働きかけやトップ外交の活発さは、もはや米国をはるかに超えている。

　東南アジア諸国連合 (ASEAN) は、議長国シンガポールのもとで、米中をはじめとする域外大国と距離感を保つ姿勢を継続した。域内の経済的な結びつきが強まっている一方、安全保障問題をめぐる合意形成は困難を極める。ASEAN関連首脳会議の声明では、中国の行動に対する関係国の「懸念」は明文化されたものの、中国に配慮したトーンが随所に見られる。

　随所で目立つのは、日米が提唱する「自由で開かれたインド太平洋」構想への、ASEAN諸国の懐疑的な姿勢であった。日米か中国かの二択を迫られることでASEANの「中心性」が失われるのではないかとの懸念を抱く各国に対し、日本も慎重に対応を進めてきた。東アジア首脳会議 (EAS) において、安倍首相は「自由で開かれたインド太平洋」構想には、ASEANの中心性や開放性といったEAS参加国が共有する原則が内包されていること、いかなる国も排除されないことを明言した。その上で、日本によるインド太平洋地域への具体的な関与の事例を挙げ、「質の高いインフラ」と、開放性、透明性、経済性、被援助国の財政健全性の確保といった国際スタンダードの必要性を強調した。

　かつては日米から多額の経済援助を得てきた東南アジア諸国は、いまや、投資や経済政策においても、安全保障においても、中国から大きな影響を受けている。「一帯一路」構想による中国政府の資金援助や官民を巻き込んだメガプロジェクトも具体的に進展している。ただし、スリランカのハンバントタ港が99年間にわたり中国の国有企業にリースされることになったいわゆる「債務の罠」の報道を受けて、東南アジアにおいても、中国の援助に対して慎重な声も多い。

-188-

国境を越えたテロとその対策

　国内治安上の脅威は根強く残っている。ミャンマー、タイ、フィリピン、インドネシアには依然として、過激派武装集団、私兵、少数民族による武装集団、共産主義ゲリラなどが存在し、国家の安全保障を脅かしている。

　イスラム国（IS）に忠誠を誓うグループは東南アジアにも波及しており、2017年にはフィリピン南部で立てこもりと戦闘が発生、2018年にはインドネシアでテロ攻撃が相次いだ。これら組織の取り締まり、違法薬物や武器の密輸入、移民・難民への対応は、一国の安全保障問題を超えて、地域の安全保障上も大きな課題となっている。

　米国、オーストラリア、オランダなどに拠点を置く経済平和研究所（IPE）の取りまとめた「世界テロリズム指標2018」によると、フィリピンのテロリズムのリスクは世界で10番目（2017年度は12番目）であり、タイは17位（前年度16位）、ミャンマーは24位（同37位）、インドネシアは42位（同42位）である。東南アジアにおいて、2002年から2017年までの間に一度もテロが起こっていないのはシンガポールのみである。

インドネシアにおける連続テロ

　ISが東南アジアを無差別テロのターゲットとしていることは、2016年1月にジャカルタのショッピングセンターで発生した爆破テロの際にも指摘されていた。東南アジアの地域テロ組織であるジェマ・イスラミーヤ（JI）はフィリピン南部にも拠点を有し、軍事訓練やテロ活動を行い、フィリピンでISに忠誠を誓うグループと交流しているとされる。インドネシア国内では、JIやIS関連組織の容疑者らが拘置所、刑務所で薬物密輸犯や他の凶悪犯罪者とネットワークを築き、メンバーを獲得していることも指摘されてきた。

　このような中、2018年5月にはISに忠誠を誓うジャマ・アンシャルット・ダウラ（JAD）という組織による連続自爆テロ事件がスラバヤで5件発生した。JADは2015年に設立された、イスラム法に基づく国家建設を目指す組織であり、政教分

離を貫くインドネシア政府を攻撃対象としてきた。米国務省は2017年、JADを制裁対象に指定した。一連のテロでは、28人が死亡、60人以上が負傷した。200人以上の死者を出した2002年のバリ島での爆弾テロ事件以来の被害規模となった。死亡した首謀者はシリアから帰国したインドネシア人であった。

　JADは前年のフィリピンのマラウィでの戦闘にも戦闘員を送っていたとみられており、政府はシリアやイラクから帰国した戦闘員やその家族が500人程度いるとみて警戒を強めた。そして、ISに忠誠を誓うグループを全面的に解体すべく、国家警察に摘発を明示した。国家警察と国軍の特殊部隊を統合する案も浮上した。

　ジョコ政権はかねてより、一定の条件のもとで治安当局に容疑者の拘束を認める反テロ法の改正方針を示していたものの、それが人権侵害にあたるとの批判もあり、国会審議は停滞していた。しかし同テロを受け、大統領は議会に対してただちに法改正を進めるよう要請し、上院はこれらを受け、改正反テロ法を成立させた。これによって、テロを準備した疑いのある人物などを予備的に拘束できる期間が、1週間から3週間に延長された。また、警察だけでなく国軍がテロ対策に関与することも明示された。

　ジョコ大統領は、8月にはジャカルタとスマトラ島パレンバンで予定されていた「アジア競技大会」、10月にバリ島で予定されていた国際通貨基金（IMF）・世界銀行総会に備え、テロ対策に全力を挙げるとした。6月には南ジャカルタ地方裁判所が、JADの指導者であるアマン・アブドゥルラマン被告が2016年1月にジャカルタ中心部で発生したテロ事件などに関与していたことを認定し、死刑判決を言い渡した。

フィリピンの治安情勢とミンダナオの新自治区の発足

　2013年に調印された政府とモロ・イスラム解放戦線（MILF）との間の包括的和平合意を履行するため、2018年7月、フィリピンの上下両院は、ミンダナオ島に新たな自治政府「バンサモロ政府」を設立する法律を可決した。これを受け、2019年1月と2月には、2022年に予定されるバンサモロ政府の領域を確定するための住民投票が実施された。マギンダナオなど5州で構成されてきた従来のミンダナオ・ムスリム自治区（ARMM）も新自治区に参加することが決定している。

第6章　東南アジア

　バンサモロ政府は2022年に選挙を経て発足し、それまでの3年間は、任命議員による暫定政府が行政実務を担いながら移行準備を進めることになっている。暫定首長はMILFのムラド議長が務める。なお、フィリピンが大統領制をとっているのに対し、バンサモロ政府は有権者が議員を選出し、議員の互選によって首長（行政長）と閣僚らが任命される形式をとる。

　しかし、MILF分離派などの組織は依然としてバンサモロ政府の設立に反対しており、これらの組織がテロ活動を活発化させるリスクは消えない。1月の住民投票後には、スルー州ホロ島で2回の爆発が起こり、23人が死亡した。当局はインドネシア人夫妻とアブ・サヤフの共謀であるとして、容疑者らを逮捕した。大晦日にもミンダナオ島コタバト市の商業施設前で爆発事件があり、2人が死亡、20人以上が負傷した。

　バンサモロ政府のガバナンスにも課題が残る。従来のARMMの公務員6,000人のうち一部はバンサモロ政府に移行するが、もともとARMMの行政レベルが低く、汚職の蔓延が指摘されてきた。引継ぎ期間も短いなか、400万人超の人口を抱える自治地域の行政が立ちゆくのかどうかが懸念される。国軍と警察の機能は引き続き中央政府が担い、バンサモロ政府には移管されないため、地域の治安上のリスクにバンサモロ政府がどう対応していくかという課題もある。

　なお、フィリピンの上下両院は2018年12月、年末に期限を迎えるミンダナオ島全土での戒厳令を1年間延長する旨の大統領提案を承認した。同戒厳令は2017年5月に発令され、戦闘終了後も延長が繰り返されてきた。戒厳令下では軍などの治安当局は裁判所の令状がなくても、身柄を拘束したり、捜索したりできる。過激派の戦闘員らを迅速に摘発することが可能となっている。

　米国務省の指定するテロ組織リストには、東南アジアの4組織が指定されており、うち3団体がフィリピンを拠点としている。フィリピン政府は二大イスラム勢力であるモロ民族解放戦線（MNLF）とMILFとの間にすでに和平合意を締結しているが、これらの反主流派、特にアブ・サヤフ・グループなどの過激派勢力がテロ活動を行っている。また、新人民軍（NPA）を中心とした共産主義ゲリラの活動も依然として続いている。2018年だけで486件のテロ事件が発生し、326名が死亡、297名が負傷している。326名もの死者の内訳はNPAが3分の1を占め、ア

－191－

ブ・サヤフ・グループやISに忠誠を誓ったグループよりもはるかに多くなっている。

また、中央政府による統治が十分に及んでいないミンダナオでは、地元の有力者が勢力圏を安定化させるために私兵集団を組織化している現状がある。このような武装組織への対応に国家の安全保障上のリソースを費やすことは、中長期的な安全保障政策を策定する上での大きな障害となる。

テロ対策のための地域間協力

2017年にフィリピンのミンダナオ島マラウィ市で発生した、ISへの忠誠を誓うグループと国軍との間の戦闘には、インドネシアやマレーシアの戦闘員のほか、サウジアラビア、パキスタン、モロッコといった遠方からの外国人戦闘員も参加していたことが明らかになっている。また、彼らの多くがマレーシアのサバ州から入国したとされる。このことから、テロ対策のために、特にフィリピン、インドネシア、マレーシアの協力が緊密化している。3カ国は2017年に共同海上警備を開始し、シンガポールとブルネイもオブザーバーとして参加したほか、同3カ国が航空機を互いに使用して海洋警備を実施する共同警戒活動も行っている。

2018年のインドネシアの連続テロの直後にシンガポールで開催された国際戦略研究所（IISS）主催のアジア安全保障会議（シャングリラ・ダイアローグ）では、ASEANの国防相らが次々と、テロ対策で連携を強化する姿勢を示した。フィリピンのロレンザーナ国防相は、引き続きシンガポールやブルネイに共同海上警備への本格的な参加を求めたい方針を表明した。シンガポールのエンヘン国防相も「テロ対策のための情報や軍事手段の提供を惜しまない」と、ASEAN内での連携を強調した。

ロヒンギャ問題

2016年に発足したミャンマーの国民民主同盟（NLD）政権は少数民族武装勢力との和平交渉を最優先に掲げてきたが、交渉は難航しており、停戦合意に応じずに徹底抗戦の構えをみせるグループも存在している。

加えて、ミャンマー政府はラカイン州のムスリム住民（ロヒンギャ）を自国民とは認めない立場を維持しており、2017年8月にミャンマー西部ラカイン州で起きた

-192-

ロヒンギャ系武装集団と治安部隊の衝突後、隣国バングラデシュに逃れた難民は70万人以上とみられている。

　バングラデシュとミャンマー両政府は2018年11月、難民の帰還を始める計画であったが、国連機関が「現時点では帰還後の生活再建は困難である」として反対し、難民は帰還に応じなかった。同月のEASでは、複数の首脳らが避難民の帰還についてミャンマー、バングラデシュ両国の対話を評価しつつも、ラカイン州の人権状況に懸念を示し、避難民の安全な帰還の必要を強調した。

　ASEANは、内政不干渉の原則に基づき、従来は「同政府の取り組みを支援する」との立場を維持してきた。しかし、6月のシャングリラ・ダイアローグでは、インドネシアのリャミザルド国防相が「ミャンマーのイスラム系少数民族ロヒンギャの難民がISに勧誘されるリスクがある」と指摘し、彼らが過激な思想に感化されないよう教育や情報提供を強化する必要があるとの異例の認識を示した。また、11月のASEAN首脳会議では、アウン・サン・スー・チー国家顧問兼外相が欠席して代理の閣僚を立てる中、ロヒンギャ問題について「包括的で永続的な抜本的な解決を求める」との言及がなされた。2019年1月のタイでのASEAN外相会合の議長声明でも、ミャンマーがASEANによる人道支援に向けた調査を早急に受け入れるよう要請するとされた。

民主的ガバナンスをめぐる諸課題

　東南アジアにおいては、テロ組織以外の野党や反政府勢力が反旗を翻し、時には暴力を用いて国家の治安を脅かしてきた経緯がある。例えばタイではタクシン元首相派とタクシン派による大規模な路上示威行為が定期的に起こっており（2005 - 06年、2009 - 10年、2013 - 14年）、デモ会場における爆破事件も発生している。自由で民主的な選挙をいかに実現するか、そして、選挙による政権がいかに民主的なガバナンスを実現できるかが課題となってきた。

マレーシアにおける政権交代とASEANへの影響

　マレーシアでは2018年5月の総選挙で、元首相のマハティール氏率いる野党連

合が政府系投資会社をめぐるナジブ首相夫妻の汚職疑惑を追及して票を集め、1957年の独立以来、初の政権交代となった。早期の幕引きを図ろうとするナジブ首相の姿勢には多くの国民が納得せず、政党や各種団体が真相究明を求める集会を行ってきたが、超法規的、暴力的な手段ではなく民主的な選挙で政権交代が実現したことが、国際社会からも大きく注目された。

マハティール首相はさっそく、ASEAN各国との関係強化に腐心している。就任直後にはシンガポールのリー・シェンロン首相やブルネイ国王、フィリピンのドゥテルテ大統領から相次ぐ訪問を受け、ジャカルタではジョコ大統領と会談した。

2019年3月にはフィリピンを訪問し、ドゥテルテ氏と、両国間の経済協力やテロ・犯罪対策、南シナ海問題についても議論し、共同声明を発表した。声明では、南シナ海問題について、国際法を順守し、平和的な方法による紛争解決を求めることで一致した。また、マハティール氏は地元テレビの番組に出演し、フィリピンが中国からインフラ開発のための支援を受けていることに関して「中国から多額の借り入れをする場合は非常に気をつけなければならない」と発言した。南シナ海での中国の軍事拠点化に異議を唱えるマハティール氏のASEAN首脳会議での発言は今後も注目される。

タイの政治リスク

タイでは、2014年のクーデタ以降、当時陸軍司令官であったプラユット暫定首相による軍政が敷かれてきたが、2019年3月にようやく下院選挙が実施された。下院では、軍政に批判的なタクシン元首相派のタイ貢献党が1位、親軍改め「国民国家の力党」が2位、リベラル系新党の新未来党が3位という結果になった。

首相指名選挙には軍政が任命した上院（250議席）が加わるため、プラユット現首相が続投するとの見方が強い。

ただし、下院で反軍政派が過半数を占めているため、政権と議会の間でねじれが起こり、予算案などが通りにくくなり、政権運営は不安定となる可能性がある。新未来党の党首は投票直後、選挙違反を理由に議員資格を一時停止されており、軍政からの政治的圧力であるとの批判の声もある。

また、2019年の総選挙では、タクシン元首相派の「国家維持党」が、すでに王

-194-

第6章　東南アジア

室籍を離脱している王妃を首相候補として擁立し、弟であるワチラロンコン国王がこれを「不適切である」とする声明を出すなど、プミポン前国王亡き後の王室の政治介入、政治利用をめぐっても政情は非常に流動的である。

インドネシア大統領選挙

　2019年4月のインドネシア大統領選挙は平和裏に終了し、ジョコ大統領が再選を果たした。民主的な諸制度が定着していることは国際的にも評価されているが、社会の分断も懸念されている。人口の9割をイスラム教徒が占める同国は「多様性の中の統一」というスローガンのもと、政教分離を貫いてきたが、イスラムをめぐる政治家の言動がしばしば政情を大きく左右してきた。

　2016年には、キリスト教徒の華人であるジャカルタ州のバスキ知事が「コーランに惑わされているから私に投票しないのだ」などと発言したことがイスラムへの冒涜とされ、ジャカルタにおいて、1998年の民主化以降最大規模ともいわれる10万人を超える集会が発生した。集会は穏便に開催され、必ずしも穏健なイスラムが急進化したとは言えないが、インドネシア政治におけるイスラム教徒の多様性を象徴する事件となった。大統領選挙を見越して事態を早期に収束させたいジョコ氏はみずから集会に参加した。集会は鎮静化し、司法手続きが開始されるなか、2017年4月の州知事選挙では、バスキ氏は対立候補アニス・バスウェンダンに敗北し、後に禁錮刑2年の実刑判決を下された。

　世俗的なイメージのあるジョコ氏は、副大統領候補にイスラム聖職者団体のアミン議長を起用した。しかし大統領選の結果をみると、ジョコ氏の支持層は非イスラム勢力圏である一方、対抗馬であったプラボウォ氏の支持はイスラム勢力圏という分断が明らかとなった。また、SNSなどを中心に、フェイクニュースや陰謀論が蔓延した。新政権が、イスラム色の強い有権者らに対していかに宥和策を生み出し、合従連衡によってどれだけ支持率を確保できるか、また、多様な宗教やジェンダーマイノリティへの寛容さをどれだけ維持できるかが課題となる。

　なお、ジョコ氏は外交に優先順位を置いておらず、就任以来、毎年の国連総会に出席したことがなく、米国にも中国にも接近しすぎない外交に努めているとみられる。インドネシアは後述する日米の「自由で開かれたインド太平洋」構想に

－195－

も懐疑的であることから、ASEAN随一の人口とリーダーシップを誇る同国の外交政策が注目される。

東南アジアをめぐる国際関係

南シナ海問題

　南シナ海では従来、中国が係争中の海洋および岩礁の上に建造物を作ったり、埋め立てによって拠点を構築したりと、軍事目的での利用を伺わせる活動を繰り返してきた。2013年、南シナ海で中国と領有権を争う国のうちの一つであるフィリピンが中国を国際仲裁裁判所に提訴し、2016年にはフィリピンの主張がほぼ全面的に認められる判決が下った。しかし、中国は全面的にこれを無視しており、ドゥテルテ大統領も同判決について二国間、多国間の場で言及することを控えてきた。また、ASEANの首脳会議、外相会議の声明でも、多少のトーンの変化はあっても、中国への名指しの批判は避けられてきた。

　この傾向は、2018年も同様であった。スカボロー礁では目立った動きは見られないものの、米国の報道によると、2018年5月、中国は南沙諸島に妨害電波によって相手のレーダーなどを無力化する電子戦兵器を配備し、中国空軍のH‐6K爆撃機など数機が西沙諸島のウッディー島にて離着陸訓練を行った。米国防省報道官は爆撃機訓練を批判し、6月に予定されていた環太平洋合同演習（リムパック）への中国海軍の招待をキャンセルすると述べた。

　中国の爆撃機の着上陸訓練に対し、係争国を含む東南アジア諸国は、表向きには中国への批判を差し控えてきた。二国間の外交ルートを通じた懸念の伝達は行われていると推察されるものの、表立った批判によって中国との関係が悪化し、安全保障のみならず経済的な影響を被ることを避けたいとの思惑があるとみられる。

　地域機構としてのASEANもまた、「ASEANの一体性」を維持するために、米国と中国との板挟みになりたくないとの強い懸念を共有している。それは中国を刺激しないという方針にも直結しており、ASEAN関連首脳会議などの声明での抑制的なトーンに反映されている。

第6章　東南アジア

　4月のASEAN首脳会議（シンガポール）は、議長声明で、南シナ海問題に関し、「複数の首脳が表明した、信用および信頼を損ね、緊張を高め、平和、安全保障、安定を損なう地域における埋め立てや活動に対する懸念に留意する」と表明し、領有権主張国を含むすべての国が、非軍事化と行動の自制を行うこととの重要性も強調した。前年、フィリピンが議長国としてマニラで開催された首脳会議の議長声明では明記されなかった「懸念」の表現は戻っているものの、過去数年と比べて大きな変化はみられない。8月のASEAN外相会議、11月のASEAN首脳会議の声明でも、4月とほぼ同じ表現が用いられた。

　他方で2018年には、ASEANと中国との間の「行動規範（COC）」の策定においては、一定の進展が見られた。COCは、南シナ海での紛争を防止するために当事国の行動を法的に規制するものであり、その策定交渉は2013年に始まったが、交渉は長期化している。2017年5月にようやく、COC策定に向けたASEANと中国の高官協議が中国貴州省貴陽で開催され、枠組み草案についての協議が完了し、8月のASEAN・中国外相会議で承認されたとされていた。これを受け、2018年6月に長沙で開催された高官会議において、案文のたたき台が合意されたと発表されている。

　内容はすべて非公開であるものの、中国の王毅外相は、10月末、訪問先のフィリピンでCOCを2021年までに取り纏めたいと発言し、また、李克強首相も11月のASEAN関連首脳会議で訪問したシンガポールで、3年以内にCOC交渉を完了したいと述べた。少なくとも、これらは進展であると見られているが、李克強氏の発言には、COCに法的拘束力を持たせるか否かという交渉の焦点に関する言及はなかった。また、複数の外交筋からの内話に基づく報道によると、中国は、ASEAN加盟国との共同演習を南シナ海で定期的に実施し、そこに「域外国」を参加させないとの提案をしたという。中国もASEANの「域外国」であるが、その中でも特別な立ち位置を占めようとしていること、リムパックから排除されたことを受け、ASEAN諸国と新たな共同軍事演習を模索していることが窺える。

　なお、EASの直後、習近平国家主席はフィリピンを公式訪問し、フィリピンとの間で石油・ガス開発での協力の可能性を探ることなどで合意した。中国の国家主席が首脳会談のために訪れたのは2005年以来13年ぶりであった。

－197－

米国のハイレベル外交の減少と「航行の自由」作戦の継続

　米国は、中国が領有権を主張する南シナ海の問題については引き続き関与の姿勢をみせているが、習近平国家主席のトップ外交と比較して、トランプ大統領の東南アジアでのプレゼンスの低さは際立っている。

　トランプ氏は2017年11月のベトナムでのアジア太平洋経済協力会議（APEC）で、米国が太平洋からインド洋にまたがる各国との連携を強化すると演説し、ポンペオ国務長官は2018年8月、マレーシア、シンガポール、インドネシアを歴訪した。米国が経済、安全保障の両面で中国に対抗するため、アジア太平洋地域への関与を強める姿勢を示した形であった。

　しかし、トランプ氏は2018年のASEAN関連首脳会議、APEC首脳会議への出席を見送った。

　トランプ氏に代わってシンガポールでのASEAN関連首脳会議に出席したペンス副大統領は、南シナ海で中国と領有権を争うベトナムなどアジア各国の首脳と次々に二国間会談を行った。ベトナムに対しては「自由で開かれた南シナ海」への米国の関与を強調し、海洋における軍事協力を深めることで合意した。しかし、12月の米中首脳会談では、双方とも南シナ海問題に言及しなかった。

　他方でトランプ政権は、南シナ海に米軍艦を派遣する「航行の自由」作戦を2カ月に1回のペースに増やした。5月には西沙諸島で、複数艦艇では初とされる2隻での航行を行った。また9月には、グアムから離陸した米戦略爆撃機B‐52が南シナ海付近を飛行した。

　こうした作戦に対し、中国は以前よりも声高に米国を非難するようになってきている。米太平洋艦隊は、9月に中国の駆逐艦が「航行の自由」作戦を実施中の米イージス駆逐艦に異常接近し、攻撃的な動きを見せていたと発表した。米中首脳会談を控えた11月下旬にも、2隻の艦艇を台湾海峡に派遣した。11月上旬の米中閣僚級の外交・安全保障対話では、中国側が「航行の自由」作戦の中止を求めたとされるが、米国は応じず、米空軍は9月下旬に戦略爆撃機B‐52を南シナ海に派遣した。

第6章　東南アジア

北朝鮮をめぐる東南アジア諸国の姿勢

　東南アジアのなかには北朝鮮と外交関係を結ぶ国も多く、2017年に北朝鮮が核・ミサイル実験などの挑発行為を繰り返していた際にも、解決を主張する声が多数を占めていた。

　2018年6月にシンガポールで開かれた米朝首脳会談を受け、東南アジア諸国は米朝の交渉をポジティブに見守っている。インドネシアは8月のアジア大会の開会式に金正恩朝鮮労働党委員長と韓国の文在寅大統領を同時招待した。人材開発・文化担当調整相が自ら平壌を訪れ、金永南最高人民会議常任委員長にジョコ大統領の書簡を渡したとされる。7月にはフィリピンの与党幹部が平壌を訪れて李洙墉朝鮮労働党副委員長らと会談し、北朝鮮はラオスに労働党代表団を派遣した。

　マレーシアと北朝鮮との関係も改善しつつある。2017年に金正男氏がマレーシアで殺害された事件を機に、マレーシア政府は平壌にある同国大使館を閉める方針を表明していた。また、実行犯とみられるベトナム籍、インドネシア籍の女性を拘束して公判を開始していた。両名はすでに釈放されている。両国政府からの何らかの働きかけがあったとみられている。北朝鮮籍の主犯はすでに国外に逃れており、この事件をめぐって関係諸国の間にも外交的摩擦が生じていた。しかし2018年11月には北朝鮮の李容浩外相が被告の出身国であるベトナムを訪れ、また、第2回米朝首脳会談もハノイで開催された。その折には、金正恩氏はグエン・フー・チョン共産党書記長兼国家主席と友好的に会談した。北朝鮮の最高指導者のベトナム訪問は1964年以来、55年ぶりとなった。

　これを反映するかのように、8月のASEAN地域フォーラム（ARF）の議長声明では、議長国のシンガポールが検討していた「検証可能かつ不可逆的な非核化」の文言は採用されず、「北朝鮮に約束通り完全な非核化の実行を促す」という表現に留まり、李容浩氏はARF開催中にASEAN加盟国のうち7カ国と相次いで二国間会談を行った。こうした働きかけを受け、カンボジアはシンガポールに対し、北朝鮮に対する議長声明のトーンを和らげるよう主張したとも報じられている。

—199—

日本の対東南アジア安全保障協力

　2016年にラオスのビエンチャンにて開催された第2回日・ASEAN防衛担当相会合において、稲田防衛相（当時）は、日本のASEANに対する防衛協力の方針としての「ビエンチャン・ビジョン」を発表した。そこでは、日本が、「法の支配」の定着や海洋・上空の情報収集・警戒監視、搜索救難といった分野でASEAN全体の能力向上に資する協力を推進するため、国際法の実施に向けた認識の共有をはじめとした能力構築支援、防衛装備品移転と技術協力、多国間共同訓練、オピニオンリーダーの招聘などを実施していくとされている。同ビジョンを基に、2018年も具体的な防衛協力が進展した。

ハイレベルの安全保障対話

　2018年は、安倍首相による東南アジア訪問は11月のASEAN関連首脳会議（シンガポール）のみとなった。安倍氏はASEAN+3会合直前の中国への公式訪問の際に、日中両国が国際社会の平和と繁栄に建設的な役割を果たしていくことで一致したと述べた。またEASでは、昨年に続き、法の支配に基づく「自由で開かれたインド太平洋」を実現していきたいと述べた。

　河野外相も、8月のEAS参加国外相会合およびARF閣僚会合で、日本が推進している「自由で開かれたインド太平洋戦略」について説明し、地域の連結性を高めるための「質の高いインフラ」の整備、TPPやRCEPを含む自由貿易の推進、海上法執行や海洋状況把握（MDA）に関する能力構築支援、海賊対処、テロ対策といった平和と安定のための取組を進めていくことを表明した。

　6月のシャングリラ・ダイアローグでは、小野寺防衛相が、北朝鮮による核・ミサイル開発が国際社会全体にとって大きな脅威であることを指摘した上で、同月に米朝首脳会談が実施されるのであれば、生物・化学兵器を含む北朝鮮のすべての大量破壊兵器およびすべての弾道ミサイルの「完全で、検証可能かつ不可逆的な廃棄（CVID）」に向けた進展を望む旨、また、拉致問題を解決する機会となることを強く期待する旨を述べた。さらに、インド太平洋地域の長期的な安定と発展のためには、自然災害、海洋安保、テロなど様々な安全保障上のリスクに地域一体で立ち向かう必要があることを強調した。また小野寺氏は現在のイ

ンド太平洋地域における防衛当局間の協力関係が、国防の最前線で勤務する若い士官たちに引き継がれていくべきであると述べた。

防衛相交流では、フィリピン、ベトナムとの交流が大幅に進展した。過去1年間で防衛当局間のハイレベル交流がもっとも頻繁に行われたのはフィリピンである。福田防衛大臣政務官はフィリピンを訪問し、ロレンザーナ国防相を表敬するとともに、海軍基地にて海上自衛隊練習機TC-90の引渡し式典に参加した。式典には、徳島航空基地で教育を受けた6名のフィリピン海軍パイロットも同席した。福田政務官はスピーチにおいて、「フィリピン海軍パイロットと、6名を親身に指導した海上自衛隊の教官たちは、師弟関係、そして友情、心と心で繋がった対等のパートナーである」として、1977年の福田赳夫首相（当時）による「福田ドクトリン」のフレーズを引用した。

9月にはドゥテルテ大統領が、前年度の「いずも」乗艦に引き続き、スービック港に寄航中の海上自衛隊護衛艦「かが」に乗艦した。艦上では、大野防衛大臣政務官がドゥテルテ氏の出迎えを行った。

2019年4月には、岩屋防衛相が訪日中のロレンザーナ国防相と防衛相会談を行い、同年夏に予定されている護衛艦「いずも」によるフィリピン寄港、米比共同訓練「カマンダグ」などへの自衛隊参加を含む日米比3カ国協力の推進、陸・海・空全軍種での能力構築支援の強化などを提案した。

ベトナムとの間では、2018年4の防衛相会談で、「日越共同ビジョン」への署名がなされた。ここでは、防衛分野での日越間の「広範な戦略的パートナーシップ」の促進、国際法に基づく外交的、法的手段による紛争の平和的解決を含む法の支配の推進および維持や、海上安全保障と航行および上空飛行の自由を維持するための取組を支持し、自由で開かれたルールに基づく秩序を確保することの重要性の強調といった目的が共有され、そのためのさらなる防衛協力推進が合意された。

マレーシアとの間では、4月に「防衛装備品および技術の移転に関する日本国政府とマレーシア政府との間の協定」への署名が行われ、9月のモハマド・ビン・サブ国防相の訪日時に開催された防衛相会談の折には、「日本国防衛省とマレーシア政府との間の防衛協力・交流に関する覚書」への両防衛相による署名

が行われた。防衛相会談では、軍種間交流を始め幅広い分野で防衛協力を具体化していくことや、防衛装備・技術協力を進めていくことで一致した。

また、10月の拡大ASEAN国防相会議（ADMMプラス）では、岩屋防衛相が、「ビエンチャン・ビジョン」のもと、日本はすでに具体的な協力事業を実施に移してきていること、具体的な提案の一つとして、日・ASEAN「プロフェッショナル・エアマンシップ・プログラム」として、ASEAN加盟国の空軍士官の日本への招聘事業を通じて、空軍種間の信頼醸成を目指すとともに、法の支配に基づく価値の共有を進める計画であることに言及した。

表：日本と東南アジアとの間のハイレベル防衛対話

年月日	
2018 年 3 月 26 日	福田防衛大臣政務官のフィリピン訪問、海上自衛隊練習機 TC‐90 の引渡し式典
2018 年 4 月 9 日	日・ベトナム防衛相会談、「日越共同ビジョン」署名
2018 年 4 月 10 日	ゴー・スアン・リック・ベトナム国防相による安倍首相表敬
2018 年 4 月 18 日	「防衛装備品および技術の移転に関する日本国政府とマレーシア政府との間の協定」署名
2018 年 5 月 21 日	日・シンガポール防衛相会談
2018 年 6 月 2‐3 日	小野寺防衛相のシンガポール訪問（第 17 回シャングリラ・ダイアログ）、日・フィリピン防衛相会談、日・ベトナム防衛相会談
2018 年 9 月 1 日	大野防衛大臣政務官のフィリピン訪問
2018 年 9 月 11 日	日・マレーシア防衛相会談、「日本国防衛省とマレーシア政府との間の防衛協力・交流に関する覚書」署名
2018 年 10 月 19 日	第 5 回 ADMM プラス、日・シンガポール防衛相会談
2019 年 2 月 26 日	山田防衛大臣政務官のフィリピン空軍司令官との会談（オーストラリア州アバロン国際航空ショーにて）
2019 年 4 月 17 日	日・フィリピン防衛相会談

日本から東南アジア諸国への装備品協力

2014年に策定された「防衛装備移転三原則」では、日本が装備や技術を輸

出できる条件が整理され、友好国の安全保障・防衛協力の強化に資するもので
あって、相手国の「監視」や「警戒」に係る能力の向上に寄与する装備について
は輸出が可能となった。

　2016年、安倍首相とドゥテルテ大統領が、海上自衛隊練習機TC‐90の貸与
と、それに関係する技術情報などのフィリピンへの移転に合意したことは、日本
の装備品協力の先行事例となった。その際、自衛隊によるフィリピン海軍のパイ
ロットへの教育や整備要員に対する支援も開始された。

　なお従来は、装備品を含めた自国財産の他国への移転は売却か貸与に限定
されていたが、2017年の法改正で無償譲渡が可能となった。同法改正に伴う初
めての防衛装備品移転の事例もまたフィリピンであった。両国は、すでに貸与中
であった5機のTC‐90を無償譲渡に変更することに合意し、同年中に2機、2018
年に残り3機がフィリピン海軍へ引き渡された。2018年6月にはフィリピン国防省
からの依頼を受けて、陸上自衛隊多用途ヘリコプターUH‐1Hの不用となった部
品などをフィリピン空軍へ無償譲渡することが防衛相間で確認され、11月に装
備担当部局間で譲渡に係る取決めが署名された。

　またタイへの装備品移転に関し、国家安全保障会議は3月、タイ空軍が自国内
に整備を進めている警戒管制レーダー（一定空域における航空機等の位置や速
度の把握や管制を目的としたレーダー）および技術情報のタイへの移転を認め
た。タイが行う国際競争入札に日本の企業が参加する意向を有していたことを受
けて審議されたものであったが、結果的にタイ政府は、他国製レーダーの導入を
決定した。

　マレーシアとの間では、4月に駐マレーシア大使が先方との間で「防衛装備品
および技術の移転に関する日本国政府とマレーシア政府との間の協定」を署名
し、発効した。2019年4月現在において、無償譲渡は実施しているものの、完成
品の売却事例はない。

合同演習、防衛交流、能力構築支援

　日本は2018年も、米軍が東南アジアを中心に巡回して開催する軍事演習「コ
ブラ・ゴールド」をはじめとした多国間訓練に参加するほか、二国間の防衛交流

を進めてきた。

　8月から10月にかけては、「インド太平洋方面派遣訓練部隊（ISEAD18）」として、「かが」、「いなづま」、「すずつき」の3隻の護衛艦が、南シナ海とインド洋を含む海域を長期航海した。これは、インド太平洋地域の各国海軍等との共同訓練を実施し、部隊の戦術技量の向上を図るとともに、各国海軍との連携強化を図ることを目的とした海上自衛隊の事業である。3隻はフィリピン西方海域において、米空母「ロナルド・レーガン」や巡洋艦「アンティータム」などと日米共同訓練を実施し、フィリピンのスービック港に入港した。ドゥテルテ大統領は昨年の「いずも」寄港時に続いて、外国元首として初めて「かが」に乗船し、大野政務官による出迎えを受け、艦内の医療区画などを視察した。3隻はこの後、インド洋で対空射撃訓練や立入検査訓練などを行いつつ、インドネシア、スリランカ、インド、シンガポールに寄港し、米軍や英国軍を含む各国軍との共同訓練やセミナーを実施した。

　9月には、海上自衛隊の潜水艦「くろしお」がこの3隻に合流し、対潜水艦戦を想定し、護衛艦や艦載ヘリコプターがソナー（水中音波探知機）を使って潜水艦を探索する訓練、また、その逆に潜水艦が探知されないよう護衛艦に近づく動きに関する訓練を実施したことが報じられた。実任務に就く潜水艦が南シナ海で訓練したことが公表されるのは初めてであった。「くろしお」は訓練後、日本の潜水艦として初めてベトナムのカムラン湾に入港し、ベトナム海軍を訪問した。

　このように、海上自衛隊は近年、護衛艦を東南アジア地域での複数のミッションに参加させながら、関係各国との合同演習、防衛交流、能力構築支援を同時並行的に実施している。米国海軍が主催する「パシフィックパートナーシップ」などの演習に参加する前後に艦上で事業を実施し、東南アジアでのプレゼンスを高めようとしている。

　海上自衛隊は2019年にも、護衛艦「いずも」をインド太平洋地域の5カ国に派遣し、フィリピン、ベトナムなどと共同訓練をすることを発表している。また、初の試みとして、2018年3月に発足した陸上自衛隊の離島奪還を主任務とする専門部隊「水陸機動団」の隊員約30人も乗艦し、各国の陸軍や海兵隊との交流を深めるとされる。

第6章　東南アジア

　また、防衛省・自衛隊が2012年より進めてきた他国軍への能力構築支援も、前年に引き続き、特に東南アジアにおいて、人道支援・災害救援、防衛医療、建築技術などの分野で進められてきた。防衛省は2017年に開始した「日・ASEAN乗艦協力プログラム」として、ASEAN10カ国の士官などを艦上に招いて、海洋法に関する研修を実施している。2018年には「おおすみ」が派遣され、インドネシア海軍がロンボク島周辺海域で実施した多国間共同訓練「コモド2018」に参加した後に、艦上で、ASEANの士官らに対する海洋法に関する研修が実施された。

　2019年3月の東京ディフェンス・フォーラムでは、日本とアジアの防衛当局からの参加者の間で、「自由で開かれたインド太平洋」の維持と強化に向けて、自由貿易の推進、航行の自由や「法の支配」に基づく秩序維持などが重要であると同時に、ASEANなどの既存の地域枠組みへの配慮も必要であることが議論された。

「一帯一路」構想と「自由で開かれたインド太平洋」構想と東南アジアからの反応

　中国は近年、大規模なインフラ整備プロジェクト構想として「一帯一路」構想を推進している。これは、中国から中央アジアを経て欧州に至る陸上交通路と、中国から東南アジアの海域、インド洋を経て地中海に繋がる海上交通路を整備し、ユーラシア一帯の発展を目指す広域経済圏構想である。中国はこの構想に基づき、特に東南アジア、南アジアに対し、さまざまな融資を実施して港湾や鉄道の整備を支援してきた。中国主導で設立されたアジアインフラ投資銀行（AIIB）は、当初よりすべてのASEAN加盟国から支持された。

　他方で、日本政府は2016年、「自由で開かれたインド太平洋」を戦略として打ち出し、太平洋からインド洋にまたがる地域で、法の支配や市場経済といった価値を共有する国々が協力する枠組みを提案していた。トランプ大統領も2017年11月のアジア諸国への歴訪時に、「インド太平洋戦略」を同国の新たなアジア戦略としていた。

　米国のポンペオ国務長官は2018年8月のARF閣僚会合で、「自由で開かれたインド太平洋戦略」の一環として、米国は安全保障分野で約3億ドル規模を投資

-205-

し、海洋安全保障、人道支援、平和維持などの事業を支援すると発表した。またこれに先立ち、ワシントンで米国商工会議所が開催した「インド太平洋ビジネスフォーラム」でも、インド太平洋地域のデジタル、エネルギー、インフラ開発といった経済開発に約1億1,300万ドルを投資すると発表していた。

しかし、東南アジア諸国からはかねてより、「中国による『一帯一路』か、日米による『自由で開かれたインド太平洋戦略』かを選択させられたくはない」との声が相次ぎ、ASEAN外相・首脳会議の場において「自由で開かれたインド太平洋戦略」への対案を示す案まで浮上した。2018年8月のARFにおいて、ASEAN加盟国から「戦略」という表現への懸念が示された。

これを受け、2018年のASEAN関連首脳会議（シンガポール）において、安倍首相は「自由で開かれたインド太平洋」構想には、ASEANの中心性や開放性といったEAS参加国が共有する原則が内包されていること、その実現に貢献する取り組みは、いかなる国も排除されず、大きな国も小さな国も含む地域のすべての国が裨益することを述べ、ASEAN各国の警戒心を解こうとする姿勢を見せた。南シナ海については、日本は、ASEANが謳ってきた「法的、外交的プロセスの完全な尊重」、「航行の自由」、「非軍事化と自制の重要性」といった基本原則を強く支持すると述べた。また、日本からインド太平洋地域への具体的な関与の事例として、シンガポール海峡とマラッカ海峡での共同水路調査、東南アジア諸国の海上法執行能力強化などを挙げた。また、メコンの域内を繋ぐ東西および南部経済回廊を中心に「質の高いインフラ」を推進できること、開放性、透明性、経済性、被援助国の財政健全性の確保といった国際スタンダードが必要であることを強調した。

それでも、東南アジア諸国は決して、「一帯一路」構想か「自由で開かれたインド太平洋」構想かの二択を迫られたくはないとの姿勢を崩していない。スリランカのハンバントタ港が99年間にわたり中国の国有企業にリースされることになったいわゆる「債務の罠」の報道を受けて、中国による融資や援助に無条件に期待するような見方は、中国と政治的にも地理的にも近いカンボジアにおいてすら、低調になりつつある。「一帯一路」構想はあくまでも中国のブランディング戦略であること、重要な港湾を中国にコントロールされないような戦略が必要であ

－206－

ること、中国の援助においては社会環境配慮やインフラの質において問題が発生するリスクがあることなどはすでに共有された問題意識である。

フィリピンやマレーシアを含むいくつかの国では、こうしたリスクを踏まえずに中国との取引を行う与党を批判するような、新たな形の「反中ナショナリズム」も、特にSNSの世界で顕著に見られるようになっており、そうした国民感情の過激化を懸念する専門家の見方もある。現在のところ、対中姿勢は国内選挙キャンペーンにおいても一つの要素にすぎないし、東南アジア華人コミュニティとそうした「反中」寄りの国民感情との間で摩擦も生じてはいない。ただ、中国本土からの技術者などに敵意が向けられる可能性もあり、注意が必要である。

ASEANは、ASEAN域内外の連結性と、各国と中国との二国間関係をどう位置づけるかについて具体的な合意を行うことができておらず、今後、国境を超えるメガプロジェクトへの中国からの融資の是非をめぐって、ASEAN加盟国の間に亀裂が生じる可能性もある。

現時点では、中国からの投資や援助に過度に依存することは適切ではないものの、中国にも米国にも日本にも関与することが適切であるというのが東南アジア諸国の共通認識であろう。日本においては、マハティール新政権は中国からのインフラ支援を全面的に見直していると報じられているが、マハティール首相は2019年4月に北京で開催された第2回「一帯一路」国際協力サミットフォーラムで中国のイニシアティブを評価した。前政権との間にすでに取り交わされている約束を反故にすることは逆に国益を損ねかねないし、進行中の事業を中止しても借款は残り続ける。

「一帯一路」構想によって中国の独自の規範や価値観が東南アジア地域に浸透しているような具体的な事例は見られない。米国の軍事面での役割やこの地域への外交的関与が減少していることが、必ずしも、中国による新しい「秩序」の構築に結び付くとも限らない。少なくとも中国に主導されるような「秩序」を好まない国々がある中で、日米が豪印と協力しつつ、この地域にどのような代替的なビジョンを提示できるかが課題となっている。

ASEANを中心とした地域協力枠組み

　ASEANを中心とした一連の地域協力会合では、安全保障面において特に目立った動きはなかった。

ASEAN

　すでに述べたように、全会一致制をとるASEANは、地域の安全保障環境の劇的な変化にもかかわらず、2012年以降、その首脳会議、外相会議では、域内の安全保障問題について統一の見解を表明することができないままである。

　2019年のASEAN議長国はタイであるが、総選挙の結果によってはASEAN議長を務める次期首相の選出に時間がかかる可能性もあるとして、第1回の首脳会談の4月開催の慣例を破り、6月開催を決定している。

ASEAN地域フォーラム（ARF）

　ARFは1994年より開始されたアジア太平洋地域における政治・安全保障分野を対象とする全域的な対話のフォーラムであり、ASEANを中心に、北朝鮮を含む26カ国とEUが参加している。毎年1回の外相会合をはじめ、外交当局と国防・軍事当局の双方の代表による対話と協力を通じ、地域の安全保障環境を向上させることを目的とする。現在、多くの国が、ARFは加盟国同士の信頼醸成を深めるのみならず、テロリズム、難民、気候変動といった非伝統的な脅威について率直な意見交換を行うフォーラムと位置付けている。

　8月のARFでは、北朝鮮問題、南シナ海問題、海洋安全保障、テロ対策など幅広い議題が取り上げられたが、議長声明では、日本などが求めていた北朝鮮の「完全で、検証可能かつ不可逆的な非核化（CVID）」との文言は盛り込まれなかった。

東アジア首脳会議（EAS）

　EASは地域および国際社会の重要な問題について首脳間で率直な対話を行

うことを目的に2005年に発足した会議体であり、ASEANの10カ国に加え、日本、米国、中国、韓国、オーストラリア、ニュージーランド、インド、ロシアが参加している。

2018年のEASでも、トランプ大統領は不参加であったが、南シナ海問題、北朝鮮など安全保障に関わる議題のほか、テロ対策、サイバーセキュリティなどについて議論が行われた。EASではほとんどの参加国が南シナ海問題を取り上げ、国連海洋法条約を含む国際法に従った紛争の平和的解決の重要性に言及した。

アジア太平洋経済協力会議（APEC）、環太平洋経済連携協定（TPP）、東アジア地域包括的経済連携（RCEP）

APECは、米国、中国、日本、ロシア、カナダ、オーストラリア、メキシコなどを含む21の国と地域で構成されていている。2018年の首脳会議はパプアニューギニアで開催されたが、1993年の首脳会議発足後初めて、首脳宣言の採択を断念し、5日遅れで議長国が議長声明を発表する異例の事態となった。そこでは、自由貿易を推進するAPECの目的を再確認する一方、従来の首脳宣言で盛り込まれてきた「保護主義と貿易をゆがめる手段と闘う」とする記述はなく、保護主義的な傾向を強める米国に配慮したとみられる。

11カ国が加盟するTPPは、2018年12月に発効した。RCEPでは、物品貿易に加え、サービス、電子商取引、政府調達など18分野の交渉が行われており、実現すれば世界の人口の約半分、貿易額の3割ほどを占め、TPPに参加しない中国やインドを含むアジア最大級の自由貿易ルールとなる。

2018年11月のRCEP首脳会合では年内の実質妥結を断念し、首脳声明で「2019年中に妥結する決意」を盛り込んだ。2019年3月にはカンボジアでRCEPの閣僚会合を開催した。最大の焦点は、関税の引き下げと電子商取引などのルール作りである。インドは、関税を下げれば中国製品が大量に流入し、貿易赤字が拡大することを懸念している。

（公立小松大学准教授　木場紗綾）

コラム 外交と女性 — 東南アジアに見る女性の外交官

　2014年、インドネシアのジョコ・ウィドド大統領は、キャリア外交官のルトノ・マルスディを初の女性外相に任命した。

　一昔前までは、女性の高官、特に大使は珍しかった。例えば、女性として初めてフィリピンに駐在したスリランカ大使は、大使館のフィリピン人職員らが彼女を"Sir"と呼び続けたことを回顧している。1942年シンガポール生まれの政治学者、チャン・ヘン・チーは、東南アジア地域から女性として初めて駐米大使に抜擢された。1960年代にシンガポール国立大学を首席で卒業したのも、同学の政治学部長を務めたのも、外交官に転向して国連大使を務めたのも、すべて「女性初」の形容詞のもとでのことであった。大学で「ドラゴン・レディ」と呼ばれていた彼女は、キャリア外交官とは異なる歯に衣着せぬ発言力で、駐米大使を16年間も務めた。

　女性外交官の強みは政治以外の話題に造詣が深い点であり、料理、芸術、旅行、スポーツ、ダンス、音楽などを通じて現地に溶け込む「ソフトパワー外交」の重要な担い手は女性であると考える外交官もいる。同時に、彼女たちはタフな外交交渉にも全力を尽くす。男性優位の社会の中で、リプロダクティブヘルスや教育、性的暴力といったグローバルな課題を国際会議の俎上にのせ、国際組織や市民団体とともに女性運動のうねりを築いてきたのは女性外交官らであった。

　フィリピンのラモス大統領の実妹であるレティシア・シャハニはキャリア外交官としてアジアの女性運動を導いた。1975年に初の女性大使として在ルーマニア大使館に赴任し、国連代表部に勤務した後、1985年にナイロビで開催された第3回世界女性会議の事務局長を務めた。その経験を基に、第4回世界女性会議に向けたアジア太平洋地域の準備会合をリードし、市民団体とともに具体的な行動計画をとりまとめ、会議を成功に導いた。1986年の民主化後には、外務次官、上院議員を務めた。筆者は彼女が政界から身を引いた後、何度かフィリピンで面会したことがある。彼女は、女性議員や女性の精神科医らとともに、従軍慰安婦とされた女性たちの尊厳を回復するための活動にも従事していた。

　外交官であった1990年代、中国が南シナ海のミスチーフ礁に鉄筋コンクリート製の建造物を建設したことを、フィリピンにとっての脅威であるとしていち早く警告を発信するコラムを書いたのも彼女であった。2017年に惜しまれつつこの世を去ったが、最後まで、現政権の中国への宥和的な姿勢を批判するコラムをしため、フィリピン外交の先行きを案じていた。

木場紗綾
公立小松大学准教授

第7章　南アジア

概　観

　2018年度は、多くの国で選挙が実施された。なかでも注目されたのは、7月に実施されたパキスタン総選挙である。伝統的な二大政党に取って代わり、クリケットの英雄的な元選手、イムラーン・カーン率いるパキスタン正義運動（PTI）が第一党に躍進し、カーン新政権が発足した。新政権は、軍の支援・支持を受けているとみられ、発足当初からインドへの対話を呼びかけた。しかし、2016年に2度にわたって軍事施設への大規模テロを受けたインドのモディ政権がこれに応じることはなかった。

　インドの総選挙を目前に控えた2019年2月、カシミール地方の治安部隊が襲撃されるテロ事件を受けて、モディ政権は1971年の第三次印パ戦争以降初めて、カシミールを越え、パキスタン「本土」に対する空爆を実施した。これにパキスタン側も反撃し、空中戦が展開される事態となった。支持率下降気味のモディ政権と、与党のインド人民党は、パキスタンへの強硬姿勢を国民にアピールすることで、4‐5月の総選挙での勝利、政権続投を目指す。

　2018年10月、アフガニスタンで8年ぶりとなる総選挙が行われたが、暴力、妨害行為、不正の訴えが相次ぎ、最終結果の発表は先送りされ続けている。同国の治安状況は一向に改善されていない。アフガニスタンからの早期撤退を目指す米トランプ政権は、タリバンとの和平交渉を開始したものの、具体的進展はみられない。

　このほか、バングラデシュ、ブータンで総選挙が、モルディブでは大統領選挙があった。バングラデシュではハシナ政権が継続することになった一方、ブータンではこれまで政権を担当したことのない協同党のツェリン政権が発足した。インド洋のモルディブでは、「親中派」のヤーミン大統領が敗れるという波乱があり、インドや欧米との関係を重視するソリ大統領率いる新政権が誕生した。

　選挙はなかったものの、混迷したのがスリランカの政局であった。シリセーナ大統領がウィクラマシンハ首相を解任し、両者の対立は決定的なものとなった。イスラム国（IS）の関与も疑われる2019年4月のスリランカ連続爆発テロ事件では、同国政府内で事前情報が共有されていなかったと指摘されている。

−211−

インド

印パの軍事衝突：越境空爆は1971年第三次印パ戦争以来

　2019年2月26日、翌日からの米朝首脳会談のために、トランプ米大統領と金正恩朝鮮労働党委員長がハノイ入りする様子に世界中の視線が集まるなか、インド空軍機がパキスタン領内への空爆を行った。印パ間の国境や実効支配線（停戦ライン）を越えて行われた空爆は、公になっている限りでは、1971年の第三次印パ戦争以来、48年ぶりであった。

　この日、インド政府は、約2週間前にインド側で発生した自爆テロへの対抗措置として、パキスタン領内にあるテロ組織の拠点への空爆を行い、多数のテロリストを殺害したと発表した。パキスタン政府は、空爆は森林地帯に行われたものであり、犠牲者はいなかったと反応した。翌27日にはパキスタン空軍機がインド側への空爆を行い、これに際して空中戦も勃発し、両国はそれぞれ相手の戦闘機を撃墜したと公表している。

　こうした事態を受けて、エスカレートへの懸念が高まったが、撃墜したインド空軍機のパイロットを引き渡すなど、パキスタン側が抑制に向けた対応を迅速に行った結果、ひとまず事態は沈静化に向かった。ただし陸上の実効支配線沿いでも衝突が続き、2019年4月上旬現在も完全には収束していない。また、パキスタン空域が閉鎖されたことにより、パキスタンやインドのフライトはもちろん、東南アジアとヨーロッパを結ぶ路線にも欠航などの多大な影響が生じた。今回の一連の経緯を時系列的にまとめると以下のようになる。

2月14日	インドのジャンムー・カシミール州でインド治安部隊の車列に対して自爆テロ攻撃。治安部隊40人が死亡。パキスタンのイスラム過激派組織「ジャイシェ・ムハンマド（JeM）」が犯行声明
26日	インド空軍機がパキスタン領内のJeM施設への空爆を行ったとインド政府が発表。インド紙はこの空爆でテロリスト300 - 350人が死亡と報道。パキスタン側は森林への爆撃であり人的被害なしと発表。陸上の実効支配線でも印パ両軍による衝突（以後、継続）。
27日	パキスタン空軍戦闘機がカシミールのインド側支配地域へ空爆。パキスタン側はインド空軍機を撃墜し、パイロットを拘束したと発表。インド政府もパキスタン空軍機を撃墜と発表。
28日	パキスタン政府はインド空軍機のパイロットを解放すると声明
3月1日	インド空軍機パイロット引き渡し

　軍事行動の詳細については軍事情勢の項目で改めて扱うことにして、ここでは政治的示唆について追記する。

　インド政府がパキスタン領内への空爆を決断した背景には、次項で見るように、総選挙が間近に迫るなかでの、政府や与党インド人民党の支持率の低迷があったと考えられている。パキスタンのカーン首相が和平に向けた取り組みとメッセージを繰り返す一方で、インド政府は強硬姿勢を崩さなかった。国際的にはカーン氏が評判を高める結果になったが、インド政府が示した強硬姿勢は国内世論の支持を得ることに成功した。3月下旬に行われた世論調査によると、モディ首相の支持率は大幅に回復しており、選挙向けの諸公約とともに、パキスタンとの衝突で示した強硬姿勢が支持率回復に寄与したと分析されている。

州選挙での与党連敗から印パ衝突で盛り返して総選挙へ

　インドでは2019年4月から5月にかけて、総選挙が行われる。投票は7回に分けて実施され、5月23日に一斉に開票される。

　2018年には、いくつかの州で州議会議員選挙が行われ、総選挙の行方を占うものとして注目を集めた。2018年5月にカルナータカ州で行われた州議会選挙で

—213—

は、連邦政府与党のインド人民党が大幅に議席を伸ばし、第一党へと躍進した。しかし過半数獲得には至らず、第2位の国民会議派と第3位のジャナタ・ダル（世俗派）の連立による州政権が樹立され、ジャナタ・ダル（世俗派）からクマラスワミ州首相が誕生した。インド人民党にとっては、州政権獲得はならなかったが、党勢を示す結果となった。

　総選挙の前哨戦として注目されたのが、2018年11月から12月にかけて5州で行われた州議会選挙であった。その結果は、インド人民党にとって厳しいものとなった。インド人民党は、もともとほぼ党勢を持たないミゾラム州を除き、他の4州で獲得議席数を大幅に減らした。選挙前まではインド人民党が州政権を握っていた、チャッティスガル州、マディヤ・プラデーシュ州、ラジャスタン州の3州では、国政でインド人民党と争う国民会議派が第一党となり、州政権を樹立した。

　　チャッティスガル州：国民会議派68（前回39）、インド人民党15（前回49）
　　テランガナ州：テランガナ民族会議88（前回63）、インド人民党1（前回4）
　　マディヤ・プラデーシュ州：国民会議派114（前回58）インド人民党109（前回165）
　　ミゾラム州：ミゾ民族戦線26（前回5）、インド人民党1（前回0）
　　ラジャスタン州：国民会議派99（前回21）、インド人民党73（前回162）
　　注：各州で最多議席を獲得した政党と、インド人民党の議席数のみを示している。

　当時、モディ政権や与党のインド人民党の支持率が低下傾向にあり、州議会選挙の結果は世論調査の示していたトレンドを裏付けるものとなった。このようなインド人民党の政治的失速が、パキスタンとの軍事衝突におけるインド政府側の強硬姿勢の背景にあったと考えられている。

カシミール地方の治安情勢は悪化：政府の強硬姿勢に懸念も
　カシミール地方の治安情勢は悪化している。英国BBCによると、2018年の死者数は500人を超えており（うち約3分の2は兵士や警察、約3分の1が民間人）、これは過去10年で最悪である。インド軍と反政府武装勢力の衝突が続いており、民間人によるデモと警察の衝突での犠牲者も相次いでいる。背景にあると見

第7章　南アジア

られているのは、武力によって治安維持を図るインド政府に対して、人々の支持が失われつつあることである。インドによる苛酷な統治への不満から、若者たちが反政府勢力へと流れていると指摘されている。

　しかし政府与党は、カシミールの統治に強硬姿勢で臨む方針である。2018年6月、インド人民党はジャンムー・カシミール州で行っていた人民民主党との連立を解消した。これによって州議会で過半数を有する政治勢力が不在となり、人民民主党を中心とした州政権が退陣して州知事が代行することとなり、同年12月には大統領直轄統治下に置かれた。インド人民党が総選挙に向けて2019年4月上旬に発表したマニフェストは、同州で認められている自治権や特権を撤廃する方針を示した。カシミール問題への強硬姿勢が世論の支持に繋がるとの判断に基づく方針と見られている。

移民400万人の国籍剥奪で揺れる北東部アッサム州

　インド北東部の治安情勢は、反政府武装勢力による活動が沈静化しているが、アッサム州では移民のインド国籍をめぐる混乱が起きている。アッサム州などインド北東部では、かねてより、バングラデシュなど周辺国からの移民と旧来からの住民との間の溝が深い。さらには、ヒンドゥー至上主義を掲げるインド人民党が政権を掌握している連邦政府とアッサム州政府が、イスラム教徒の移民を排除する政策を推し進めることによって、混乱が表面化した。アッサム州はインド北東部地域の中核を占める州であり、この問題は北東部地域全体の安定を揺るがしかねない。

　2018年7月、インド政府はアッサム州の国籍登録者の暫定リストを公表した。同州のみで作成されたこのリストは、1971年3月以前、すなわち第三次印パ戦争を経てバングラデシュがパキスタンからの独立を果たす前から居住することを証明できた人（およびその子孫）のリストであり、インド国籍保有者を示している。その結果、1971年以降にバングラデシュなど周辺国から入ってきた移民など、約400万人がインド国籍を失う可能性に直面し、抗議行動が発生した。

　さらなる火種となっているのが、インド連邦議会における市民権法の改正案である。成立せずに廃案となった2016年の法案は、2014年までにインドに入国した非合法の移民のうち、ヒンドゥー教徒やシーク教徒、キリスト教徒などにはインド国籍

—215—

を付与することを認めるものであった。これは要するに、イスラム教徒以外の移民には国籍を与えるものであり、イスラム教徒の移民を排除する政策である。インド人民党やモディ首相は、2019年の総選挙で勝利すれば市民権法の修正に再び取り組むことを公約に掲げ、北東部地域への遊説ではこの方針を強調している。イスラム教徒の移民は、国籍を認められないだけでなく、インドから追放されることを危惧し、モディ氏に対する抗議行動をアッサム州など各地で行っている。

日印関係：来日モディ首相は安倍首相の別荘へ

　日本とインドは毎年交互に首相が相手国への訪問を行っており、2018年は10月末にモディ首相が日本を訪れた。モディ氏の訪日はこれで5度目（首相就任後は3回目）。

　中国への訪問から帰国したばかりの安倍首相は、モディ氏を河口湖畔の別荘に招いた。2017年9月にインドを訪れた安倍氏を、モディ氏が出身地のグジャラートに招いて歓待したことへの返礼と見られている。来日したモディ氏は最初の会談と非公式昼食会を山梨県のホテルで行い、同日夜には別荘で通訳のみを交えて夕食会を行った。首相就任後の安倍氏が外国要人を別荘に招いたのはこれが初めてであり、異例の歓待によってモディ氏をもてなしたと言えよう。翌日には改めて東京で公式の首脳会談を行い、海洋や宇宙での安全保障分野における協力を拡大することなどに合意した。

　このほかに日印二国間の動向では、海洋安全保障やコネクティヴィティなどに関する日米印局長級会合（2018年4月、第9回）、第5回目となる日印外務・防衛次官級2プラス2（同年6月）が行われた。2019年1月には河野外相がインドを訪れ、スワラージ外相との戦略対話や、モディ首相への表敬訪問などを行った。また防衛関係では、陸上自衛隊とインド陸軍（2018年10 - 11月）、航空自衛隊とインド空軍での二国間共同訓練（同年12月）がそれぞれ初めて実施された。

　日印を含む多国間では、2018年6月と11月にシンガポールで日米豪印4カ国での実務者協議が実施された。6月には定例の日米印共同訓練マラバール2018がグアム周辺で行われた。11月にシンガポールで行われたASEAN関連首脳会談に際しては、東アジア首脳会議に日印両首脳が出席した。12月にアルゼンチンのブエ

第7章　南アジア

ノスアイレスで開催されていたG20首脳会議では、日本の安倍首相、米国のトランプ大統領、モディ首相の3者での日米印首脳会談が行われた。この3カ国による首脳会談はこれが初めて。モディ氏は「歴史的な会談」と意義をアピールした。

米印関係：通信互換性保護、原発輸出でついに合意

　2018年9月に行われた第1回米印外交・防衛閣僚級2プラス2（ニューデリー）では、特に防衛分野での協力を具体化するための様々な合意が行われた。長らく両国間の懸案であった通信互換性保護協定（COMCASA）が締結されたことにより、両国軍間の協力や、米国からインドへの武器輸出が促進されると見られる。同会合は2019年にも開催が予定されている。

　原子力協力の分野でも進展があった。2019年3月、米印両政府は米国製の原子力発電所6基をインドに建設することを発表した。両政府は2005年に原子力協力で基本合意し、2008年に協定を締結していたが、インドの損害賠償法が協力の実現に向けたネックとなっていた。協定締結から10年半が経ってようやく建設の合意にこぎつけたことになる。計画の詳細は明らかにされていないが、旧東芝傘下のウエスチングハウスによる建設が有力視されている。2017年に破産を申請した同社は、2018年にカナダの投資会社に買収されていた。

ロシアとの関係：地対空ミサイルS‐400導入合意、米国の対応に関心

　2018年5月、モディ首相はロシアのソチを訪れて、プーチン大統領との非公式首脳会談を実施し、エネルギー分野での協力の進展などについて確認した。10月にはプーチン氏が訪印し、異例の長さとなる共同声明を発表し、両国関係の順調な進展を示した。10月の首脳会談で注目されたのは、ロシア製の最新鋭地対空ミサイルシステムS‐400の購入に合意したことであった。契約額は50億米ドル（約5,700億円）と報じられている。今後の焦点となるのは、米国の動向である。米国は、ロシアから兵器を購入する国への制裁を法律で定めており、9月にはロシアからS‐400や戦闘機を調達した中国共産党の装備部門や幹部を制裁対象に指定していた。インド政府は、S‐400の導入を米国にも知らせてきたが、米国からの反応は合意時点までに得られていなかったという。

－217－

また、アルゼンチンのG20首脳会議では、通例のブラジル、ロシア、インド、中国、南アフリカの新興5カ国（BRICS）首脳会合に加えて、モディ首相、ロシアのプーチン大統領、中国の習近平国家主席による3カ国首脳会談が、前述の日米印首脳会談直後に行われた。

中国との関係：訪中モディ首相を習近平国家主席が異例の厚遇

　2018年4月、モディ首相は2日間の日程で中国の武漢を訪問した。中国の習近平国家主席による手厚い歓迎を受け、非公式の首脳会談を行った。両国間の非公式首脳会談はこれが初。会談はモディ氏と習近平氏（および通訳）のみによる4回を含めて計6回行われた。両国政府の発表によると、両者はアジアの発展のために協力を強化することなどに合意した。首脳会談後には、国境問題の特別代表者会合も行われた。

　中国側にはモディ氏への厚遇を世界にアピールする狙いがあったと見られる。しかし、両国間には2017年末に国境地域での衝突が起こるなど立場の相違が顕在化しており、この会談をめぐる両国の発表にも食い違いが見られた。インド側は中国との国境問題における危機管理や信頼醸成措置について両国が合意したと発表したが、中国側発表では国境問題への具体的な言及が避けられた。また、インド側は中国の「一帯一路」構想についての懸念を伝えたと報じられている。他方で、経済分野では二国間投資、貿易の拡大など、関係を強化する方向で一致した。アフガニスタンでの開発をめぐる協力にも合意した。

　モディ氏は2018年6月にも中国を訪問して上海協力機構（SCO）の首脳会談を行い、習近平氏との会談も行った。中国からは、8月に魏鳳和国防相、12月に王毅外相がインドを訪れた。

南アジア・東南アジア諸国との関係：BIMSTECでコネクティヴィティ推進

　2018年5月末から6月初頭にかけて、モディ首相はインドネシア、マレーシア、シンガポールを歴訪した。シンガポールでは、英国の国際戦略研究所（IISS）が主催するアジア安全保障会議（シャングリラ・ダイアローグ）で基調講演を行った。この講演は、初めてインドがインド太平洋へのスタンスを公式に詳述したものとし

-218-

て注目を集めた（「焦点2」参照）。モディ首相とシンガポールのリー・シェンロン
首相との会談なども行われた。

2018年8月にはベンガル湾多分野技術経済協力イニシアティヴ（BIMSTEC）の
会合がネパールのカトマンズで行われ、インドからはモディ氏が出席し、参加各国
の首脳との二国間会談も盛んに行われた。この会合で、モディ氏はBIMSTECを
基盤として地域のコネクティヴィティの向上を図る方針を力説した。

周辺諸国で誕生した新政権との関係構築を図る動きも見られた。2018年4月、
ネパールのオリ首相が訪印すると、翌月にはモディ首相が返礼訪問した。ブータ
ンからは同年7月にトブゲ首相が訪印し、総選挙による政権交代後の12月には、
新たに着任したツェリン首相が訪印した。またモルディブについては、モディ首
相が同年11月、ソリ大統領の就任式典に主賓として出席すると、翌月にはソリ氏
が初の外遊先としてインドを訪れ、経済協力に合意するなど、前政権下で進んだ
対中依存からの脱却を図る動きが見られる。

（高知県立大学准教授　溜和敏）

軍事情勢

①全般軍事情勢

2018年5月 - 2019年4月までに起きたインド軍にとっての大きな変化は大きく分
けて三つある。対テロ越境空爆の実施、衛星迎撃をはじめとする宇宙・サイバー
戦対策の整備、AIをはじめとする新技術導入体制の整備である。

対テロ越境空爆については2019年2月に40名が殺害されたテロを契機に、イン
ド空軍の戦闘機12機が、パキスタン国内にあるテロ組織の訓練キャンプを爆撃
し、翌日、パキスタン空軍24機による報復爆撃が起き、印パ両空軍で空中戦とな
り、双方1機撃墜、インドのパイロットが1名捕虜となったものである。その後、捕
虜になったインド軍パイロットが返還されたことにより、緊張が緩和した。インド
は、長年パキスタンが支援するテロ組織に対する限定攻撃を検討し、戦車部隊
を中心とする「コールドスタート」ドクトリン、特殊部隊による襲撃、海上封鎖、空
爆の4通りの手段を検討してきた。そして、2016年に特殊部隊による襲撃、今回
は空爆を実施したものである。海上封鎖に関しても、2016年に続き、今回のケー

スでも約60隻の艦艇をパキスタン沖に展開して軍事演習を実施するなどしており、手段を複数同時展開しながら外交交渉に望む対応をとったものとみられる。

　宇宙・サイバー戦に関する対策の整備については、2019年3月に行われた衛星破壊実験と、5月に発足予定の陸海空統合のサイバー庁があげられる。衛星破壊実験については、2007年に中国の衛星破壊実験が実施されて以降、インドでは実施の必要性が指摘されてきた。衛星は防御が難しく、敵の攻撃を抑止するには、こちらも報復攻撃能力を持つべきとの議論である。結局、ミサイル防衛開発計画の中で衛星迎撃ミサイルの開発を実施することになった。5月に発足予定のサイバー庁は、特殊部隊庁、宇宙庁と並んで、陸海空にまたがる統合参謀部のもとで、インドが創設を計画している庁の一つである。

　AIをはじめとする新技術導入体制について他の主要国に比べインドは、あまり積極的でなかった経緯があるが、2017年の「統合軍ドクトリン」で関心を示し始めた。2018年にはモディ首相が「新しく台頭する技術、例えばAIやロボット技術に関しては、未来のどの軍においても防衛、攻撃両方において、最も重要な決定要因になる。情報技術領域をリードするインドは、この技術を生かして優位に立つことを目指す」と演説。それに引き続き「AIに関する国家戦略」と、全体の3分の1を技術的な内容にあてた「陸上戦ドクトリン」が公表され、インドの積極性が示された。2018年に調印された日印の無人車両の共同開発も、無人車両開発の重要部分がAIに関する研究であるがゆえに、先進技術の共同研究という点で重要な意味がある。同時に無人車両は印中国境警備で期待される装備品であり、中国対策としても意義がある。

②総兵力

　インドは、140万人の正規軍、115万人の予備役、140万人の様々な組織の準軍隊の三つを有する大規模な軍事力を有している。ただ、昨年に比べ総兵力に大きな変化はない。軍の内訳は陸軍が120万、海軍が約6万人、空軍が約13万人、沿岸警備隊が約1万人である。インド軍は、将校不足、艦艇増加に伴う乗員不足、人件費と年金により近代化の予算確保の不足などの問題を抱えているが、総兵力は増加傾向にある。

−220−

第7章　南アジア

③国防費

　2019年に発表された2018 - 19年度の国防費は301,866.70クロー（1クロー＝1,000万インドルピー、約497億米ドル）で、前年より約6.9％伸びた。内、新装備購入に充てる予算が国防費全体の約34％、残りが人件費や維持管理費となっている。陸海空の配分は陸56％、海15％、空23％（他、研究開発などに6％）である。ただ新装備購入費だけみると陸32％、海25％、空43％という内訳になっており、海空にはより多く配分している。この国防費には莫大な額に上る退役軍人の年金は含まれていない。

④核戦力

　インドの核弾頭保有数は130 - 140でパキスタンより10ほど少ないものとみられる。核弾頭の運搬手段としては、射程700 - 5,500キロメートルの弾道ミサイル・アグニ、戦闘機、戦略ミサイル原潜を有する。射程700キロメートルでパキスタン全土、3,500キロメートルで北京、5,000キロメートルで中国全土が射程に収まる。指揮は戦略軍コマンドでとるが、弾道ミサイルだけ指揮下にもち、戦闘機や原潜はそれぞれ空軍、海軍が指揮を執る。ミサイル防衛として国産の高層用ミサイル（PAD）、低層用ミサイル（AAD）を配備している。

⑤宇宙

　インドは全体で47機の衛星を運用している。内6 - 8機は軍事監視専用、通信衛星の内2機に関しても軍事通信専用である。その他に軍民両用の衛星として土壌監視やインド版GPSであるIRNSS用の衛星を運用している。

⑥通常軍備

　陸軍：六つの陸軍管区司令部（北部、西部、南西部、中部、南部、東部）と訓練司令部を保有している。印パ間の戦闘により緊張が高まったが、大きな流れとしては、部隊を印パ国境から印中国境へ再配置しつつある。

　海軍：インド海軍は、現在、空母1、水上戦闘艦29、潜水艦16を含む艦艇約140隻程度を有し、西部・東部・南部の三つの艦隊に配置している。艦艇数は増加中で、2020年代に200隻を超えるものとみられる。対潜水艦能力の不足から、日米仏からのノウハウ・装備導入を積極的に進めている。

　空軍：空軍は数的に減少傾向にある。本来は戦闘機42 - 45飛行隊必要とさ

－221－

れているが、3分の1を占めるミグ21、27戦闘機が退役しつつあり、31まで減少している。地対空ミサイルの老朽化も深刻である。一方で、国産のテジャズ戦闘機の生産が進みつつある。また、空中機動してチベットへの反撃を企図する陸軍第17軍団を支援するため、米国から大型輸送機、攻撃ヘリ、大型輸送ヘリの購入を決め、大型輸送ヘリCH-47の納入が始まっている。

（ハドソン研究所研究員　長尾賢）

パキスタン

下院総選挙および州議会選挙の実施

　2018年7月25日、パキスタンで第13回下院総選挙が実施された。総選挙の最大の関心事は、政権与党のパキスタン・ムスリム連盟（ナワーズ派）（PML-N）と野党のパキスタン正義運動（PTI）のどちらが勝利するかだった。2013年の前回総選挙ではPML-Nが大勝し、シャリーフ党首が3度目となる首相の座を射止めた。しかし、2016年に流出した「パナマ文書」でシャリーフ氏の資産隠しが発覚し、2017年7月には最高裁から議員資格の剥奪処分が下されたことに伴い、議員であることが要件の首相職も自動的に失職することになった。さらに総選挙を約3週間後に控えた2018年7月6日にはシャリーフ前首相に対し禁錮10年の有罪判決が言い渡され、シャリーフ氏の政治生命は事実上絶たれた。これに対し、支持を伸ばしていたのがPTIだった。同党のカーン党首は、国民的な英雄と称される元クリケット選手で、政界入り以降も高い人気を誇っていた。前回総選挙で野党第二党となった同党は、腐敗体質の一掃による「新生パキスタン」を掲げて今回の選挙戦に臨んだ。

　開票の結果（表参照）、PTIが342議席中149議席を獲得し、単独過半数には及ばなかったものの、勢力を大幅に拡大させて第一党に躍り出た。PML-Nは82議席と、改選前から勢力を半減させた。野党のパキスタン人民党（PPP）は54議席に留まった。この他、イスラム聖職者評議会（ファズル派）（JUI-F）やイスラム党（JI）をはじめとする宗教政党が再結集した統一行動評議会（MMA）は

-222-

15議席だった。なお、投票率は51.6%で、前回から3.4ポイント低下した。

表：2018年パキスタン下院総選挙結果

	獲得議席	増減	得票率
パキスタン正義党（PTI）	149	+114	31.8%
パキスタン・ムスリム連盟（ナワーズ派）（PML-N）	82	-84	24.4%
パキスタン人民党（PPP）	54	+12	13.0%
統一行動評議会（MMA）	15	-4	4.9%
統一民族運動（パキスタン派）	7	-17	1.4%
パキスタン・ムスリム連盟（カーイデ・アーザム派）（PML-Q）	5	+3	1.0%
バローチスタン民衆党（BAP）	5	-	0.5%
諸派	10	-	4.6%
無所属	13	-14	11.5%
選挙延期	2	-	-

注：増減は2013年総選挙との比較。BAPは今回の総選挙が初参加。諸派の得票率は、当選者を出した政党の得票率を合計したもの。
出所：パキスタン選挙管理委員会ウェブサイト。

　下院総選挙と同時に、各州の議会選挙も行われた。最大の人口を擁するパンジャーブ州とハイバル・パフトゥーンハー（KP）州でPTIが、シンド州でPPPが、バローチスタン州でバローチスタン民族党（BAP）がそれぞれ第一党となった。なお、地方統治機構の関連では、5月に第25次憲法改正が行われ、連邦直轄部族地域（FATA）をカイバル・パクトゥンクワ（KP）州に統合することが定められた。

イムラーン・カーン新政権の発足
　総選挙後、第一党のPTIは統一民族運動（パキスタン派）（MQM-P）やパキスタン・ムスリム連盟（カーイデ・アーザム派）（PML-Q）、BAPといった少数政党の支持を獲得し、8月18日にカーン党首が新首相の就任宣誓を行った。同月20日には、PPP政権時代に外相を務めたシャー・マヘムード・クレーシー下院議員が再び外相に、実業界出身のアサド・ウマル下院議員が財務相に、パルヴェーズ・カ

−223−

タック前KP州首席大臣が国防相に就任するなど、閣僚人事も発表された。

　PTIが政権を担うのはこれが初めてであり、カーン氏もこれまで政府の要職に就いたことはない。若い世代を中心に多くの有権者がPML‐NやPPPといった既存政党に代わる選択肢として、PTIを選んだのもその清新さゆえだったが、いまや政権与党となった同党は、成果を求められ、失敗すれば批判を受ける立場に置かれている。

　パキスタンが抱える喫緊の問題は深刻な債務危機であり、2018年10月時点で外貨準備高はわずか78億ドルにまで低下している。カーン新政権はサウジアラビアや中国といった友好国からの支援取り付けに加え、国際通貨基金（IMF）からの融資合意に向けて交渉を続けている。こうした当面の手当は現下の危機的状況から脱出するために不可欠ではあるが、問題の根本的解決にはなりえず、中長期的な財政安定化への道筋を示すことができるかが問われている。また、カーン氏はパキスタン軍から支持を受けているとの見方が根強くある。事実とすれば軍の政治への介入という問題があるものの、政治において一定の安定を見込むことはできる。しかし、対印関係や治安問題への対処をめぐり見解が対立するようなことがあれば、双方の間に亀裂が入ることにもなりかねず、政軍関係が予断を許さない状況にあることには変わりがない。

大統領選挙でもPTI候補が当選

　9月4日には、パキスタン大統領選挙が行われた。大統領は国民による直接選挙ではなく、上下両院議員（446票）、州議会議員（各州に65票が配分される）の合計706票によって選出される（今回は欠員の関係で679票）。したがって、直近の総選挙および州議会選挙にもとづく各院の勢力が大統領選挙に大きく反映されることになる。開票の結果、PTIのアーリフ・アルヴィ候補が過半数を上回る票を獲得し、PML‐Nが推す対立候補を制して一回目の投票で当選を決めた。2010年の第18次憲法改正によってパキスタンの大統領は名目的な存在となったことから政治上の実質的権限は持たないものの、PTI出身者が国家元首と首相の両ポストを占めることになった。

−224−

第7章　南アジア

選挙妨害を目的とした自爆テロが発生

　パキスタン平和研究所（PIPS）によると、2018年にパキスタンで発生したテロは262件で、前年比29％減となった。テロによる死者数は595人で、前年と比べ27％減少した。負傷者は1,030人だった。このうち、7月には下院総選挙および州議会選の候補者や有権者を標的としたテロが相次いだ。10日にペシャワールで民衆民族党（ANP）の州議会選挙候補者を含む22人が殺害される自爆テロが発生し、パキスタン・タリバン運動（TTP）が犯行声明を発出した。13日にはバローチスタン州マストゥングで自爆テロが発生し、BAP所属の州議会選候補者を含む149人が死亡した他、KP州バンヌーでも爆弾テロで5人が死亡した。さらに投票日の25日には、バローチスタンの州都クエッタの投票所で自爆テロが発生し、31人が死亡した。マストゥングとクエッタのテロについては、ISが犯行声明を発出した。

　11月23日には、カラチの中国総領事館に武装した男3人が襲撃を加える事件が発生し、警官2人と民間人2人の計4人が死亡した（中国人に死傷者はなかった）。事件後、バローチスタン解放軍（BLA）が犯行声明を発出した。カーン首相はこの攻撃を「中国の投資家に恐怖を植え付け、中国・パキスタン経済回廊（CPEC）を脅かすものだ」と非難した。なお、同日にはKP州オラクザイ郡で33人が死亡する自爆テロも発生した。

カーン新政権による外交

　カーン首相による就任後初の外遊先は、サウジアラビアだった。カーン氏は2018年9月中旬にジェッダでサルマーン国王と会談した他、メッカでウムラー（小巡礼）を行った。カーン氏は10月下旬にも同国を再訪し、リヤドで開催された投資会議に出席した。当時、著名ジャーナリストのカショギ氏殺害事件をめぐりサウジアラビアへの逆風が強まり各国要人が出席を取りやめるなかで、パキスタン首相の出席はひときわ存在感を放った。この時サウジアラビア側は60億ドルの財政支援を表明した他、2019年2月にはムハンマド皇太子がパキスタンを訪問し、総額200億ドルの投資を約束するなど、両国の経済面での結びつきの強化を印象づけた。この他にも、カーン氏はアラブ首長国連邦を3回（2018年9月、11月、2019年2月）、マレーシア（2018年11月）、トルコ（2019年1月）、カタール（2019年

－225－

1月）を訪問しており、中東およびイスラム圏を重視する姿勢を鮮明にしている。

中国との関係では、CPECの一部見直しが発表された。2018年10月初旬、CPECの基幹プロジェクトのひとつと位置づけられているカラチとペシャワールを結ぶ鉄道路線の改修計画について、中国からの融資で賄うことになっている予算82億ドルを62億ドルに減額することがシェイク・ラシード鉄道相から発表された。これについては、厳しい財政状況の中で将来の債務を削減したいという考えとともに、中国への過度の依存を避けるねらいがあるのではないかと見られた。こうしたなか、11月初旬にカーン氏が北京を訪問した。習近平国家主席や李克強首相との会談を通じて「全天候型」と称される中パ関係の「戦略的パートナーシップ」強化こそ確認したものの、中国から財政支援を引き出すことはできなかった。その後、2019年3月下旬にパキスタン財務省は中国から21億ドルが同月25日までに振り込まれると発表し、財政支援問題が一応の決着を見たことを窺わせた。

新政権が中東や中国への依存を深める背景には、米国との関係悪化がある。トランプ大統領がツイッターで「これ以上パキスタンに何十億ドルも払うことはしない。彼らはカネをもらうだけでわれわれのためには何もしないからだ」（2018年11月20日）と援助を停止する方針を示せば、カーン首相も同じくツイッターで「パキスタンは米国の戦争のために多くの被害を受けてきた」と反論するなど、「舌戦」を交わした。

インドとの関係も著しく悪化した。2019年2月14日にインド側カシミールで発生した治安部隊に対する自爆テロがパキスタンに拠点を置くイスラム過激派組織JeMによるものとの見方が強まったことで、2月26日にインド空軍がパキスタン側に報復として空爆に踏み切った。パキスタン側が撃墜したインド空軍機の操縦士を早期解放するなど抑制的な姿勢を示したことでさらなる事態のエスカレーションは回避されたが、その後も両国間の緊張状態は続いている。なお、パキスタンの治安当局はテロに関与した疑いでJeM関係者44人を拘束したとしているが、マスード・アズハル首領は拘束されていない。

日本との関係では、2019年2月にクレーシー外相の来訪が予定されていたが、テロをめぐるインドとの関係悪化の影響で延期となった。日本からは2018年8月

第7章 南アジア

末に中根外務副大臣によるパキスタン訪問が行われた。

（岐阜女子大学南アジア研究センター特別研究員　笠井亮平）

軍事情勢
①全般軍事情勢

　2019年2月のインド空軍による、パキスタン国内のテロ組織訓練キャンプに対する空爆は、パキスタンの国防の難しさを再認識させた。インドは印パを隔てる管理ラインから70キロメートル内陸に入った位置にあるテロ組織のキャンプを攻撃したが、その手段として射程の長い爆弾を戦闘機から投下し、印パ間を隔てるラインをほとんど越えずに目標を攻撃したからである。インド国境から100キロメートル以内に首都を抱えるパキスタンは、インドがいつでも首都周辺の重要目標を精密に爆撃できることを再認識することになった。このような防御の難しい地形のために、パキスタンの国防は、防御よりも攻撃を重視するドクトリンを採用している。インドの空爆に対して素早く越境爆撃して応じたのは、そのようなドクトリンを反映した姿といえる。

　インドからの空爆と並行して、昨今、パキスタン国内ではバルチスタン西南部、アフガニスタン南部にまたがる地域独立を求める反乱軍への懸念が高まっている。バルチスタンの反乱軍は、「一帯一路」構想の一部として建設が続くＣＰＥＣ関連の対象を攻撃しており、2018年11月にはカラチにある中国総領事館を襲撃した。そのため、パキスタンは特別セキュリティ師団（9,000人の軍人と6,000名の準軍隊隊員）と呼ばれる専属の警備部隊を新設、増強中である。

　また、警備強化と並行してパキスタンの中国への傾斜が顕著になっている。カシミールにおいては中国軍が展開し、中パ合同パトロールの実施など、より活発な動きを見せており、印パ管理ラインにおいても中国軍の姿が確認されるようになった。さらに、パキスタン軍が計画している数個師団規模の増強が、実は「パキスタン軍」に偽装した中国軍である可能性も指摘されている。中国の空母「遼寧」のパキスタンへの輸出の話もあり、パキスタンに空母運用能力がないことから、これも「パキスタン軍」の名前を借りた中国軍による海外展開の可能性が指摘されている。中国政府はこれらの報道を否定している。

−227−

②総兵力

総兵力は65万人、準軍隊28万人。

③国防費

今年の国防費は未発表。昨年4月公表の国防費は11,000億パキスタンルピー（92.5億米ドル）である。陸軍が国防費全体の48%、海軍11%、空軍21%、残りは装備品の生産部門などとなっている。

④核戦力

インドを10弾頭上回る140-150の核弾頭を保有している。弾道ミサイル・ハトフ1-6（射程100-2,000キロメートル）、巡航ミサイル・ハトフ7-9（射程60-750キロメートル）、戦闘機にも核兵器運搬能力がある。射程60キロメートルのハトフ9については、インドの限定的な攻撃に備えた戦術核。指揮は国家戦略総司令部（National Command Authority）で行う。中国製LY-80地対空ミサイルには弾道ミサイル防衛能力がある。

⑤通常軍備

陸軍：56万人。九つの軍団、一つの地域コマンド、二つの特殊作戦群などを有する。

海軍：23,800人（海兵隊3,200人、沿岸警備隊2,000人を含む）。潜水艦8隻、フリゲート艦9隻を含む艦艇を保有。しだいに中国製の艦艇が増加傾向にある。

空軍：7万人。15飛行隊。中パ共同開発のJF-17戦闘機の数が増えつつある。

（長尾賢）

アフガニスタン

依然として厳しい治安状況

アフガニスタンのガニ大統領は2018年11月に、2015年以来、政府軍と警官の死者が28,000人以上に及ぶことを明らかにした。

2018年10月20日に8年ぶりに下院議会選挙が行われたが、一部では投票は21日まで継続した。選挙の2日間に、選挙に反対するタリバンなど武装勢力による

テロが発生して47人が死亡し、100人以上が負傷した。投票所や治安部隊が標的となったテロや襲撃は全土で200件に及んだ。下院議会選挙は2015年に実施される予定であったが、治安の悪化などを理由に延期されていた。

　この選挙では、アフガニスタン政府の行政能力の低さが明らかになり、2019年2月の時点でも選挙の最終結果が明らかになったのは、アフガニスタン34州のうちわずか18州のみであった。選挙妨害の暴力に見られたように、治安の悪さが改めて浮き彫りになった。また不正投票も行われ、11月半ばまでに12,000件の不服申立があったうち119件が司法当局によって犯罪と認定された。

　2018年11月27日、アフガニスタンのガズニー州で米兵3人が道路脇爆弾で亡くなった。この事件を受けてトランプ大統領は、「ワシントンポスト」とのインタビューで米軍が中東に駐留するのは、イスラエルと石油のためだけであると述べた。さらに、米国がより多くの石油を生産するようになり、石油価格が下がっていることも米軍を中東から撤退させる理由となるだろうという考えを示した。米軍の駐留の継続は、専門家が必要だというためだとも語り、自らの主体的な考えではないことを明らかにした。

　2019年4月8日、首都カブールの北に位置するバグラム空軍基地付近で、爆弾を自動車に搭載した自爆攻撃があり、米兵3人と軍事請負業者1人が死亡した。タリバンは「多数の侵略者を殺害した」と犯行声明を出した。

　2018年10月からタリバンと米国は和平交渉を行っているが、2019年4月12日、タリバンは新たな春季攻勢の開始を宣言し、イスラム教徒の地から侵略と背徳行為をなくし、「勝利の作戦」を実施すると述べた。4月24日に公表された国連の報告書は2019年1月から3月の期間、タリバンが市民227人を殺害し、736人にけがを負わせたと発表した。それに対して、米軍とアフガニスタン政府軍は市民305人を死亡させ、303人を負傷させた。国連が2009年以降、年4回行う報告の中で米軍と政府軍による死者が、タリバンによるそれを上回るのは初めてだ。タリバンは2019年になって、2001年の政権崩壊後に最も広い範囲でその支配を行い、影響力を行使している。2019年1月から3月まで空爆による死者は145人で、そのうち約半数は女性や子どもだったが、国連は、空爆による死者のほぼ全員が米軍によるものだったと報告している。

－229－

2019年5月8日には、首都カブールで米国NGO「カウンターパート・インターナショナル」を狙った襲撃事件が発生し、警備員ら9人が死亡した。襲撃されたNGOは、市民の政治参加や女性支援のための活動を行ってきた。5月16日には南部のザーブル州にある政府軍のチェックポイント2カ所で襲撃があり、政府軍兵士10人が犠牲になった。タリバンの攻勢の強化にはカタールでの交渉を優位に進めたいという意図がある。アフガニスタンに駐留する兵力14,000人の米軍は政府軍や警察の訓練や支援に従事しているが、その効果は十分に表われていない。2019年7月に予定されていた大統領選挙が9月28日に延期されたのも治安の悪さが一要因だ。

アフガニスタンのイスラム国（IS）を警戒する米国

　ヴォーテル米中央軍司令官は、2月19日、訪問中のアフガニスタンでISが重大な脅威であると発言した。同日付のCNN電子版は、アフガニスタンに駐在する米国の情報機関関係者の話として、ISがアフガニスタンから米本土を襲撃する能力を持ちつつあることを警告している。

　アフガニスタンで活動するISは「ISホラーサーン州（狭義にはイラン北東部にある州）」を名乗っている。CNNの記事によればモスクや神学校で若者たちを募り、またSNSを通じて影響力を浸透させ、米国に居住する知人たちの電話番号などの個人情報を収集して米国へのテロを準備しているという。こうした情報はアフガニスタン政府軍が捕捉したISの戦闘員から得られたものだが、ヴォーテル氏はISのSNSを用いた勢力拡大の方法がイラクやシリアで見られたように洗練されたものであると語っている。アフガニスタンで活動するISのメンバーの中には、アフガニスタン人の他に、シリア内戦を戦った経験をもつ者やその他の外国人戦闘員がおり、イラク、シリアで支配地域を失ったISがアフガニスタン東部の山岳地帯を拠点に活動するようになった。

深刻化する干ばつ

　アフガニスタンで灌漑事業、医療・農業支援に取り組むペシャワール会現地代表の中村哲医師は、18年11月16日に福岡市内で行われた記者会見の中で、同年

第7章　南アジア

春以降、アフガニスタンでは、干ばつが深刻になっていて、「現地は修羅場。まず関心を持ってほしい」と事業への支援を改めて訴えた。大河川の少ないアフガニスタン西部・南部で干ばつが深刻で、20数万人が難民化している。また10月に国連人道問題調整事務所（UNOCHA）は、1,000万人以上が飢餓の危機にあることを明らかにした（毎日新聞）。中村氏のペシャワール会が活動し、用水路を築いたのは、アフガニスタン東部だが、アフガニスタン全体が危機的状態にある。

　アフガニスタンは農業国で、小麦などの主食の生産が2018年は大きく落ち込み、食糧不足をもたらすようになっている。農業が労働人口の50％近くを占め、GDPの4分の1を構成する。西部のバードギース州では、95％の農地が耕作不能になった。干ばつの背景には地球温暖化の影響もあり、山岳地帯からの雪解け水が激減したため、乾燥に強いケシの栽培が盛んになっている。また、中央政府の権威も失墜したために、灌漑システムの管理も有効に行われなくなった。隣国イランも干ばつが深刻なために両国で共有するヘルマンド川の水利をめぐっても論争が起きている。さらに、トランプ政権の制裁強化に伴うイランの経済的苦境によってイランに出稼ぎに出かけていたアフガニスタン人たち55万人余りがイラン国外に流出して、イランからの送金が大きく減るようになっている。イランからの送金は、アフガニスタンへの海外からの送金の40％を占めていた。

　トランプ政権は、アフガニスタンのタリバン掃討を口にするものの、アフガニスタンの民生を安定させる姿勢は見られない。アフガニスタンの窮状に国際社会は目を向け、必要な支援を行うことが切実に求められている。

米国、タリバンの和平交渉

　2018年7月から米国と旧支配勢力タリバンとの和平交渉がカタールのドーハで繰り返されるようになった。米国はタリバンとアフガニスタン政府の交渉を望んでいるが、タリバンはアフガニスタン政府との交渉を頑なに拒んでいる。タリバンはアフガニスタン政府が実質的な権力を持たず、米国の傀儡政権に過ぎないと主張し、政府と交渉することはその正当性を認めることになると考えている。

　それにもかかわらず米国がタリバンとの単独交渉に臨んでいるのは、トランプ大統領にアフガニスタンから撤退したいという意向があり、軍事的にタリバンを

−231−

制圧することは不可能だと判断したためだ。タリバンは和平協議を行う前提として、国連によるタリバン指導部に対する制裁を解除すること、およびドーハのタリバン事務所を正式に交渉の窓口として認めることを求めた。他方、米国は10月の下院選挙期間中の停戦を求めた。

　7月に続いて10月にも開かれた協議には、米国のハリルザド・アフガン和平特別代表も参加した。ハリルザド氏は、事前にサウジアラビアやパキスタンなどタリバンに影響力のある国々を訪問し、交渉に向けての環境整備を行った。

　2019年2月から3月の協議に続いて、2019年5月にも開催され、アフガン駐留外国軍の撤退と、アフガニスタンからのアルカイダやISなどのテロの排除で最終合意に達することが目指された。タリバンが固執しているのは米軍のアフガニスタンからの撤退である。そのため、撤退のタイムテーブルが明らかになるまで、米国の要求には応じないと主張している。ハリルザド氏は、交渉が着実に進展していると評価するものの、タリバンの攻撃によってアフガニスタン市民が犠牲になる中でより迅速に交渉を進める必要性を訴えている。

　アフガニスタン政府とタリバンの直接交渉は、インドネシア政府が受け入れる意思表明を行っている。いずれにせよ、外国軍の性急な撤退はタリバンが武力によって再支配を目指すことにもなりかねず、米国には慎重な交渉が求められている。ガニ大統領のアフガニスタン政府は、タリバンの政治参加と停戦を呼びかけているが、タリバンがどれほどアルカイダやISに影響力を行使できるかも不透明であり、和平協議の今後は予断を許さない。

ロヤジルガの招集

　2019年4月29日、ロヤジルガ（国民大会議）が招集され、およそ2,000人が参加して、継続する戦闘と米国によるタリバンとの和平交渉について議論が行われた。「ロヤジルガ」とはパシュトー語で「大集会」を意味し、アフガニスタンの伝統的協議形態である。2014年に予定されていた米軍の撤退期限を超えての駐留を認めるかを討議した2013年のロヤジルガ以来の開催であった。米国とタリバンの和平交渉では、アフガニスタン政府は排除されているが、ガニ大統領にはロヤジルガの招集でその存在感や影響力をアピールしたいねらいがある。ガニ氏

第7章　南アジア

は米国とタリバンの和平交渉で憲法、女性の権利、メディアや言論の自由などの問題でタリバンの意向が反映されることを警戒している。

　ガニ氏は、タリバンにもロヤジルガへの参加を促したが、タリバンはロヤジルガでの決定は断じて受け入れられないという考えを再三明らかにした。ロヤジルガにはラスール元外相、ムジャヒディン組織「イスラム統一体」の指導者であったサイヤーフ氏が参加した。一方、アブドゥラ行政長官、カルザイ前大統領、急進的な軍閥の指導者ヘクマチヤル氏など影響力ある人物たちが、ガニ氏が次期大統領選挙に立候補するためのキャンペーンにロヤジルガを利用していると参加をボイコットし、その開催の意義を低下させることになった。

　タリバンは米国との交渉がある中でのロヤジルガ開催は米国の占領を終わらせることへの障害であり、正当な和平プロセスを壊すものであると主張している。

中村哲医師にアフガニスタンの名誉市民の授与

　2019年4月16日、アフガニスタンの「ハーマ・プレス」は、ペシャワール会の中村哲医師に「名誉市民」の称号が与えられることになったと報じた。これは、中村氏が活動するナンガルハール州から推薦があったもので、アフガニスタンでの長年の活動が認められ、ガニ大統領から直接名誉市民証書が渡されることになった。

（一般社団法人・現代イスラム研究センター理事長

／平和・安全保障研究所研究委員　宮田律）

他の南アジア諸国

相次ぐ政治変動

　2017年8月以来、ミャンマーからバングラデシュに流入した70万人にも及ぶロヒンギャ難民問題は依然として解決していない。2018年11月中に帰還を開始するとの政府間合意は、まったく履行されていない。負担が増すバングラデシュで同年12月末に行われた総選挙は、与党アワミ連盟が圧勝し、ハシナ政権の継続が決まったが、政権側による不正や野党弾圧に国際社会は懸念の声を上げた。しかし親インド的なハシナ政権が続くことを望むモディ政権は、結果を「歓迎する」と表明した。

反対に政権交代が起きたのが、ブータンとモルディブである。ブータンでは、2018年9・10月に行われた民主化後3回目となる総選挙の結果、これまで政権を獲得したことのない協同党のツェリン政権が発足した。ツェリン首相は就任後最初の訪問国として慣例通り、インドを訪れた。

　モルディブでは、2018年9月に行われた大統領選挙で、「親中派」のヤーミン大統領が予想外の敗北を喫した。ヤーミン政権は中国からの多額の融資によるインフラ整備を進め、インドが貸与してきた軍事ヘリの撤去を求めるのと同時に、強権的手法で野党指導者や司法界を弾圧してきただけに、政権交代を米国やインドが歓迎したのはいうまでもない。新たに選出されたソリ新大統領の11月の就任式典にモディ首相が主賓として出席すると、12月にはソリ氏が最初の外遊先としてインドを訪問し、14億ドルの財政支援をインド側から取り付けた。その一部は、同国の国内総生産の4分の3近く、32億ドルにまで膨張した対中債務の返済に充てられる見込みである。

　他方、スリランカでは選挙はなかったものの、政局が混迷の度を深めた。2018年10月、シリセーナ大統領がウィクマラマシンハ首相を突如解任し、「親中派」として知られたラージャパクサ前大統領を後任に指名すると発表したのである。2015年1月の大統領選挙でラージャパクサ氏の3選を阻むために手を組んでいたシリセーナ氏とウィクラマシンハ氏の対立は、決定的なものとなった。最終的には最高裁が、大統領による首相解任や議会解散の企てを憲法違反としたのを受け、2018年12月シリセーナ氏は、やむなくウィクラマシンハ氏を改めて首相に指名し、2カ月近くにわたった混乱はいったん収束した。この間には、コロンボ港の工事が中国企業に発注されるなどしており、スリランカが再び、中国に傾斜するのではないかと危惧していたインドにとって、安堵する展開となった。しかしスリランカでは、シリセーナ氏はウィクラマシンハ氏について、首相再指名後も「一緒に仕事ができない」と公言するなど、両者の不信感と対立は深まる一方である。

　2019年4月21日、250名を超える犠牲者を出したスリランカ連続爆発テロ事件は、まさにこの権力闘争の最中に発生した。地元のイスラム過激派組織、ナショナル・タウフィート・ジャマアット（NTJ）とともに、ISの関与が疑われている。

（防衛大学校准教授／平和・安全保障研究所研究委員　伊藤融）

第7章　南アジア

コラム 外交と女性　インド政治・外交における女性の進出

　インドでの女性の地位は、一般的には低い。主な宗教であるヒンズー教（人口の約80％）とイスラム教（人口の約15％）では伝統的に女性は軽視されてきた。娘を嫁がせる父親は婿側に持参金（ダウリ）を払う特異な習慣がある。父親の年収の三倍などとも噂される。家庭が女児よりも男児を好む所以だ。

　近年になり、インドでも女性の地位は急速に向上しつつある。

　働く女性の服装も、サリーからパンジャビスーツ（上着とズボンに分かれるイスラム式の伝統着）、さらに洋装へと進みつつある。都会では、ジーンズも流行だ。

　ワールド・エコノミック・フォーラムの「グローバル・ジェンダー・ギャップ報告2018年版」によると、女性の経済活動、教育、医療保健、政治参加の各要素を比較し合計した結果、世界140カ国中、インドは108位だ。日本は110位という不名誉な評価で、インド以下、G7の中では最低だ。

　インドで注目したいのは、政治家や外交官に女性の進出が著しいことだ。

　第2代首相インディラ・ガンディー（第1代ネルー首相の長女）、その息子ラジブ・ガンジー首相の未亡人で国民会議派総裁のソニア・ガンジー（元イタリア人）は有名だが、メイラ・クマール下院議長、最大の州（人口2億人以上）ウッタル・プラデッシュ州の元州首相マヤワティ（大衆社会党党首）、西ベンガル州の州首相ママータ・バナジー（草の根国民会議派党首）、最近亡くなったがタミルナド州に長く君臨したジャヤヤリータ元州首相（全インド・アンナ・ドラビダ党首）など男顔負けの実力者だ。ちなみに、現在の内閣閣僚40人中、女性閣僚は8人だが、ススマ・スワラージ外相、ニルマラ・シッタラマン国防相と、外交・安保は女性が担っている。

　外交官にも女性が少なくない。インドの上級職外交官はIndian Foreign Serviceというかつてのわが国の外交官上級試験に相当する難関をパスしなければならないが、わが国でもそうだが、女性は優秀で試験に強い。最近駐日大使を務めたディーパック・ワドワ大使など多くの女性大使が出ており、女性外務次官もニルパマ・ラオ、スジャータ・シンの二人（ともに駐米大使を経験）が出ている。

平林博
元駐インド日本国大使

−235−

第8章　中央アジア

概　観

2019年3月に米国のトランプ政権はシリアやイラクの「イスラム国 (IS)」を完全制圧したと発表したが、そのメンバーたちの多くがアフガニスタン北東部の中央アジア諸国に接するバダフシャーン州に移動し、そこを拠点にしているという見方が有力である。過激派は、活動が容易なところを見つけてはそこを活動の舞台としてきた。例えば、米国の「対テロ戦争」開始でアフガニスタンやパキスタンの連邦直轄部族地域 (FATA) での活動が困難になったアルカイダは、イラク戦争で混乱したイラクに移動して「イラクのアルカイダ」となり、さらにISへと発展していった。アフガニスタンとタジキスタンの国境には、タジキスタン政府の要請で兵力7,000人のロシア軍が駐留して、過激派の中央アジアへの浸透を防ぐ役割を担っている。2019年4月22日、スリランカで250人余りが犠牲になる大規模テロが発生したことは、ISのテロが拡散していることを世界に新ためて示すことになり、中央アジア諸国がいっそうの警戒を行うようになったことは疑いがない。

上海協力機構 (SCO) に加盟するトルクメニスタンを除く中央アジア諸国は、2018年8月にロシア中南部チェバルクリで行われたSCOの合同軍事演習「平和への使命2018」に参加した。これも過激派の中央アジアへの浸透やそのテロに備えたものである。また、中国がタジキスタンに軍事基地を設けていることが2019年2月に「ワシントン・ポスト」などで報じられた。中国の措置には、アフガニスタンを拠点とするウイグル人武装集団による分離運動が新疆ウイグル自治区に入り込むことを懸念したり、インドの中央アジアへの影響力浸透を牽制したりする目的がある。

カザフスタンでは、30年にわたって国家元首の地位にあったナザルバエフ大統領が2019年3月に辞任した。中央アジアでは、旧ソ連時代からの政治家に代わる新世代の指導者たちに移行しつつあるが、独裁的な政治体制はキルギスを除いて変化がなく、タジキスタンでは1992年以来、ラフモン大統領による独裁政治が継続している。

2019年4月に北京で第2回「一帯一路」国際協力サミットフォーラムが開催されたが、これにカザフスタンのナザルバエフ前大統領など中央アジア5カ国の首脳たちが参加した。内陸に位置する中央アジア諸国には「一帯一路」構想を歓迎する動きが顕著にあり、トルクメニスタンでは2018年5月にカスピ海に面する貨物ターミナルが完成し、「一帯一路」構想の重要な中継点になることが強調された。他方で、中央アジアでも貧しいタジキスタンについては中国に対する債務の拡大を懸念する声がある。

−236−

イスラム国 (IS) の脅威は増大する？

　タジキスタンで2018年7月末にサイクリングに興じていた米国人2人、オランダ人、スイス人の4人の観光客がナイフや銃で殺害される事件が発生し、ISが犯行声明を出した。タジキスタン内務省は、この事件について容疑者たちがすべてタジキスタン国籍の者であることを明らかにした。事件はタジキスタンの首都ドゥシャンベの南およそ100キロメートルの、アフガニスタンとの国境に近いダンガラ地区の風光明媚な場所で起こり、この周辺は、欧米人のサイクリストの間では人気があるところである。

　中央アジアでは、イスラム過激派の活動があるものの、ウズベキスタンのシルクロードの遺跡を訪れたり、キルギスやタジキスタンでサイクリングを楽しんだりする外国人観光客を狙うテロは発生してこなかった。しかし、2017年1月にトルコのイスタンブールのナイトクラブでの銃撃で39人が殺害された事件、また2017年10月にニューヨークで8人が犠牲となったテロの実行犯がともにウズベキスタン出身者であったように、中央アジアの人物が外国でテロを起こす事件も発生するようになった。

　紛争やテロの研究を行う米国の調査団体ソウファン・グループによれば、2018年半ばの時点で、タジキスタンからは少なくとも1,300人がイラクやシリアでのISやアルカイダ系のヌスラ戦線（現「タハリール・アル・シャーム機構［HTS］）の「ジハード」の大義のために活動していた。これはISへの参加者を出した国の中では多い方であり、事件を受けて英国外務省は、タジキスタン南部でのサイクリングに対する警戒を呼びかけた。

　米国のトランプ大統領は2019年3月にISを完全制圧したと宣言したが、シリアやイラクで活動していたメンバーたちが中央アジアに帰還することは、中央アジアの安全保障にも影響を及ぼすことは明らかである。ウズベキスタンには「ウズベキスタン・イスラム運動（IMU）」、またタジキスタンには非合法化され、アルカイダから資金援助を受けていたとされる「ジャマート・アンサルッラー（アッラーの戦友）」の活動がある。英国のシンクタンク「経済平和研究所（IEP）」の「世界テロリズム指標」では、中央アジア諸国はテロが発生する可能性が低いほうにランクされている。しかし、テロリズム指標が世界で2位のアフガニスタンが中央ア

—237—

ジア諸国の南に位置し、中央アジア諸国にはテロ対策を怠らないことが求められている。

上海協力機構（SCO）の軍事演習にインドとパキスタンが参加

2018年8月22日から29日にかけて、インドとパキスタンはロシア中南部チェバルクリで行われた上海協力機構（SCO）の合同軍事演習「平和への使命2018」に参加した。インドとパキスタンは、両国の独立以来、対立や衝突を繰り返してきたが、その意味でも同時参加は画期的なことである。軍事演習の目的は、テロや過激主義に対応するというもので、インドとパキスタンが共通の目標を持ったことは、両国の緊張関係を緩和する機能を果たすのではないかという見方もある。インドとパキスタンは2005年にSCOのオブザーバー国となり、2017年に正式に参加した。

SCOは中露が主導し、トルクメニスタンを除く中央アジア4カ国とインド、パキスタンが参加する政治、経済、安全保障上の協力機構である。インドの参加については、1962年に中印国境紛争など中国と競合してきただけに、ユーラシアの国際関係の変容を感じさせるものでもある。一方、インドには中国の「一帯一路」構想に対抗するように、インドのムンバイとロシアのモスクワを船や鉄道、道路で結ぶ「南北輸送回廊」の構想がある。

中央アジアと「アフガニスタンの脅威」

2019年4月11日、カザフスタン上院は、アフガニスタンの脅威に備えるために、タジキスタンに対して防衛装備品を供与することを承認した。カザフスタンのムフタロフ国防副大臣は、下院に対して武器の移転によってカザフスタンの防衛力が低下しないこと、移転する武器がタジキスタン以外の第三者に渡らないことを確認した。また、ムサバエフ下院議員は、「タジク・アフガン国境の情勢は日々悪化して、テロリストたちが大量の麻薬を密輸しようとしている」と述べた。カザフスタンなど中央アジア諸国にはアフガニスタンの政情不安が自国に波及するという懸念がある。タジキスタンは、中央アジア5カ国のうちでは軍事的に最も弱体的な国で、その安全をロシアや、ロシア主導の「集団安全保障条約機構」に依存してい

る。カザフスタンは、この「集団安全保障条約機構」とSCOにタジキスタンとともに参加しており、機構の加盟国としてその安全保障上の役割を担う姿勢を見せた。

タジキスタンに軍事基地を設ける中国

「ワシントン・ポスト」(2019年2月19日付)は中国がアフガニスタンとの国境に近いタジキスタンのパミール高原に軍事基地を設けていることを報じる記事を掲載した。「国際危機グループ（ICG）」によれば、この軍事施設はタジキスタンと中国の合同で対テロ目的に使用され、両国の軍事関係者が常駐しているという。中国は、新疆ウイグル自治区出身のウイグル人の武装集団のメンバーたちがアフガニスタンから中国に戻って暴力に訴える分離独立運動を行うことを懸念している。

このタジキスタンの基地は、中国軍の旧ソ連諸国における最初の軍事的プレゼンスであり、旧ソ連時代からこの地域に影響力を行使してきたロシアにとっては快いものではない。タジキスタンには2004年10月から置かれているロシア軍の基地があり、7,000人の兵力が駐留している。

また、タジキスタンにおける中国軍のプレゼンスは、インドの中央アジア進出を牽制するものであるという見方もある。タジキスタンは中央アジア諸国の中ではインドに最も近く、パキスタンが支配するカシミール地方にも近接する。インドはタジキスタン南西部のアフガニスタンに近接するファルホルにインド軍唯一の海外の空軍基地をもっているが、これは軍事用ではなく、主にアフガニスタンへの支援物資や復興資材を空輸する目的で使用されている。インドは中央アジアに影響力を浸透させておらず、タジキスタンを足がかりに進出していく可能性も否定できない。

タジキスタンの中国に対する債務は10億ドルと見られるが、タジキスタンは2011年に1,000平方キロメートルほどの領土を中国に割譲したことがある。米国のシンクタンク「世界開発センター」によれば、中国の「一帯一路」構想に関係する68カ国を調査したところ、タジキスタンは返済困難に陥る可能性がある8カ国の一つであった。

同胞を憂える中央アジア

　欧州議会は2018年10月4日に新疆ウイグル自治区で多数拘束されているウイグル人とカザフ人の釈放を求める決議を採択した。中国のカザフ人に対する人権抑圧はカザフスタンでも意識されるようになり、2019年3月4日、カザフスタンのアタムクロフ外相は、中国の再教育施設（強制収容所）に拘束されている1,000人以上のカザフ人たちから支援を求められていること、中国の「再教育」がムスリムだけを対象としていることを明らかにした。また2019年1月にカザフスタン外務省は、中国政府が200人以上のカザフ人たちが中国国籍を放棄してカザフスタンに移住することを認めたことを明らかにした。これらのカザフ人たちが再教育施設にいたのか、あるいはカザフスタン政府が推進するディアスポラのカザフ人たちを優遇する「オラルマン（帰還者）」プログラムによって民族的郷土であるカザフスタンへの移住を自発的に望んだのかは明らかになっていない。2018年にはカザフスタンと中国の二重国籍をもつ33人が中国で拘束されたが、そのうち23人がカザフスタンに移住した。他方で、カザフスタン政府は、中国のカザフ人たちの支援を訴える国内の運動を許容しない。「アタ・ジュルト（祖国）」と呼ばれる中国のカザフ人たちの人権状況に懸念を表明する組織は、その活動が認可されるように2017年以来、司法省に申請しているが、要求は実現していない。

米中の貿易戦争に期待を寄せる中央アジア

　米国のトランプ政権のもとで深刻になった米中間の貿易摩擦問題は、中央アジア諸国にとって思わぬ経済的メリットを与えている。2018年7月6日、米国が中国から輸入される818品目に対して340億ドル規模の追加関税措置を発表し、中国も大豆から電気自動車に至るまで同規模の報復関税を発動した。中央アジアの農産物は、「一帯一路」構想による交通手段の整備によって中国への輸出が容易になり、2019年6月カザフスタンの農業省は、中国への小麦輸出を2016年のレベルから2020年には3倍に引き上げるという構想を明らかにした。

　中国も米国に代わる輸入先として隣接する中央アジア諸国に注目している。カザフスタンはさらに米国の中国への最大の農業輸出品目であった大豆の生産に力を入れる模様である。中国は米国からの大豆の輸入を2018年5月に停止する

第8章　中央アジア

と、即座にカザフスタン北部の大豆の輸出業者から100トンの大豆を購入することを決定した。「一帯一路」構想は、カザフスタン、ウズベキスタンやキルギスの農作物の輸送にとってもメリットとなり、米国よりも中央アジアの農産物のほうが関税や輸入検査の手続きが簡略で済むため、中国も中央アジアとの農産物により関心をもつ可能性がある。

ナザルバエフ・カザフスタン大統領の辞任

2019年3月19日、旧ソ連崩壊の前年の1989年から共産党第一書記、大統領として最高指導者の地位にあったナザルバエフ大統領が突然辞任した。しかし、国家安全保障会議議長と与党「祖国の光」の党首の地位には留まる考えも明らかにして、政治への関与を続ける姿勢も見せた。2019年6月9日に新たな大統領を選出する選挙が行われる予定だが、公正な選挙を求める声は警察力で封じられるようになった。旧ソ連時代につくられた内務省を中心とする警察権力は、独裁体制に忠実であり続けている。

ナザルバエフ大統領が暫定の後継者として指名したトカエフ大統領の任期は憲法の規定に基づき次期大統領選挙までだが、民主的な政治を求める運動が広がれば、抑圧的な方策をとらざるを得ないという見方もある。独裁的指導者の辞任とトカエフ大統領の弱いリーダーシップもあって、政治が流動化する可能性も否定できない。後継者としてナザルバエフ前大統領の長女のダリガ上院議長の名前も挙がるようになった。4月23日には、首都のアスタナの名称をナザルバエフ氏のファーストネームをとって「ヌルスルタン」と変更するなど独裁体制の権威を守る姿勢が明確にされた。

カザフスタンで継続されるシリア和平会議

2019年4月25、26日に2011年から続くシリア内戦に関する和平会議がアスタナから改称されたヌルスルタンで開催された。カザフスタンは国際社会に外交的手腕を訴えるかのように首都で和平会議を繰り返し催してきた。アスタナでの和平会議は2017年1月から始まったが、2018年も5月、11月に開催された。ロシア、イラン、トルコが主導するアスタナでの和平プロセスはその実質的な影響力において

−241−

国連主導の和平イニシアチブに次第にとって代わるようになっている。2019年4月に開催された会議では、イランとシリアは反政府武装集団の唯一の拠点となっているイドリブ県で政府支配を再確立するための協議を行いたかったが、反政府勢力や、その後ろ盾となっているトルコの関心は、捕虜の交換とクルド人が支配するシリア北東部の問題であった。さらにロシアは、シリアの制憲委員会の構成について議論の力点を置いたものの、いずれの問題も結論に至ることはなかった。

他方、カザフスタンでの会議に参加した当事者たちが一致したのは、米国のトランプ政権への批判である。会議の最終共同宣言は、1967年の第三次中東戦争以降、イスラエルが占領するシリアのゴラン高原にイスラエルの主権を認めたトランプ大統領の姿勢を厳しく批判した。また、米国のシリア政策が反テロという名目のもとにシリアの主権を侵害し、クルド人武装勢力を支援、その自治を実質的に認めるなどシリア国家の枠組みをも変更するものであることを強く非難している。カザフスタンの会議では、シリア国家の統一と領土保全が再確認されたが、中央アジアを舞台に、トランプ政権の国際秩序づくりに反発する勢力のパワーが決して弱くないことを見せつけた。

（一般社団法人・現代イスラム研究センター理事長
／平和・安全保障研究所研究委員　宮田律）

第8章　中央アジア

コラム 外交と女性

独裁者の娘たちの外交と「イスラム国（IS）」

　選挙で政権交代が実質的に行われるキルギスを除けば中央アジア諸国は民主主義が育たず、独裁体制ばかりだが、外交の場で目立って活躍するのもその独裁者の一族の女性たちである。

　ウズベキスタンのイスラム・カリーモフ前大統領の長女グリナラ・カリモヴァ（1972年生まれ）は、駐露大使館の参事官、公使や駐国連・在ジュネーブ国際組織ウズベキスタン共和国常任代表を努めた。グリナラは、実業家、ファッションデザイナー、ポップシンガーでと多様に活動したが、2014年に父親の大統領と対立すると、公的な舞台から姿を消し、横領やマネーロンダリングなどの罪で2017年に有罪判決を受け、現在は刑務所に服役中と見られている。

　カリーモフ前大統領の次女ローラ・カリモヴァ＝チラエヴァ（1978年生まれ）は、タシケント世界経済外交大学を卒業し、2008年1月から2018年12月まで駐ユネスコ常任代表（パリ）であった。父のカリーモフ前大統領は2016年9月に他界するまで、独裁的手腕を発揮し、反政府運動の弾圧に容赦なかった。ローラ・カリモヴァはパリでの在任時代にフランスのメディアが父親を「独裁者」と形容しないように働きかけたが成功しなかった。

　タジキスタンのエモマリ・ラフモン大統領の次女オゾダ・ラフモンは、米国ワシントンの大使館で文化・教育問題担当官などを務めた後に、2009年に外務次官、また2014年に第一外務副大臣となり、2016年1月には外交活動が評価されたこともあって大統領府長官となった。

　中央アジア諸国ではその他にもカザフスタンのナザルバエフ前大統領の娘であるディナラ・クリバエヴァ（1967年生まれ）がカザフスタンで長者番付4位の富豪で、その純資産は33億ドル（2019年）とも見られ、フォーブスの長者番付にも中央アジアでは唯一の女性としてランクされ、カザフスタンの対外的な「顔」の一人となっている。

　このように、独裁的な大統領のファミリーの女性たちは、富裕で、外交の場でも活躍しているが、他方で、米国の調査団体ソウファン・グループによれば、中央アジアの女性たちは、過激派ISへの参加で、イラク、シリア、また他の中東諸国に次いで3番目に多く、およそ1,000人の女性たちがイラクとシリアに赴いた。彼女たちを駆り立てるのは独裁政権の抑圧や政治の正当性の欠如だと見られ、ある意味で中央アジアの「負の民間外交」を表わすようになった。

宮田律
一般社団法人　現代イスラム研究センター理事長

−243−

第9章　南西太平洋

概　観

　オーストラリアでは2018年8月、ターンブル首相が退陣し、モリソン財務相が首相に就任した。2007年以来、6人目となる首相の登場となり、政治的混迷が経済運営や外交、安全保障へ及ぼす影響を懸念する声が出ていた。2019年5月中旬には連邦議会選挙を控えており、与党保守系連合と野党労働党は激しい選挙戦を繰り広げている。各社世論調査によれば、労働党が保守系連合を押さえて優勢を保っており、政権交代が最大の焦点となっている。

　豪中関係はターンブル首相が2017年後半、中国による内政干渉を批判して以来最悪の状態に陥っていたが、改善の兆しが見えている。ターンブル氏は2018年8月、対中関係に関する演説を行い、「相互理解と尊敬に基づく」両国の戦略的パートナーシップを推進する方針を示した。11月にはペイン外相による訪中も実現し、豪中外交・戦略対話が開催された。

　オーストラリア政府は2019年4月、2019 - 20年度予算を発表した。国防予算はおよそ387億豪ドル（1豪ドル≒約75円）で、対GDP比1.93％となった。政府は2020年度までに2％以上にするという目標を掲げている。政府は「2016年国防白書」で提示された目標に沿って、2020年代までに海軍力を中心に防衛力の整備・強化を目指している。

　ニュージーランドでも2018年11月、次世代通信規格の開発から中国系企業を排除したことをきっかけに中国との関係が冷え込んだ。ニュージーランド経済への影響が心配されていたが、2019年4月にアーダーン首相の訪中が実現し、関係改善の兆しが見え始めている。

　南太平洋地域をめぐっては大国のパワーゲームが繰り広げられている。中国が積極的な援助外交を展開し、存在感を高めていることを受け、米国、オーストラリア、ニュージーランドなどの西側諸国が南太平洋への関与の見直しを進めている。援助の増額、インフラ支援の強化などを皮切りに、域内諸国との関係強化を模索している。オーストラリアは米国と連携し、パプアニューギニアのマヌス島にあるロンブラム海軍基地を再整備、再開発して、南太平洋のシーレーン防衛の戦略拠点にする計画を進めている。

　パプアニューギニアの政治情勢は混迷の度合いを強めている。オニール内閣の現職閣僚が反旗を翻し、与党議員もそれに加わったことで、議会で不信任案が可決される可能性が高まっている。オニール首相は議会開会の延期を発表し、事態の収束を図るが、国民の政治不信が募っており、政治的混乱が続く可能性が高い。

オーストラリア

モリソン新政権が誕生するも支持率は低迷

　オーストラリアでは2018年8月下旬、ターンブル首相が退陣に追い込まれ、代わって財務相のモリソン氏が首相に就任した。ターンブル氏も約3年前に、当時のアボット自由党党首を首相の座から引きずり下ろし、首相に就任していた。しかしターンブル氏のもとで党内はまとまるどころか派閥抗争が激化し、支持率の低迷からも抜け出せずに、結局は首相の座を自ら明け渡すこととなった。

　過去10年のオーストラリアの政治は「回転ドアの政治」と表現されるほど、短命政権が続いた。しかもいずれのケースも党内での権力闘争が背景にあり、国民の政治不信は募っていった。2007年から2013年までの労働党政権では、ラッド氏、ギラード氏、ふたたびラッド氏が、続く2013年から現在に至る保守系連合政権では、アボット氏、ターンブル氏、そしてモリソン氏が相次いで首相に就いた。モリソン現政権の支持率も低迷しており、2019年5月中旬に予定されている総選挙で与党が敗北すれば、これまでと同じように短命に終わることになる。

　モリソン首相の最大の課題は、来る総選挙で勝利を収め、保守系連合政権を維持することである。そのために党内融和を図りつつ、内閣には経済と内政を重視する布陣を敷いた。フライデンバーグ副党首を財務相に任命し、コーマン上院リーダーを金融相として再任した。

　モリソン政権は2018年12月、2018-19年度の財政赤字の見通しを大幅に引き下げるとともに、2019-20年度には黒字が回復し、10年以上続いた赤字に終止符が打たれるとの見方を示した。また例年5月に行われる予算案の発表を、4月に前倒しすることを明らかにした。これは5月中旬に実施される総選挙を念頭に置いたもので、政権の経済運営の実績を国民にアピールする狙いがあった。

　こうした状況にもかかわらず、モリソン政権への支持率は低迷している。27年連続のプラス成長や好調な雇用状況を踏まえれば、与党保守系連合にとって次期総選挙は有利なはずであった。しかしターンブル氏の退陣に国民の多くが疑問を投げかけ、権力闘争に明け暮れる自由党から離反していった。ターンブル前

首相の政界引退を受けて2018年10月に実施された補欠選挙では、無所属候補が与党候補を破り当選を果たした。補選前の与党保守系連合の下院議席数は、過半数をわずか1議席上回っていただけであり、この補選によって与党は過半数割れを起こしたのである。さらに党内抗争が一因となって自由党を離党する議員や政界引退を表明する議員が続出し、モリソン政権は発足後わずか数カ月で次期総選挙での敗北は不可避とまで報じられるようになっていった。

モリソン政権の外交・安全保障政策はターンブル前政権の路線を継承したものである。モリソン首相による外交政策に関する初の演説では、米中貿易紛争に懸念を示しつつ、オーストラリアが米中両国と良好な関係を築くことの重要性を訴えるなど、特に目新しいものはなかった。外相にはペイン前国防相が、国防相にはパイン前国防産業相が就任しており、このことからも政策の継続性が予想される。

オーストラリア政治への介入をめぐって2017年中頃から悪化している中国との関係については、ターンブル政権末期から関係改善の兆しが見えており、2018年11月にはペイン外相の訪中が実現した。2016年以来およそ2年ぶりの豪外相による訪問となった。ただし中国のオーストラリアでの政治干渉や投資活動については、政府は引き続き慎重な態度を崩していない。

労働党の外交スタンス

各社世論調査によれば2019年5月の総選挙で労働党が勝利し、およそ6年ぶりに労働党政権が誕生する可能性が高まっている。保守系連合と労働党との間で現在、激しい選挙戦が展開されている。減税、年金制度、賃上げ、エネルギー政策、地球温暖化対策などが主要な争点であるが、外交・安全保障政策については与野党に大きな違いはなく、それゆえに政権交代によって政策が大幅に変更、修正される可能性は低いと言えるだろう。

労働党の影の内閣で外務貿易相を務めるウォン上院議員は2018年12月、労働党全国大会で外交方針演説をおこなった。ウォン氏はオーストラリアにとっての国益として、第一に安全保障、第二に経済的繁栄、第三に法の支配の原則に支えられた地域の安定、そして第四に「建設的国際主義」を挙げた。「建設的国際主義」とは、労働党の伝統である国際機関や国際組織を通じた平和と繁栄の実

-246-

第9章　南西太平洋

現というアプローチに通じるものである。国際関係の平和と安定なくして個々の国家の平和と安全もなしえないとの認識のもと、「協調的な利己主義」によって国際協調を重視する。これはエバンス元外相が提唱した「第三の国益」、そして「良き国際的市民」という考え方と共通する。

　具体的な政策については、アジア重視、地球環境問題や核軍縮への積極的な取り組みを除いて、保守系連合との違いを見い出すのは難しい。ウォン氏は労働党左派に属する議員とされるが、外交政策についてはきわめて現実主義的である。自由貿易の推進、対米同盟を重視する姿勢は、保守系連合のそれと変わりはない。日米豪印の4カ国協力枠組み（QUAD）についても、マールズ影の国防相とともに、積極的に支持する姿勢をいち早く打ち出していた。

　また対中政策についても現実的である。ウォン氏は中国を反動的と決めつけて接することを戒め、建設的な豪中関係の構築を訴えるが、中国国内の人権状況など、両国で考え方がぶつかる問題については、オーストラリアの立場をしっかりと伝えていく姿勢を明らかにしている。マールズ氏も、南シナ海での中国の行動を批判し、米国による「航行の自由」作戦への豪軍参加を訴えている。

　ただし対中政策をめぐっては、労働党内が一枚岩ではない印象を与えているのも事実である。労働党の重鎮、キーティング元首相はABC放送のインタビューに応じ、オーストラリア政府情報機関トップを「中国パラノイア」の元凶だとし、対中関係を改善させるために彼らを解任すべきだと主張した。それに対してショーテン労働党党首とウォン氏はキーティング氏と距離を置く発言を即座に行ったが、一部の労働党有力議員からはキーティング氏に理解を示す発言も出ている。労働党出身の閣僚経験者が中国政府と繋がりのある組織の要職に就いているケースも目立つ。キーティング氏は現在、中国の国家開発銀行の国際顧問委員会のメンバーを務める。カー元外相は、中国系ビジネスマンによる多額の寄付によって設立されたシドニー工科大学「豪中関係研究所（ACRI）」の所長を務めていた。中国系ビジネスマンから政治献金を受け取り、議員辞職に追い込まれたのも労働党所属の上院議員であった。

−247−

オーストラリアの2019‐20年度国防予算

　2019‐20年度予算が2019年4月初旬に発表された。それによれば、豪通信電子局予算を含めた国防予算はおよそ387億豪ドル（約3兆186億円）で、昨年度に比べて1.2％（23億豪ドル）増となった。国防予算の対GDP比は1.93％で、政府は2020年度までに2％以上にするという目標を掲げているが、そのためには対今年度比およそ5.3％（実質ベース）の増額（約30億豪ドル）が必要とされている。

　パイン国防相は国防予算の発表にあたり「より安全な国土」と題した声明をレイノルズ国防産業相との連名で発表し、今年度国防予算の趣旨を明らかにした。パイン氏は国家安全保障にとって重要なものとして、第一に周辺地域さらにはグローバルな安全保障への積極的な関与、第二に防衛力の整備と強化、第三に国内防衛産業の支援と育成の三つを挙げた。

　第一点目について、オーストラリアは現在、中東やアフガニスタンでの作戦を中心に、約2,300人の豪兵を派遣している（次ページ表「豪軍のグローバル展開」を参照）。なかでもオーストラリアは2014年秋以来、米国と有志連合が行うイラクでの過激派組織「イスラム国（IS）」関連施設への空爆作戦に参加するために豪兵を派遣している。ペイン氏は声明で同作戦に引き続き貢献していく姿勢を示しており、そのために2019‐20年度予算では2億6,930万豪ドルが投じられる。

　さらに声明では、南太平洋と東南アジアへの「防衛外交」を積極的に展開する姿勢を示した。南太平洋においては、同地域への関与強化政策「パシフィックステップアップ」に基づき、フィジーのブラックロック豪軍基地の再開発推進、ソロモン諸島ならびにバヌアツとの安全保障協力関係強化、パプアニューギニアのマヌス島のロンブラム海軍基地の整備強化支援、オーストラリア、パプアニューギニア両軍の相互運用性の向上などが特に挙げられていた。東南アジアについても、域内諸国との防衛交流の強化、オーストラリア本土での軍事訓練・演習実施への支援、5カ国防衛取極（FPDA）などの多国間枠組みを通じた各国安全保障環境改善のための防衛協力、フィリピン南部マラウィでのイスラム過激派掃討作戦のためのフィリピン軍への支援などを挙げて、域内各国の安全保障へ積極的に貢献する姿勢を示している。

　対テロ作戦でのフィリピン軍支援にかかるコストについては、これまでは国家

第9章　南西太平洋

表：豪軍のグローバル展開

作戦名	展開地域	概要	派遣数
Accordion	中東地域	中東地域での支援活動	500
Aslan	南スーダン	国連南スーダン派遣団(UNMISS)	25
Gateway	東南アジア	南シナ海／インド洋での海上監視活動	活動ごとに変動
Manitou	中東地域	海洋安全保障への参加（米主導の合同海上部隊（CMF）への参加を含む）	240
Mazurka	エジプト	シナイ半島駐留多国籍軍監視団（MFO）	27
Okra	中東地域、ならびにイラク	イラクでの「イスラム国」への空爆作戦への参加、ならびにイラク軍訓練	600
Paladin	イスラエル／レバノン	国連休戦監視機構（UNTSO）	12
Resolute	オーストラリア沿岸	オーストラリアの国境ならびに沖合での海上警備	600
Solania	南西太平洋	太平洋島嶼国による海洋監視に対する支援活動	活動ごとに変動
Highroad	アフガニスタン	NATO主導の訓練支援ミッション	300
Augury-Philippines	フィリピン	フィリピン国軍との都市部へのテロ対策訓練	100

出所：オーストラリア国防省ウェブサイトなどをもとに作成

安全保障上の理由から公開されていなかったが、2019‐20年度予算で初めて公表された。それによれば、2017‐18年度は1,250万豪ドルが投じられていたが、2019‐20年度予算では4,010万豪ドルへと3倍強に増額されている。

　第二点目の防衛力の整備と強化については、「2016年国防白書」で提示された目標に沿って、2020年代末までに2,000億豪ドル以上を投入し、海軍力を中心に防衛力の整備、強化を図ることを再確認している。なかでも豪海軍は第二次世界大戦以来最大規模となる総額約900億豪ドルの海軍軍艦建造計画を立てており、「アタック級」次期潜水艦12隻、ならびに「ハンター級」次期フリゲート艦9隻の建造する予定で、そのために「強く、有望な」造船業の育成を目指すとしている。

　なお政府は2019年2月、「アタック級」潜水艦建造に関して、仏ナバルグループ

－249－

（旧DCNS）と戦略的パートナーシップ協定（SPA）を締結し、建造計画が本格的にスタートすることになった。報道によれば、豪仏間のSPA締結交渉は、知的財産権や補償条件などをめぐって合意を得られず、難航していた。

また、海軍建造計画と並んで大規模なものとなるのが、170億豪ドルをかけたステルス戦闘機F‐35Aの調達である。最終的には72機を導入する計画で、2018年12月に2機がすでに豪空軍基地に配備されている。政府は2019‐20年度予算で23億8,900億豪ドルを投じて、同機の調達を進める。国防省はF‐35Aの初配備に際して声明を発表し、F‐35Aはオーストラリア国内の施設で生産されており、2,400人以上の雇用と13億豪ドルの収入をもたらしうる点を強調している。

さらに2019‐20年度は3億6,000万豪ドルを投じて対潜哨戒機P‐8Aポセイドン4機の調達を行う。総額53億豪ドルをかけて2023年3月までに12機を導入する計画で、うち1機は2016年11月に初配備されている。

第三点目に挙げられた国内防衛産業の育成は、絶えず変化する安全保障環境に柔軟に対応するために不可欠とされているが、5月中旬に控えた総選挙を意識して、それが雇用機会の創出に繋がるという点も強調されている。政府は、防衛力整備を国内防衛産業の育成、さらには景気や雇用対策と密接に結びつける姿勢を強めており、声明でも軍艦建造計画によって、軍艦がオーストラリアの資源を用いて建造され、今後数十年間にわたり数千人規模の雇用が生み出される点を訴えていた。

声明では以上の三点に加えて、サイバー安全保障の強化にも言及している。政府は今後4年間で348億豪ドルの予算を投入して、ハッカーもしくは外国政府によるサイバー攻撃に備えた対抗手段を強化していくとしている。具体的には豪通信電子局の「サイバー安全保障センター（ACSC）」内にサイバー攻撃対策班を新たに組織し、さらに「サイバー安全保障対策基金」を創設する計画である。2019年2月にはオーストラリア連邦議会、さらには自由党、国民党、労働党のコンピューターネットワークが、「洗練された国家アクター」によるサイバー攻撃を受けたことが明らかになっている。5月中旬に実施される総選挙に介入する意図が背景にあったのではないかと報道されているが、これについて上下両院議長は「証拠がない」として慎重な態度を示している。

第9章　南西太平洋

オーストラリアの兵力、軍事演習・訓練への参加

　オーストラリアの兵役は志願制となっており、現役総兵力は「国防年次報告2017－18」によれば58,475名で、うち陸軍30,410名、海軍13,818名、空軍14,247名である。前述の通りそのうちおよそ2,300名の兵員が海外作戦に派遣されている。

　豪軍は近年、域内諸国との軍事演習・訓練を積極的に行っている。豪海軍の主導する大規模多国間軍事演習「カカドゥ2018」が2018年8月末からおよそ2週間、オーストラリア北部ダーウィンの沖合で実施された。同演習には米国、日本、インド、韓国、フィリピンのほか、中国が初めて参加した。中国国内メディアによれば中国はフリゲート艦「黄山」を派遣し、主砲実弾射撃、艦隊防空演習を行っている。オーストラリアと中国の関係は2017年中頃から急速に悪化しているが、中国軍の初参加によって両国関係改善に期待を寄せる声も上がっていた。そのほかにも小規模ながらオーストラリア国内では豪中両軍の参加する演習・訓練が行われている。2018年8月末‐9月にかけて、米国、中国、オーストラリア3陸軍の軍事訓練「コワリ2018」（クィーンズランド州ケアンズ）と、中国とオーストラリアの両陸軍の合同軍事演習「パンダルー2018」（キャンベラ）などが実施されている。

　豪空軍が主催する大規模多国間航空戦力演習「ピッチブラック2018」は2018年7月末から8月中旬まで、140機の航空機と4,000人の兵士が参加して、オーストラリア北西部ダーウィンならびにティンダル空軍基地を拠点に行われた。この演習には米国、カナダ、ドイツ、インドネシアが参加しており、インド空軍が初参加を果たした。インドはC‐130やC‐17輸送機のほか、印露で共同開発したSu‐30MKI戦闘攻撃機を参加させている。

　その他、多国間合同軍事演習「リムパック2018」が2018年6月下旬、太平洋のハワイ諸島周辺で開催され、豪軍から1,600人以上が参加した。カナダ、フランス、ドイツ、韓国、日本など26カ国以上が参加する「世界最大級の軍事演習」とされ、中国軍も2014年から参加していた。しかし主催国である米国は、中国による南シナ海での行動を理由に、「リムパック2018」には中国の招待を見送っている。

　また豪軍は2019年3月から約3カ月にわたり、「インド太平洋エンデバー2019（IPE19）」を実施している。今年で3回目の実施となる。域内諸国軍隊とのパートナーシップ関係の強化を目的とし、インド、インドネシア、マレーシア、シンガ

－251－

ポール、スリランカ、タイ、ベトナムなどインド太平洋地域諸国に、「IPE19統合機動部隊」と強襲揚陸艦キャンベラなどの海軍艦船を派遣して各国軍と演習、訓練を行った。

なお豪空軍と日本の航空自衛隊は2018年9月上旬、日本国内で初めて共同訓練を行う予定であったが、9月6日に発生した北海道胆振東部地震のため中止となった。「武士道ガーディアン2018」と称される日豪共同訓練では、豪空軍のFA18戦闘攻撃機7機と、空自の第2航空団（北海道千歳市）のF‐15戦闘機10機程度、第3航空団（三沢市）のF‐2戦闘機2機程度が参加し、要撃戦闘訓練や防空戦闘訓練、戦術攻撃訓練などを、北海道や青森県周辺空域で実施する予定となっていた。豪空軍の先遣隊の一部が民間機で新千歳空港に到着し、部隊の受け入れ準備や調整などを行っていた矢先の出来事であった。

北朝鮮の「瀬取り」に対する警戒監視活動に航空機、艦艇を派遣

オーストラリアは2018年4月下旬以降、北朝鮮の「瀬取り」を含む違法な海上活動に対して、国連軍地域協定を根拠に、航空機ならびに艦艇による警戒監視活動を行っている。日本の外務・防衛両省によると、在日米軍嘉手納飛行場を拠点とした航空機による警戒監視活動には、米国、オーストラリア、カナダ、ニュージーランド、フランスが航空機を派遣している。また東シナ海を含む日本周辺海域における艦艇による活動には、英国、カナダ、オーストラリア、フランスが海軍艦艇を派遣している。豪空軍の哨戒機P‐8AポセイドンやAP‐3Cオライオンの派遣はこれまで4度行われており、また豪海軍フリゲート艦「メルボルン」は2019年5月下旬に2度目の警戒監視活動を行う予定である。

悪化した豪中関係はリセットされるか

豪中関係は2017年後半から、中国系実業家によるオーストラリア政治家への献金などをめぐり悪化していた。ターンブル首相が2017年12月末に議会に提出していた、外国による内政干渉を阻止するための一連の法案は、2018年度に入り次々と成立していった。公職経験者が海外の団体に雇用された場合に公表を義務づける「外国影響力透明化法案」（2018年6月末成立）、外国政府によるス

－252－

第9章　南西太平洋

パイ行為、破壊工作、産業スパイ行為などを対象とする新たな罰則を定めた「改正国家安全保障法案」（2018年6月末成立）、外国人や外国企業・団体からの政治献金を禁止する「改正選挙法案」（2018年11月末成立）などである。

　こうしたオーストラリアの動きに対して中国政府は強く反発した。中国の王毅外相は2018年5月、訪問先のアルゼンチンでビショップ外相と会談し、オーストラリアは「色眼鏡を外すべきだ」と発言し、オーストラリア国内メディアの中国に関する偏向報道や中国を狙い撃ちした法整備に強く反発した。

　両国の人的交流にも影響が出ていた。オーストラリア政府関係者へのビザが発給されず、訪中できない状態が続いた。「ボアオ・アジアフォーラム」には例年、オーストラリアの現職閣僚や連邦・州政府高官が必ず出席していたが、2018年4月のフォーラムでは現地オーストラリア大使を除けばオーストラリア政府関係者の出席は皆無であった。またチオボー貿易・観光・投資相は同年5月、上海でのビジネスイベントに出席するため訪中したものの、通商担当閣僚との会談要請が通らず帰国している。2018年は中国で開催されることとなっていた豪中外交・戦略対話は、2018年夏の段階でビショップ外相の訪中の目処が立たず、実現が危ぶまれていた。

　こうしたなかターンブル氏は2018年8月、冷却化した豪中関係を改善させるべく、対中政策に関する演説をニューサウスウェールズ大学で行った。ターンブル氏は「ツキディデスの罠」を否定し、中国と「相互理解と尊敬に基づく」関係を築いていく決意を示した。中国外務省を筆頭に中国側からは肯定的な反応が返っており、関係改善に向けた第一歩が踏み出されたとの評価が目立つ。2018年11月のモリソン新政権のペイン外相の訪中実現は、中国側の対豪関係改善への意欲を示したものとして受け止められた。

　ただしモリソン政権は経済分野を中心に現実的な観点から対中関係を安定化させることの重要性は認めつつも、中国からの投資に対して引き続き慎重な姿勢を崩していない。モリソン政権が誕生する直前、オーストラリア国内の5Gネットワーク整備事業から中国企業の華為技術（ファーウェイ）や中興通訊（ZTE）を排除するとの決定がなされており、中国は強く反発した。この決定には当時の財務相であったモリソン現首相が所管大臣として深く関わっていた。またモリソン

−253−

政権も2018年11月、香港のインフラ企業である長江基建集団によるオーストラリアの天然ガスパイプライン管理大手APAグループの買収案を認めない方針を決定した。フライデンバーグ財務相は、同買収案はオーストラリアの国益に反するものであると説明している。

　またオーストラリア国内では中国の政治介入、世論操作への危機意識は消えていない。2019年1月には中国出身で現在はオーストラリア国籍を保有する作家の楊恒均氏が、家族とともに中国に入国した直後に中国当局によって身柄を拘束される事件が発生した。楊氏は中国政府を批判する論評を自らのブログを通じて発表していた。楊氏の妻に雇われた弁護士による面会も拒否されたままの状態である。また2月には、オーストラリアの政治家や政党に巨額の献金を行っていた中国人実業家の黄向墨氏の国籍取得申請が却下され、永住権も剥奪された。黄氏は国外に滞在していたため、再入国が認められなかった。オーストラリア当局による調査の結果、黄氏の中国共産党との繋がりや「性格上の理由」があったと伝えられている。黄氏は中国による政治介入が問題視されるきっかけとなった2016年の政治献金スキャンダルに関わった人物であり、中国共産党と繋がりを持つ「オーストラリア中国和平統一促進会」の元会長でもある。

南太平洋リセット

　中国の南太平洋進出に対して、オーストラリアはニュージーランドとともに危機感を強め、南太平洋地域への関与を、援助増額とインフラ支援強化、プレゼンス強化、西側同盟国との連携を通じて「ステップアップ」する方針である。

　政府は南太平洋諸国への援助を2018-19年度予算で11億豪ドルから13億豪ドルへ、2019-20年度予算で14億豪ドルへと増額させた。南太平洋諸国への援助は、オーストラリアの援助全体の約3割を占める。ただし同国の援助総額は近年圧縮傾向にあるため、パキスタン、ネパール、カンボジア、インドネシアなどアジア諸国への援助を削る形でカバーしているのが実状である。

　南太平洋諸国への援助には、パプアニューギニア、ソロモン諸島、シドニーを結ぶ海底ケーブル施設事業に対する、1億3,600万豪ドルの資金援助も含まれている。当初の計画では、アジア開発銀行（ADB）からの融資を受ける予定であっ

−254−

第9章　南西太平洋

たが、受注先がファーウェイになったことで、ADBが難色を示していた。ターンブル首相が2018年6月、訪問先のロンドンでソロモン諸島の首相らと会談を行い、海底ケーブル設置発注にあたってファーウェイを排除することを条件に、設置費用の大半をオーストラリア政府が負担する方針を伝えた。ソロモン諸島とパプアニューギニアも一部を負担することになっており、2019年末までの完成を目指している。

　モリソン首相は2018年11月、20億豪ドルのインフラ基金（AIFFP）創設を柱とするオーストラリアの「パシフィックピボット」を発表した。中国は南太平洋地域に限らず、橋梁・港湾施設などの大規模インフラ支援を通じて影響力を拡大する戦略をとっており、それに対抗する形である。域内諸国のインフラに対する需要は高く、モリソン氏によれば2030年までに毎年31億米ドルのインフラ需要があると見積もられている。ただし中国による援助の大部分は低利ながらも融資のため、各国が債務返済に追われて経済が逼迫されたり、「債務の罠」に陥り戦略的に重要な施設が中国の支配下に陥ったりする事態が懸念されており、オーストラリアの基金創設はこうした事態を防ぐ意図がある。

　また政府はこうした基金創設に加えて、パラオ、マーシャル諸島、フレンチポリネシア、ニウエ、クック諸島に新たな外交使節を設置し、南太平洋地域におけるプレゼンス強化も図る。さらに南太平洋諸国への外交力を高めるために、外務貿易省に「太平洋局」の設置を発表し、初代局長に駐ニュージーランド・オーストラリア高等弁務官のマクドナルド氏を指名した。

　さらに政府は西側同盟国との連携を強めている。英国が2018年4月、サモア、トンガ、バヌアツに大使館を設置すると発表したのも、ブレグジット以後の英国外交戦略の立て直しを意識したものだが、英国の南太平洋再関与を促したオーストラリアの存在も大きい。また日米豪の3カ国の政府系金融機関は2018年7月、エネルギー、通信、資源などの開発を協調融資や保証業務などを通じて支援することで合意している（インド太平洋におけるインフラ投資のための3者パートナーシップ）。今回合意した3者は、米国の海外民間投資会社、日本の国際協力銀行（JBIC）、オーストラリアの外務貿易省である。

　豪米両国は協力して南太平洋地域における軍事プレゼンスの強化を目指して

－255－

いる。米国が第二次世界大戦期に使用したパプアニューギニアのマヌス島にあるロンブラム海軍基地を再整備して、南太平洋のシーレーン防衛の戦略的拠点にする計画である。2018年8月にはマヌス島の港湾整備に中国が資金援助する可能性が伝えられており、オーストラリアが米国の協力を得て即座に対抗策を講じた形である。オーストラリアとパプアニューギニア政府が2018年11月に基地再整備で合意し、ペンス米副大統領も米国が再整備計画に協力する姿勢を明確に示した。またパイン国防相は再整備後のロンブラム基地に豪海軍艦船を常時配備させる可能性を示唆している。

　このようにオーストラリアは南太平洋地域への関与を強化しているが、南太平洋諸国との間には安全保障上の認識のズレが存在している。オーストラリア側は中国のプレゼンス拡大を最大の脅威と捉えるが、南太平洋諸国にとって最大の脅威は地球環境温暖化である。ナウルで2018年9月に開催された太平洋諸島フォーラム（PIF）首脳会議では、南太平洋地域の新たな安全保障枠組みの構築を目指す新安全保障宣言（ボエ宣言）が採択された。同宣言が気候変動を地域安全保障にとって最大の脅威としたことは、双方の認識のズレを埋める第一歩となったといえる。しかしオーストラリア国内では地球温暖化への取り組みに消極的な姿勢が目立ち、それが南太平諸国の対豪不信に繋がっている。

ダーウィンで日豪首脳会談開催、海上安全保障で連携強化

　安倍首相は2018年11月、ダーウィンを訪問し、市内の戦没者慰霊碑において献花、黙祷を行った。安倍氏はその後、モリソン首相と初の日豪首脳会談に臨み、日豪の「特別な戦略的パートナーシップ」をさらに深化させるための具体的方策について話し合いを行った。

　海上保安庁とオーストラリア国境警備隊は、日豪両首脳の立会いのもと、海上安全保障分野の協力に関する協力意図表明文書に署名した。同文書の締結により、日本の海上保安庁とオーストラリア国境警備隊が連携を強化し、海洋秩序の維持、強化に取り組んでいくことになる。ダーウィンに寄港中の巡視船「えちご」で訓示を行った安倍氏は、同文書の交換により、両国の海上保安機関の絆がより強固になったと発言し、今後の成果に期待を寄せた。

第9章　南西太平洋

日豪円滑化協定交渉が停滞

　日豪両政府は「日豪円滑化協定」の2018年度内の妥結を目指していたが、協議が滞っている。日本の死刑制度が同協定の締結交渉に影を落としていると伝えられている。

　円滑化協定は訪問部隊地位協定（VFA）とも呼ばれ、共同訓練や災害救助などで訪問する外国軍部隊の受け入れに際して、行政上、政策上、法律上の手続きが円滑に進むように規定するものである。日本は米国との間で「日米地位協定」、日本にある朝鮮戦争の国連軍後方司令部のための「朝鮮国連軍地位協定」を結んでいる。

　円滑化協定は共同訓練の機会を増やし、日豪両国の安全保障協力のより一層の深化を実現するうえできわめて重要なものであった。両国はこれまで、2012年に日豪情報保護協定、2013年に日豪物品役務相互提供協定（2017年に新協定締結）、2014年に日豪防衛装備品協定を締結し、防衛協力の法的基盤を整えてきた。第8回日豪外務・防衛担当閣僚協議2プラス2（2018年10月）、日豪首脳会談（2018年11月）、日豪防衛相会談（2019年1月）の場でも円滑化協定の早期妥結方針が確認されてきた。

　しかし、新聞報道によれば、訓練などで訪日している豪軍関係者が公務外で罪を犯した場合、死刑制度を持つ日本の刑法で裁判することに対して、死刑廃止国のオーストラリアが懸念を表明しているとのことである。岩屋防衛相も2019年3月26日の記者会見で、両国で最終的な妥結に至っていない理由の一つとして「死刑の問題」があることを認めていた。日本側は、関係省庁と連携しながらできるだけ早く妥結に至るよう努力していきたいとしているが、今後も交渉の難航が予想される。

豪米同盟の将来と新たな安保構想

　オーストラリアでは安全保障専門家の間で、豪米同盟の将来を含むアジア太平洋地域の安全保障環境の不確実性に備えた、新たな戦略構想が議論されている。トランプ大統領の自国優先路線により、同盟国との関係が軽視され、リベラルな国際秩序への危機が高まっているとの認識のもと、対米同盟関係に大き

－257－

く依存した戦後オーストラリアの安全保障戦略に代わる構想「プランB」がオーストラリアを代表する専門家によって提示され、論議を呼んでいる。

ジェニングス豪戦略政策研究所（ASPI）所長は、対米同盟を維持するために政府はあらゆる行動をとらなければならないとしつつ、トランプの自国優先路線が今後も続き、米国が同盟国としての役割を果たさなくなる場合に備え、「プランB」を検討する時がやってきたと主張する。ジェニングス氏はオーストラリアの国防力を強化し、アジア太平洋地域における主導的な地位を確保するための10のステップを提示した。国防費の増額、日本、英国、フランスなどの西側諸国との同盟条約の締結、インドやインドネシアとの戦略的関係の構築、長距離巡航ミサイルを配備した原子力潜水艦の導入、南太平洋地域の軍事的拠点の確保、サイバー防衛能力の整備と強化、兵力の増員などである。

ジェニングス氏はオーストラリアの国防力を増強することは、同盟国による負担増を求めるトランプ政権も望んでいることであり、ひいては同盟強化にも繋がる可能性を指摘している。

ディブ・オーストラリア国立大学名誉教授も、豪米同盟による安全保障というこれまでの「心地のよい前提」は崩れ去り、現在は戦略的転換期に入っているとして、国家安全保障のための「新たな政策」を提案している。ただしジェニングス氏が軍事的な側面に焦点を当てていたのに対し、ディブ氏は大国中国の存在を意識した、政治・外交政策面での政策転換を訴えている。第一に中国の影響力が拡大している東南アジア、東インド洋、南太平洋地域への積極的な関与政策を推進すること、第二に米国の最新鋭の軍事装備品を今後も継続的に調達し、国防力整備に努めること、第三に過度に中国に依存したオーストラリア経済から脱却し、対中政策を見直すこと、第四に南シナ海、台湾海峡、朝鮮半島などでの有事を想定した軍事プランを立案すること、そして最後に、中国が域内大国としてオーストラリアの国家安全保障を脅かしうる存在であることを認識する必要があるとしている。

「プランB」をめぐる論議は、ごく限られた安全保障専門家の間で交わされている段階にすぎない。しかし保守系シンクタンクのトップであり、対米同盟重視の立場をとるジェニングス氏によって提起されたことは、対米同盟の将来に対す

るオーストラリア国内の不安感の強さを物語っている。安全保障問題の権威であるディブ氏とホワイト氏も、それぞれ論点は異なるものの、豪米同盟を当たり前の前提として安全保障を考えることに警鐘を鳴らしており、「プランB」をめぐる論議は今後も続いて行くであろう。

ニュージーランド

白人至上主義者による無差別テロ事件が発生

　ニュージーランド（NZ）南部のクライストチャーチで2019年3月15日、白人至上主義者によるイスラム礼拝所（モスク）襲撃事件が発生した。実行犯はオーストラリア国籍の20代の白人男性で、半自動小銃で武装して2つのモスクを襲撃、51名が犠牲になった。

　アーダーンNZ首相はこの事件を受け、再発防止策として銃規制強化やSNS規制強化を打ち出している。これまで国内で販売が認められていた半自動小銃などの取り扱いを全面的に禁止する。また強力な調査権を持つ王立委員会が設立され、治安当局の対応に不備はなかったのかなどを調査し、再発防止策などに関する報告書を12月までにまとめることになっている。

　犯人はSNSを通じて、過激思想に傾倒していったと伝えられており、NZ政府は暴力的な動画などの投稿や拡散を防止するための法整備を各国政府に促していく方針である。またモリソン豪首相も、6月末に大阪で開催されるG20首脳会議においてSNSの規制強化を議題として取り上げるよう、安倍首相に要請している。

対中関係が不安定化

　ニュージーランドも対中警戒感を強めている。2018年7月に発表した『戦略防衛政策声明2018』では、南太平洋地域での中国の行動に強い懸念を表明した。中国をアジア太平洋地域における政治的・戦略的に重要なパートナーであるとしていた『2016年国防白書』に対して、『戦略防衛政策声明2018』では南太平洋地域における中国の影響力拡大が地域の安定を揺るがすとの認識を示した。さらに国防省は、南太平洋における警戒監視活動の強化を目指し、23億5,000万

－259－

NZドル（1NZドル≒約72円）を投じて、ボーイング社の新型対潜哨戒機P‐8Aポセイドン4機を導入することを発表した。中国の進出が念頭にある。

またNZ政府は2018年11月、国内大手通信事業者スパークテレコムが開発を進める5Gネットワークにファーウェイの機器を使用する計画について、国家安全保障上のリスクを理由に使用申請を却下した。ニュージーランドは米国を中心とした英語圏5カ国（英国、米国、カナダ、オーストラリア、ニュージーランド）の機密情報共有網「ファイブアイズ」に参加しており、機密情報の漏洩は米国などの同盟国にとっても高いリスクとなる。

さらにNZ政府は、2020年に予定されている総選挙を前に、外国政府による内政への介入を制限する立法措置を検討している。ニュージーランドでもオーストラリア同様に、国内社会での中国の影響力拡大を懸念する声が高まっており、政府も対応を迫られた形である。政府は外国からの政治献金を禁止する法案を検討しているとのことである。

こうした動きに中国政府は反発を強めた。2019年2月18‐22日にかけて「中国・ニュージーランド観光年」の記念行事がウェリントンで行われる予定だったが、中国側が突如として延期を発表した。2018年末に予定されていたアーダーン首相の訪中も「日程上の都合」で中国側と調整がつかず、実現の目処が立たなくなっていた。さらに2月上旬には上海に向かっていたNZ航空機が、台湾をめぐる問題を理由に着陸を拒まれた事件も発生した。

こうして両国間にさざ波が立つ中で、アーダーン氏は2019年2月、パーカー経済開発・環境・貿易・輸出振興担当相を2019年4月に北京で開催される第2回「一帯一路」国際協力サミットフォーラムに派遣することを発表した。もともと計画されていたパーカー氏の中国訪問を、同会議の日程に合わせたものであるが、ニュージーランドが中国に秋波を送ったものと伝えられた。こうしたニュージーランド側の動きに中国も応え、アーダーン氏による初の中国公式訪問が2019年4月に実現した。アーダーン首相は李克強首相との首脳会談において、中国の「一帯一路」構想への協力を表明した。両首脳は自由貿易協定の改定交渉を加速させることを確認しており、経済分野を中心に関係の強化を図る。

−260−

第9章　南西太平洋

太平洋リセット

　南太平地域への中国の進出を強く警戒するニュージーランドは、新たな南太平洋関与政策を発表した。ピーターズ外相は訪問先のシドニーで演説し、南太平洋諸国への援助強化、これまでとは異なるアプローチの創造、オーストラリアとの連携の必要性を訴えた。同地域の戦略環境の大きな変化を受けて、域内諸国との関係強化には新しいアプローチが必要であるとし、援助の強化を軸にした新たな南太平洋戦略「太平洋リセット」を提唱した。ピーターズ氏は今後4年間で援助予算に約7億1,400万NZドル（約550億円）を追加投入する考えを示した。この額はニュージーランドの年間援助予算の30％増に匹敵する。

　ピーターズ氏によれば「太平洋リセット」とは、人権、法の支配、グッドガバナンスなどの価値を尊重しながら、オーストラリアなどパートナー国との連携のもと、域内諸国に対する支援を強化していく戦略である。ピーターズ氏は、南太平洋地域で指導者の世代交代が進み、自立的で積極的な地域・外交政策を追求するようになったために、同地域は中国などの域外大国が勢力を伸ばす「大国間競争の戦略的空間」となったという認識を示した。オーストラリアとニュージーランド両国が連携して南太平洋諸国との関係再構築を目指す必要性を強調していた。

南太平洋

南太平洋をめぐる国際政治が活発化

　南太平洋地域では近年の中国による積極的な進出を受けて、オーストラリア、ニュージーランドを筆頭に西側諸国もこれまでの政策を見直し、域内諸国との新たな関係を模索し始めるなど、大国間のパワーゲームが展開されている。中国は経済発展を目指す域内各国が欲する大規模インフラ整備への資金援助などを通じて影響力の拡大を狙っている。

　オーストラリアのローウィ研究所によると、同地域への最大のドナー国は依然としてオーストラリアであるものの、西側諸国による援助額が過去数年間で約2割ほど削減されてきたため、中国の相対的な存在感は高まっている。こうしたなかでオーストラリアとニュージーランドは同地域への援助をさらに増額し、域内

各国のインフラ整備を支援するためのファンドを創設するなど、中国の影響力に対抗しようとしている。

　大国間パワーゲームの主要舞台の一つがパプアニューギニアである。同国は南太平洋諸国の中で最大の援助を中国から受けており、道路、港湾施設、通信設備などで中国が支援する多数のインフラプロジェクトが存在している。2019年4月に北京で開催された第2回「一帯一路」国際協力サミットフォーラムに、太平洋諸国を代表して出席したのも他ならぬパプアニューギニアである。そのようななかで中国と米豪が、パプアニューギアの高速通信インフラ整備事業をめぐって激しいせめぎ合いを展開していた。パプアニューギニア政府が2018年8月、国内通信インフラ敷設事業をファーウェイが請け負うことを発表したことに対して、米国が対抗案を提示し、ファーウェイ排除の動きを見せたのである。しかしパプアニューギニア政府は11月、同事業についてはファーウェイに最終決定したことを発表したため、米豪はパプアニューギニアを経由した中国への機密情報流出を警戒する。

パプアニューギニアのオニール首相不信任の動き

　オニール首相の不信任案をめぐってパプアニューギニア国内の政治情勢が不安定化している。議会開会を数日後に控えた2019年5月、オニール首相への不信感を募らせていた現職閣僚を含む与党連合所属議員多数が反旗を翻し、オニール氏への不信任動議提出の動きを見せたことで、国内の緊張が一気に高まった。双方の支持者の間で衝突事件が発生する危険性が高まっており、警官隊がポートモレスビーの街頭で警戒に当たっていると伝えられている。

　次の首相候補とされるマラペ氏は2019年4月、オニール氏に反発して財務相を辞任、今回の騒動のきっかけを作った人物である。元財務相はオニール氏の政権運営が独断的であると批判し、反対派の結集を呼びかけている。これに対してオニール氏は、議会で与党側が過半数議席を確保しているとして、不信任案否決に自信を示しているが、議会開会を3週間ほど延期することを発表し、その間に党勢の巻き返しを図る算段である。

　オニール氏への不信任動議はこれまで4回出されており、そのたびに首相退陣を求めるデモが多発し、情勢不安が高まっていた。南太平洋諸国で初開催と

−262−

なった2018年11月のアジア太平洋経済協力（APEC）サミットが成功裏に終わり、同国への国際的関心が高まった。しかしAPEC首脳会議で各国首脳らを送迎するためとして、政府がイタリアの高級車マセラティ40台を購入したことが明らかになり、国民から非難の声が上がっていた。しかもそのうち大部分がAPEC閉幕後に行方不明になっていることがわかり、政治問題化していた。

ニューカレドニアで独立を問う国民投票実施

　ニューカレドニアで2018年11月、フランスからの独立を問う国民投票が行われた。独立賛成が43.6％、反対が56.4％で、特別自治体としてフランスに留まることとなった。独立を実現すれば、親中国路線をとるとの可能性が指摘されていた。なおフランス政府と現地独立派、反独立派との間で1998年に締結されたヌメア協定によれば、3回の住民投票を実施することとなっており、2020年に第2回の住民投票が行われる見込みである。

（獨協大学教授／平和・安全保障研究所研究委員　竹田いさみ）

（獨協大学教授／平和・安全保障研究所研究委員　永野隆行）

コラム 女性と外交
太平洋における女性を通じた ネットワーク外交の試み

太平洋諸島では、官僚レベルでは女性の活躍は進んでいるものの、大統領や首相レベルになると、長い間男性中心主義の考えの下、ガラスの天井が存在してきた。この天井を太平洋諸島独立国で初めて打ち破ったのがマーシャル諸島のヒルダ・ハイネ大統領である。教育次官をはじめ、同国の教育畑を歩み、同国で初めて博士号を取得した彼女は、政界入り後すぐに教育大臣に任命され、再選後の2016年には大統領に選出された。

マーシャル諸島を含む太平洋諸島では、現在気候変動問題と中国の進出への対応という二つの課題が国際的に注目されている。彼女は、女性の立場から両方の問題に切り込み、太平洋地域において強いリーダーシップを発揮している。

国土の多くが環礁からなるマーシャル諸島は、ツバルやキリバスと並び、国際社会から気候変動の影響で国土消失の恐れのある国として取り上げられている。ハイネ大統領も気候変動問題を第一優先課題とし、国連などを通じて自国の厳しい現状を訴え、また子供たちの将来を憂う母親の立場から「常に気候変動の問題は弱者を最初に苦しめる」と指摘、各国の女性が団結し、先進国に具体的な行動を起こすよう迫っていくべきだと主張する。

一方、太平洋諸島は中国と台湾の間で国交をめぐる激しい争いが行われてきた。近年はアフリカや中南米で、中国が台湾と国交を持ってきた国々を次々と奪い返しており、次のターゲットは太平洋諸島ではと注目されている。2018年11月にパプアニューギニアで開催されたAPEC直前には習近平国家主席が中国と外交を持つ太平洋諸島国首脳と会合を開催するなど、経済支援と結びつけた関係強化の姿勢が目立つ。劣勢の台湾及び同盟島嶼国側であるが、ここで一つの戦略を示してきた。蔡英文総統を念頭に置き、女性と民主主義を通じた太平洋地域でのネットワークの強化を掲げた。2019年3月、ハイネ大統領は、蔡総統やPIF事務局長メグ・テーラー女史ら太平洋諸国の女性リーダーを自国に迎え、「第1回太平洋女性リーダー同盟会議」を開催した。この戦略は、男性優位であった太平洋諸島の従来政治からの脱却の意味からも、米国や中国にみられる男性中心の力の政治に対するアンチテーゼの面からも興味深い試みである。

2019年11月にはマーシャル諸島で総選挙が行われる。ハイネ大統領が進める女性のネットワークに基づく外交政策が国民から評価されるかどうか注目していきたい。

黒崎岳大
東海大学講師

略語表
年　表

（2018年4月～2019年3月）

ACRI	Australia-China Relations Institute	豪中関係研究所
ACSA	Acquisition and Cross-Servicing Agreement	物品役務相互提供協定
ACSC	Australian Cyber Security Centre	オーストラリアサイバー安全保障センター
ADB	Asian Development Bank	アジア開発銀行
AI	Artificial Intelligence	人工知能
AIIB	Asian Infrastructure Investment Bank	アジアインフラ投資銀行
AIT	American Institute in Taiwan	米国在台湾協会
AMM	Aceh Monitoring Mission	アチェ停戦監視ミッション
ASAT	Anti-satellite Weapon	衛星攻撃兵器
APEC	Asia-Pacific Economic Cooperation	アジア太平洋経済協力
ARF	ASEAN Regional Forum	ASEAN 地域フォーラム
ARIA	Asia Reassurance Initiative Act	アジア再保証推進法
ARMM	Autonomous Region in Muslim Mindanao	ミンダナオ・ムスリム自治区
ASEAN	Association of Southeast Asian Nations	東南アジア諸国連合
ASEM	Asia-Europe Meeting	アジア欧州会合
ASPI	Australian Strategic Policy Institute	オーストラリア戦略政策研究所
BIMSTEC	Bay of Bengal Initiative for Multi-Sectoral Technical and Economic Cooperation	ベンガル湾多分野技術協力イニシアティブ
BMDR	Ballistic Missile Defense Review	弾道ミサイル防衛見直し
BTG	Battalion Tactical Group	大隊戦術グループ
CCTV	China Central Television	中国中央電視台
CEC	Cooperative Engagement Capability	共同交戦能力
CIFIUS	Committee on Foreign Investment in the United States	外国投資委員会
COC	Code of Conduct	南シナ海における関係国の行動規範
COCOM	Coordinating Committee for Multilateral Export Controls	対共産圏輸出統制委員会
COMCASA	Communications Compatibility and Security Agreement	通信互換性保護協定
CPEC	China-Pakistan Economic Corridor	中国・パキスタン経済回廊
CSDP	Common Security and Defence Policy	共通安全保障防衛政策
CTBT	Comprehensive Nuclear Test Ban Treaty	包括的核実験禁止条約
CVID	Complete, Verifiable, Irreversible, Denuclearization	完全かつ検証可能で不可逆な非核化
DARPA	Defense Advanced Research Projects Agency	米国防高等研究計画局

略　語　表

DMZ	DeMilitarized Zone	非武装地帯
DOC	Declaration on the Conduct	南シナ海における関係国の行動宣言
EAS	East Asia Summit	東アジア首脳会議
ECRA	Export Control Reform Act	輸出管理改革法
EDF	European Defence Fund	欧州防衛基金
EEZ	Exclusive Economic Zone	排他的経済水域
ESDP	European Security and Defence Policy	共通安全保障防衛政策
EPA	Economic Partnership Agreement	経済連携協定
EU	European Union	ヨーロッパ連合
FATA	Federally Administered Tribal Areas	連邦直轄部族地域
FFR	Talks for Free, Fair and Reciprocal Trade Deals	自由で公正かつ相互的な貿易取引のための協議
FIRRMA	Foreign Investment Risk Review Modernization Act	外国投資審査現代化法
FMS	Foreign Military Sales	対外有償軍事援助
FOIP	Free and Open Indo-Pacific	自由で開かれたインド太平洋
FONOP	Freedom of Navigation Operation	「航行の自由」作戦
FPDA	Five Power Defence Arrangements	5カ国防衛取極
FTA	Free Trade Agreement	自由貿易協定
GDP	Gross Domestic Product	国内総生産
GLCM	Ground Launched Cruise Missile	地上発射型巡航ミサイル
GOZ	State Defence Order（Gosudarstevennyi Oboronnyi Zakaz）	国家国防発注
GPV	State Armament Programme（Gosudarstvennaia Programma Vooruzheniia）	国家装備プログラム
HCM	Hypersonic Cruise Missile	極超音速巡航ミサイル
HGV	Hypersonic Glide Vehicle	極超音速滑空体
HTS	Hay'at Tahrir al-Sham	タリハール・アル・シャーム機構
ICBM	Inter-Continental Ballistic Missile	大陸間弾道ミサイル
ICG	International Crisis Group	国際危機管理グループ
IISS	International Institute for Strategic Studies	英国国際戦略研究所
IMF	International Monetary Fund	国際通貨基金
IMU	Islamic Movement of Uzbekistan	ウズベキスタン・イスラム運動
INF	Intermediate-range Nuclear Forces	中距離核戦力
IONS	Indian Ocean Naval Symposium	インド洋海軍シンポジウム
IORS	Indian Ocean Rim Association	環インド洋連合
IS	Islamic State	イスラム国

— 267 —

ISIS	Islamic State of Iraq and Syria	イラクとシリアのイスラム国
IWC	International Whaling Commission	国際捕鯨委員会
JAD	Jamaah Ansharut Daulah	ジャマ・アンシャルット・ダウラ
JADGE	Japan Aerospace Defense Ground Environment	自動警戒管制システム
JBIC	Japan Bank for International Cooperation	日本国際協力銀行
JeM	Jaish-e-Mohammed	ジャイシェ・ムハンマド
JI	Jemaah Islamiyah	ジェマ・イスラミーヤ
JSA	Joint Security Area	共同警備区域
KADIZ	Korea Air Defense Identification Zone	韓国防空識別区域
KAMD	Korea Air and Missile Defense	韓国型ミサイル防衛
KMPR	Korea Massive Punishment and Retaliation Strategy	大量膺懲報復(韓国型大量反撃報復作戦)
MD	Missile Defense	ミサイル防衛
MDR	Missile Defense Review	ミサイル防衛見直し
MFO	Multinational Force and Observers	多国籍軍・監視団
MILF	Moro Islamic Liberation Front	モロ・イスラム解放戦線
MNLF	Moro National Liberation Front	モロ民族解放戦線
NATO	North Atlantic Treaty Organization	北大西洋条約機構
NDS	National Defense Strategy	国家防衛戦略
NIS	New Independent States	旧ソ連新独立国家
NLD	National League for Democracy	国民民主連盟(ミャンマー)
NLL	Northern Limit Line	北方限界線
NPR	Nuclear Posture Review	核体制見直し
NPT	Treaty on the Non-Proliferation of Nuclear Weapons	核不拡散条約
NSS	National Security Strategy	国家安全保障戦略
NTJ	National Thowheed Jamath	ナショナル・タウフィート・ジャマアット
OCHA	(UN) Office for Coordination of Humanitarian Affairs	(国連)人道問題調整事務所
PD	Public Diplomacy	パブリック・ディプロマシー
PESCO	Permanent Structured Cooperation	恒常的構造協力
PIF	Pacific Islands Forum	太平洋諸島フォーラム
QUAD	Quadrilateral Security Dialogue	日米豪印4カ国協力枠組み(戦略対話)
RCEP	Regional Comprehensive Economic Partnership	東アジア地域包括的経済連携
RIMPAC	Rim of the Pacific Exercise	環太平洋合同演習

略 語 表

SAR	Agreement on Search and Rescue Regions	海上捜査・救助協定
SAGAR	Security and Growth for All in the Region	地域のすべてにとっての安全保障と成長
SCM	Security Consultative Meeting	米韓安全保障協議会議
SCO	Shanghai Cooperation Organization	上海条約機構
SDGs	Sustainable Development Goals	持続可能な開発目標
SIPRI	Stockholm International Peace Research Institute	ストックホルム国際平和研究所
SLBM	Submarine-Launched Ballistic Missile	潜水艦発射型弾道ミサイル
SLCM	Submarine-Launched Cruise Missile	潜水艦発射型核巡航ミサイル
SPA	Strategic Partnership Agreement	戦略的パートナーシップ協定
SSA	Space Situational Awareness	宇宙状況監視
STOVL	Short Take-off and Vertical Landing	短距離離陸・垂直着陸
SWIFT	Society for Worldwide Interbank Financial Telecommunication	国際銀行間通信協会
TAG	Trade Agreement on Goods	物品貿易協定
THAAD	Terminal High Altitude Area Defense Missile	終末高高度防衛ミサイル
TPP	Trans-Pacific Partnership	環太平洋パートナーシップ
UNCLOS	United Nations Convention on the Law of the Sea	国連海洋法条約
USTR	United States Trade Representative	米国通商代表部
UUV	Unmanned Underwater Vehicles	無人水中航走体
VFA	Visiting Forces Agreement	訪問部隊地位協定
WHA	World Health Assembly	世界保健総会
WMD	Weapons of Mass Destruction	大量破壊兵器
WTO	World Trade Organization	世界貿易機関

年表 (2018 年 4 月〜 2019 年 3 月)

日本	各国・国際情勢
2018年4月	**2018年4月**
2日　小野寺防衛相、政府が「存在しない」としていた陸上自衛隊イラク派遣部隊の日報の存在を発表。	11日　北朝鮮で1年ぶりに最高人民会議開催。金正恩委員長は登場せず。
9日　小野寺防衛相、初訪日のベトナムのゴー・スアン・リック国防相と会談。「防衛関係に関する共同ビジョン」に署名。	13日　米政府、アサド政権の市民への化学兵器使用を理由に、英仏両国と共同でシリアの化学兵器関連施設3カ所に軍事攻撃。
15日　河野外相、中国の王毅外相と会談。ハイレベル往来の促進による関係改善などを確認。	20日　北朝鮮の金正恩委員長、朝鮮労働党中央委員会総会で、21日から核実験と大陸間弾道ミサイル(ICBM)の発射を中止すると表明。
17-18日　安倍首相、ワシントンでトランプ大統領と会談。北朝鮮に対する圧力で一致。	24日　中国、ロシア、インドなど8カ国が加盟する上海協力機構(SCO)、北京で外相会議開催。
18日　日・マレーシア両政府、マレーシアのクアラランプールで、防衛装備品及び技術の移転に関する協定に署名。	27日　韓国の文在寅大統領と北朝鮮の金正恩委員長、板門店で会談。朝鮮戦争の年内終戦を目指す「板門店宣言」に署名。
28日　防衛省、北朝鮮の「瀬取り」に関して、米国、オーストラリア、カナダが米軍嘉手納基地を拠点に監視活動を展開すると発表。	27日　中国の習近平国家主席、湖北省武漢でインドのモディ首相と非公式に会談。
29日　安倍首相、韓国の文在寅大統領と電話会談。北朝鮮の金正恩委員長が、日本との対話可能性を表明したことが明らかに。	
5月	**5月**
7日　民進党と希望の党、新党「国民民主党」を結成。62人の国会議員が参加し、野党第2党に。	3日　米ハワイ島でキラウエア火山が噴火。溶岩が住宅地にまで押し寄せ600戸以上へ被害。
9日　安倍首相、中国の李克強首相、韓国の文在寅大統領と東京で会談。朝鮮半島の完全な非核化に向けて連携を確認。	8日　トランプ大統領、米欧など6カ国とイランが2015年に締結した核合意からの離脱を表明。

日本	各国・国際情勢
22-6月28日 陸上自衛隊、米国アラスカ州で、米陸軍との実動訓練「アークティック・オーロラ」を実施。	9日 マレーシアで下院総選挙、マハティール元首相率いる野党連合が勝利。
26日 安倍首相、ロシアのプーチン大統領とモスクワで会談。北方4島での共同経済活動の重点5項目の具体化に向けた作業の加速で一致。	13日 インドネシア第2の都市スラバヤのキリスト教会3カ所で自爆攻撃。「ジャマ・アンシャルット・ダウラ (JAD)」が関与し、「イスラム国 (IS)」が犯行声明。
	14日 米政府、在イスラエル米大使館をテルアビブからエルサレムに移転。
	28日 EU外務理事会、「アジアにおけるEUの安全保障協力の推進」と題する文書採択。
6月	**6月**
4日 米軍横田基地に配備予定の米空軍輸送機 CV22 オスプレイ2機、鹿児島県奄美市の奄美空港に緊急着陸。	1-3日 シンガポールで第17回アジア安全保障会議（シャングリラ・ダイアローグ）開催。
8-16日 海上自衛隊、米海軍及びインド海軍との共同訓練「マラバール 2018」を、グアム島及び同周辺海空域において実施。	10日 中国山東省青島で上海協力機構 (SCO) 首脳会議開催。インドとパキスタンが正式加盟国として初参加。
11日 米軍嘉手納基地所属のF15戦闘機が那覇市沖に墜落。パイロットは緊急脱出後、自衛隊により救助。	12日 トランプ米大統領と北朝鮮の金正恩委員長、シンガポールで史上初の米朝首脳会談。
14日 河野外相、ポンペオ米国務長官、韓国の康京和外相とソウルで会談。北朝鮮が米朝首脳会談で約束した「完全な非核化」の実現のため、日米韓で連携する方針を確認。	15日 米政府、中国の知的財産権侵害への制裁措置として、500億ドル分の中国製品に25%の追加関税を課すことを発表。
27日 宇宙航空研究開発機構 (JAXA)、2014年に打ち上げた探査機「はやぶさ2」が地球から約3億km離れた小惑星「りゅうぐう」に到着したと発表。	16日 中国政府、米国産の農産物や自動車、エネルギーなど659品目に25%（約500億ドル規模）の追加関税を課すことを発表。
	19日 米韓両政府、8月に予定していた定例の米韓合同指揮所演習「乙支フリーダムガーディアン」の中止を発表。

— 271 —

日本	各国・国際情勢

日本
27- 8月 2日　海上自衛隊、陸上自衛隊、米国の ハワイ島で実施される「リムパック 2018」に参加。米国防省は中国の 招待を取り消し。

7月

1日　安倍首相、第5回東アジア地域包括的経済連携（RCEP）中間閣僚会合に世耕経産大臣と参加。

3日　政府、新たなエネルギー基本計画を閣議決定。プルトニウムについて「保有量の削減に取り組む」と初めて明記。

7日　記録的な大雨により、西日本を中心に大規模な河川の氾濫や土砂災害が発生。

8日　河野外相、ポンペオ国務長官、韓国の康京和外相と東京で会談。

11日　総務省、人口動態調査の結果を発表。日本人の人口は1億2,520万9,603人で、前年比減少。在日外国人は、249万7,000人で、過去最多。

17日　安倍首相、EUのトゥスク大統領、ユンケル欧州委員長と東京で会談。日EU経済連携協定（EPA）に署名。

31日　日露両政府、外務・防衛担当閣僚協議（2プラス2）をモスクワで開催。

8月

9日　国連事務総長として初めてアントニオ・グテレス氏が「長崎原爆犠牲者慰霊平和祈念式典」に出席。

9-
10日　日米両政府、閣僚級新貿易協議（FFR）の初会合をワシントンで開催。約40億円の無償資金協力を表明。

各国・国際情勢
22日　欧州連合 (EU) の欧州委員会、米国の鉄鋼・アルミニウム輸入制限への対抗措置として、鉄鋼製品など28億ユーロ規模の米国からの輸入品に報復関税を発動。

7月

6日　米政府、中国の知的財産侵害に対する制裁関税を発動。同日、中国も報復関税発動を発表。

7日　台湾国防部、米海軍の駆逐艦2隻が同日午前、台湾南部海域から台湾海峡に進入したと発表。

10日　米政府、中国の知的財産侵害に対する制裁関税の追加措置案を公表。

25日　パキスタンで第13回下院総選挙。政権与党のパキスタン・ムスリム連盟（PML-N）が第一党に。

26日　フィリピンのドゥテルテ大統領、バンサモロ暫定自治政府成立を認める「バンサモロ基本法」に署名。

29日　タジキスタンで欧米人観光客の一行が武装集団の襲撃を受け、4人が死亡。30日にISが犯行声明。

8月

4日　シンガポールでASEAN地域フォーラム（ARF）開催。

18日　コフィ・アナン元国連事務総長が逝去。

年　　表

日本	各国・国際情勢
22日　防衛省、米軍横田基地に米空軍CV22オスプレイ5機が2018年10月1日に配備されると発表。	18日　パキスタン正義運動 (PTI) のイムラン・カーン党首がパキスタン新首相に就任。
31日　沖縄県、米軍普天間飛行場の名護市辺野古移設を巡り、仲井真前知事による辺野古沿岸部の埋め立て承認を撤回。	20日　マレーシアのマハティール首相、中国を訪問し、習近平国家主席と会談。
	22-29日　上海協力機構 (SCO) の合同軍事演習「平和への使命2018」、ロシア中南部チェバルクリで開催。
	23日　米政府、中国の知的財産侵害に対する制裁関税の第2弾を発動。半導体など中国からの輸入品160億ドル分に25%の関税を上乗せ。中国も同規模の報復関税とWTO提訴を示唆。
	24日　オーストラリアの与党・自由党、臨時議員総会を開き、モリソン財務相を新党首(新首相)に選出。ターンブル首相は出馬せず、下院議員も辞職。
	30-31日　第4回BIMSTEC首脳会合がネパールで開催。インドのモディ首相が演説。
9月	**9月**
4日　国民民主党、臨時党大会で玉木雄一郎共同代表を新代表に選出。	4日　パキスタン大統領選挙。野党PTIのアーリフ・アルヴィ候補が当選。
6日　北海道の胆振地方中東部を震源とする地震が発生。北海道厚真町では震度7の揺れを観測。	4日　ナウルで太平洋諸島フォーラム (PIF) 首脳会合開催。南太平洋地域の新たな安全保障枠組みの構築を目指すボエ宣言を採択。
11日　小野寺防衛相、マレーシアのモハマド国防相と会談し、防衛協力の促進に向けた覚書を締結。	6日　米国とインド、インドの首都ニューデリーで初めての外務・防衛閣僚協議（2プラス2）開催。軍事情報の共有に関する協定に署名。
12日　安倍首相、ウラジオストクで開催された「東方経済フォーラム」全体会合に参加。プーチン大統領との会談で、北方4島での共同経済活動に関する「ロードマップ(行程表)」を承認。	11-17日　ロシア、極東やシベリア地域で、冷戦期最大規模の軍事演習「ボストーク2018」を実施。中国人民解放軍とモンゴル軍が初参加。

日本	各国・国際情勢
17日 防衛省、南シナ海で海上自衛隊の潜水艦「くろしお」などが訓練を行ったと発表。	17日 米政府、中国からの輸入品2,000億ドルを対象に第3弾の制裁関税を同月24日に発動すると発表。
18日 安倍首相、国連総会に出席。アフリカの各国首脳らや、イスラエルのネタニヤフ首相と会談。	23日 モルディブで大統領選実施。野党連合の統一候補ソリ氏が58.3%を得票し勝利。
20日 自民党総裁選で、安倍首相が石破茂元幹事長を破り、連続3選。	25日 ニューヨークの国連本部で開催された国連総会の一般討論演説で、トランプ大統領は「グローバリズムを拒絶する」と演説し、米国第一主義を強調。
22日 JAXA、探査機「はやぶさ2」が投下した2台の小型探査ロボットが小惑星「りゅうぐう」への着地に成功したと発表。	
25日 安倍首相、ニューヨークで韓国の文在寅大統領と会談。	28日 インドネシア中部スラウェシ島で、マグニチュード7.5の地震が発生。津波などで2,000人以上が死亡。
26日 安倍首相、トランプ米大統領とニューヨークで会談。	30日 「航行の自由」作戦を実施していた米イージス駆逐艦「ディケーター」に中国海軍の蘭州級駆逐艦が異常接近。
30日 沖縄県知事選投開票。米軍普天間飛行場の名護市辺野古沖移設反対を掲げた玉城デニー氏が初当選。	
10月	**10月**
1日 米空軍CV22オスプレイ5機、米軍横田基地に正式配備。沖縄県以外の在日米軍基地へのオスプレイ配備は初。	4日 ペンス米副大統領、ワシントンで演説し、南シナ海進出などを図る中国に対し安全保障・経済分野での圧力強化の方針を示す。
2日 安倍首相、第4次改造内閣を発足。	
14日 陸上自衛隊、鹿児島県の種子島で実施された離島奪還を想定した米海兵隊との共同訓練を公開。	19日 米国防総省、12月に予定されていた米韓空軍による大規模な合同演習「ビジラント・エース」の中止を発表。
17日 防衛省沖縄防衛局、県の辺野古沿岸部埋め立て承認撤回に対抗し、不服審査請求。	20日 トランプ米大統領、中距離核戦力(INF)全廃条約の破棄を表明。
26日 安倍首相、北京で中国の習近平国家主席と会談。新たな日中関係を築くとの認識で一致。	20日 アフガニスタンで、8年ぶりとなる下院議会選挙。

— 274 —

年　　表

日本		各国・国際情勢	
28日	安倍首相、東京でインドのモディ首相と会談。「自由で開かれたインド太平洋」構想を推進するため、安全保障や経済分野での連携強化を確認し、2プラス2の設置で一致。	23日	ベトナム国会、9月に死去したチャン・ダイ・クアン国家主席の後任として、最高指導者のグエン・フー・チョン共産党書記長の兼務を承認。
29- 11月 8日	陸海空自衛隊とアメリカインド太平洋軍、日米共同統合演習「キーンソード19」実施。	26日	スリランカのシリセーナ大統領を中心とする統一人民自由連盟が連立政府からの離脱を宣言。その後マヒンダ・ラージャパクサを首相に任命。
31日	河野外相、日本企業に元徴用工への賠償を命じた韓国大法院判決を受け、韓国の康京和外相と電話会談。	30日	韓国人元徴用工による新日鉄住金の損害賠償を求めた訴訟で、韓国大法院が、新日鉄住金の上告を棄却。
11月		**11月**	
1日	防衛省、辺野古沿岸部で埋め立てに関連する工事を再開。	6-7日	米中間選挙の投開票の結果、野党の民主党が下院の過半数を奪回。上院は与党の共和党が過半数を維持。
13日	安倍首相、アメリカのペンス副大統領と会談。北朝鮮の核・ミサイル問題と拉致問題の解決に向けた協力で一致。	7日	モリソン豪首相、20億豪ドルのインフラ基金（AIFFP）創設を柱とする「パシフィック・ピボット」を発表。
14日	安倍首相、シンガポールで日・ASEAN首脳会議、RCEP首脳会議に参加。その後ロシアのプーチン大統領と会談。	17- 18日	パプアニューギニアで21の国・地域が参加するアジア太平洋経済協力会議（APEC）首脳会議開催。米中対立により、首脳宣言の採択を断念。
16- 17日	安倍首相、オーストラリアを訪問し、モリソン豪首相と会談。	21日	韓国女性家族部、「和解・癒し財団」の解散を発表。日本政府は韓国政府に強く抗議。
23日	2025年の国際博覧会（万博）の開催地が大阪に決定。	24日	台湾統一地方選。投開票の結果、与党の民進党が大敗し、蔡英文総統は党主席を辞任。総統職は続投。
27日	沖縄県の玉城知事、米軍普天間基地の辺野古移設の賛否を問う県民投票を2019年2月24日に実施すると表明。	25日	EU、ブリュッセルで開いた緊急首脳会議で、英国のEU離脱案を正式決定。
		26日	パプアニューギニア、同国が計画している国内インターネットインフラ事業で、敷設事業者をファーウェイに決定。

— 275 —

日本	各国・国際情勢
	28日 NZ政府、同国大手通信事業者のスパークから出されていた、5Gシステムへファーウェイの製品を使う計画を白紙に。
12月	**12月**
10日 政府、各省庁で使用する情報通信システムについて、中国の通信企業2社を事実上排除する方針を示す。	2日 アルゼンチンのブエノスアイレスで米中首脳会談開催。米国が中国への追加関税猶予を決定。
14日 政府、米軍普天間飛行場の移設先の名護市辺野古沿岸部の埋め立て海域への土砂投入を開始。	12日 フィリピン上下両院、南部ミンダナオ島の戒厳令の延長を決定。
18日 政府、新たな防衛大綱と2019年度から5年間の中期防衛力整備計画を閣議決定。	14日 中国政府財政部、米国からの輸入車に対する25%の追加関税を、2019年1月から3カ月間、停止すると発表。。
21日 岩屋防衛相、海上自衛隊のP1哨戒機が20日、日本海・能登半島沖の日本の排他的経済水域（EEZ）内で、韓国海軍の駆逐艦から火器管制レーダーの照射を受けたと発表。	16日 シリセーナ大統領による国会解散や、ラージャパクサ前大統領の首相任命などを違憲とするスリランカ最高裁の判決を受け、前首相のウィクラマシンハ氏が再度首相に任命。
26日 政府、国際捕鯨委員会（IWC）を脱退し、来年7月に商業捕鯨を再開すると発表。	30日 米通商代表部（USTR）、中国からの輸入製品に課している制裁関税について、特例で関税の上乗せ対象から外す「適用除外」のリストを公表。
2019年1月	**2019年1月**
21日 防衛省、韓国駆逐艦による火器管制レーダー照射問題を巡り、最終見解を発表。韓国との実務者協議を打ち切る方針を示す。	2日 習近平国家主席、北京で「台湾同胞に告げる書」発表。
22日 安倍首相、モスクワでロシアのプーチン大統領と会談。北方領土問題で、外相、外務次官級の交渉をそれぞれ2月に行うことを確認。	4日 ミャンマー西部ラカイン州で、仏教徒民族のラカイン族の武装集団「アラカン軍（AA）」が警察署を襲撃し、警察官13人が死亡。
	7日 マレーシアのマハティール首相、マニラでドゥテルテ大統領と会談。経済協力やテロ対策などについて協議。

日本	各国・国際情勢
	21日 中国国家統計局、2018年の国内総生産（GDP）を発表。物価変動を除外した実質の値は前年比6.6%増。1990年以来28年ぶりの低水準。

2月

2月

日本	各国・国際情勢
1日 日本とEUの経済連携協定（EPA）が発効。	1日 米政府、中距離核戦力（INF）全廃条約の破棄を正式表明。6カ月後に失効。
4日 安倍首相、ドイツのメルケル首相と東京で会談。安全保障分野での協力を強化するため、情報保護協定の締結で大筋合意。	5日 バングラデシュ政府、ミャンマー西部ラカイン州で治安部隊と武装集団が衝突し、大量の難民がバングラデシュに流入していることについてミャンマー側に抗議。
12日 安倍首相、韓国の文喜相国会議長が慰安婦問題で天皇陛下の謝罪が望ましいとの見解を示したことについて、外交ルートで強く抗議し、謝罪と撤回を求めたことを明らかに。	14日 カシミール地方のインド支配地域で車を使った自爆テロが発生。インドの民兵40人が死亡。インドはJeMによる犯行とし、パキスタンの関与示唆。パキスタンは否定。
16日 河野外相、ドイツ・ミュンヘンでロシアのラブロフ外相と会談。	22日 フィリピン南部ミンダナオ島で、バンサモロ暫定統治機構（BTA）が発足し、首相代行にイスラム武装組織モロ・イスラム解放戦線（MILF）のムラド議長が就任。
22日 JAXA、探査機「はやぶさ2」が小惑星「りゅうぐう」への着陸に成功したと発表。	
24日 米軍普天間飛行場の名護市辺野古移設の是非を問う県民投票が行われ、即日開票。反対票が投票総数の7割を突破。	26日 インド政府、インド空軍が、パキスタン領内のイスラム過激派組織「ジャイシェ・ムハンマド（JeM）」の施設への空爆を行ったと発表。
	27日 パキスタン空軍、カシミールのインド側支配地域へ空爆。
	27-28日 トランプ大統領と金正恩委員長、ベトナムのハノイで米朝首脳会談。両首脳による合意文書の発表は見送り。

日本

3月

1日 　沖縄県の玉城知事、首相官邸で安倍首相と面会し、米軍普天間飛行場（宜野湾市）の名護市辺野古移設について反対票が多数を占めた県民投票の結果を通知。

27日 　2019年度予算、参議院本会議で自民・公明両党などの賛成多数で可決、成立。一般会計総額は101兆4,571億円。

各国・国際情勢

3月

1日 　北朝鮮の金正恩委員長、ベトナムのハノイでグエン・フー・チョン共産党書記長兼国家主席と会談。

2日 　米韓両政府、毎年春に実施している大規模な米韓合同軍事演習「フォール・イーグル」と「キー・リゾルブ」の中止を決定。

13日 　米国とインド、2007年に締結された米印原子力協力に基づき、インドに米国の原子力発電所を6基建設する共同声明を発表。

5-
15日 　中国、北京で第13期全人代第2回会議を開催。

15日 　ニュージーランドのクライストチャーチにあるモスクで、1人の男が銃を乱射し、49人が死亡、20人以上が重傷。

19日 　カザフスタンのナザルバエフ大統領が辞任。国家安全保障会議議長と与党「祖国の光」党首の地位は維持する考えを示す。

23日 　イタリア、中国が推進する「一帯一路」構想関連文書に署名し、参画を表明。

24日 　タイで総選挙が投開票。

国際公共価値の実現と
国際社会における公共政策の探求

OSIPP offers unique programs designed to train students to become global leaders dedicated to working for the public good.
地球上のいろいろな場所で、率先して問題に取り組むことのできるプロフェッショナルを輩出するため、OSIPPでは特徴ある教育体制が組まれています。

https://facebook.com/osipp.nl

柔軟な カリキュラム	多彩で ユニークな授業	充実した 教員スタッフ	ダイナミックな学生
手厚い論文指導	完備した 教育・研究環境	国際政治・安全保障に関する さまざまな研究・教育プログラムを実施	

2つの専攻 ☐ 国際公共政策専攻　☐ 比較公共政策専攻

秋期入試[9月]と冬期入試[2月](博士前期課程、博士後期課程ともに)があります。
また、博士後期課程は秋期入試を受験して10月入学が可能です。詳しくは、下記までお問合せください。

大阪大学大学院 国際公共政策研究科

〒560-0043 大阪府豊中市待兼山町1-31
TEL.06-6850-5612(教務係直通)　E-mail. kyomu@osipp.osaka-u.ac.jp
http://www.osipp.osaka-u.ac.jp/

VISION 2025
DOSHISHA UNIVERSITY

未来へ向けて 躍動する同志社大学

【執筆者一覧】

第1部　展望と焦点
展望
　西原正（平和・安全保障研究所理事長）
焦点1
　小窪千早（静岡県立大学講師）
焦点2
　伊藤融（防衛大学校准教授／平和・安全保障研究所研究委員）
焦点3
　青木節子（慶應義塾大学大学院法務研究科教授／平和・安全保障研究所研究委員）
焦点4
　久保田ゆかり（大阪大学非常勤講師）

第2部　アジアの安全保障環境
第1章　日本
　小谷哲男（明海大学准教授／平和・安全保障研究所研究委員）、［コラム］斎木
　尚子（三菱重工業株式会社顧問）
第2章　米国
　村野将（ハドソン研究所研究員）、［コラム］加藤洋一（アジア・パシフィック・
　イニシアティブ研究主幹）
第3章　中国
　浅野亮（同志社大学教授／平和・安全保障研究所研究委員）、佐々木智弘（防衛
　大学校准教授）、土屋貴裕（京都先端科学大学准教授）、小原凡司（笹川平和財
　団上席研究員）、三船恵美（駒澤大学教授）、福田円（法政大学教授）、［コラム］
　渡辺紫乃（上智大学教授）
第4章　ロシア
　袴田茂樹（新潟県立大学教授／平和・安全保障研究所研究委員）、名越健郎（拓
　殖大学海外事情研究所教授）、河東哲夫（Japan-World Trends 代表）、常盤伸（東
　京新聞外務部次長）、小泉悠（東京大学先端科学技術研究センター特任助教）、［コ
　ラム］河東哲夫
第5章　朝鮮半島
　伊豆見元（東京国際大学教授／平和・安全保障研究所研究委員）、瀬下政行（公
　安調査庁）、平田悟（防衛省）、［コラム］磐村和哉（共同通信社編集委員兼論説
　委員）
第6章　東南アジア
　木場紗綾（公立小松大学准教授）、［コラム］木場紗綾
第7章　南アジア
　伊藤融（防衛大学校准教授／平和・安全保障研究所研究委員）、溜和敏（高知県

立大学准教授）、笠井亮平（岐阜女子大学南アジア研究センター特別研究員）、
長尾賢（ハドソン研究所研究員）、宮田律、［コラム］平林博（元駐インド日本
国大使）
第8章　中央アジア
　宮田律（現代イスラム研究センター理事長／平和・安全保障研究所研究委員）［コ
ラム］宮田律
第9章　南西太平洋
　竹田いさみ（獨協大学教授／平和・安全保障研究所研究委員）、永野隆行（獨協
大学教授／平和・安全保障研究所研究委員）、［コラム］黒崎岳大（東海大学講師）

（掲載順、敬称略）

編集後記

　本号は、過去約1年間（2018年4月から2019年4月）を中心に、アジア太
平洋（最近ではインド太平洋）地域の安全保障環境の動向に重点をおき、そ
れぞれの分野の専門家に分析、展望をしていただいたものです。必要に応じて、
この期間の前後の動きも扱いました。また各章の国や地域の動向のほか、それ
らの章に収まらない重要なテーマを論文として「焦点」で扱いました。研究者
の便宜を図って、各論文に注を加えております。また各章の最後ページにある
「コラム」では、「外交と女性」をテーマにした短評を掲載しました。各章、焦点、
コラムの執筆者のご努力に対して、厚くお礼を申し上げます。

　この年報とは別に、当研究所のホームページ（http://www.rips.or.jp）で研
究所の諸活動の紹介の他、RIPS' Eye というコラムで、現在の政治、安全保
障などに関する短い論考を掲載しておりますので、是非併せてご覧いただけれ
ば幸いです。

2019年6月

一般財団法人　平和・安全保障研究所

理事長　西原正

西原正監修

激化する米中覇権競争
迷路に入った「朝鮮半島」

年報［アジアの安全保障 2019−2020］

発　行　令和元年7月30日
編　集　一般財団法人　平和・安全保障研究所

　　　　〒107−0052 東京都港区赤坂1−1−12
　　　　明産溜池ビルディング8階
　　　　TEL 03−3560−3288（代表）
　　　　http://www.rips.or.jp/
担　当　秋元　悠
装　丁　キタスタジオ
発行所　朝雲新聞社

　　　　〒160−0002 東京都新宿区四谷坂町12−20
　　　　KKビル3F
　　　　TEL 03−3225−3841　　FAX 03−3225−3831
　　　　振替 00190−4−17600
　　　　http://www.asagumo−news.com
印　刷　シナノ

乱丁、落丁本はお取り替え致します。
定価はカバーに表示してあります。
ISBN978−4−7509−4041−0 C3031
© 無断転載を禁ず